COMIDAS *CLEAN*

COMIDAS CLEAN

Más de 200 deliciosas recetas que le devolverán
a tu cuerpo su capacidad autocurativa

Dr. Alejandro Junger

Traducción de
Juan Elías Tovar Cross

Grijalbo*vital*

Este libro contiene consejos e información relacionados con el cuidado de la salud. Debe utilizarse para complementar más que sustituir los consejos de tu doctor u otro profesional de la salud. Si sabes o sospechas que tienes algún problema de salud, es recomendable que consultes la opinión de tu médico antes de iniciar cualquier programa o tratamiento. Se han hecho todos los esfuerzos por verificar la exactitud de la información contenida en este libro a la fecha de su publicación. El editor y el autor no serán responsables de ninguna complicación médica que pudiera resultar por aplicar los métodos sugeridos en este libro.

Comidas *Clean*
*Más de 200 deliciosas recetas que le devolverán a tu cuerpo
su capacidad autocurativa*

Título original: *Clean Eats*
*Over 200 Delicious Recipes
to Reset Your Body's Natural Balance
and Discover What It Means to Be Truly Healthy*

Primera edición: abril, 2015

D. R. © 2014, Alejandro Junger

Juan Elías Tovar Cross por la traducción

D. R. © 2015, derechos de edición mundiales en lengua castellana
        excepto Uruguay:
        Penguin Random House Grupo Editorial, S.A. de C.V.
        Blvd. Miguel de Cervantes Saavedra núm. 301, 1er piso,
        colonia Granada, delegación Miguel Hidalgo, C.P. 11520,
        México, D.F.

www.megustaleer.com.mx

Comentarios sobre la edición y el contenido de este libro a:
megustaleer@penguinrandomhouse.com

ISBN 978-607-312-925-1

Impreso en México/*Printed in Mexico*

Dedico este libro a toda la gente que enseña que la comida puede ser medicina

CONTENIDO

INTRODUCCIÓN

Existe un viejo proverbio: "Dale un pescado a un hombre y comerá un día. Enséñale a pescar y comerá toda la vida".

Después de muchos años de ayudar a la gente a ser más sana, sé de primera mano que lo que pasa en los días y las semanas siguientes a cualquier programa de salud puede determinar los resultados a largo plazo. Puede ser la diferencia entre verse y sentirse estupendo sólo unas cuantas semanas y experimentar una transformación completa de salud que tenga repercusiones positivas e influya en tu familia, en tus amigos y en tu comunidad. Por eso estoy muy emocionado de compartir este libro. Estas páginas ofrecen las herramientas, los conocimientos y las recetas para hacer que comer *clean* (limpio, en inglés) sea parte de tu vida para siempre.

Hace años, cuando me mudé de mi natal Uruguay a Estados Unidos, me puse muy enfermo. El drástico cambio de estilo de vida, sobre todo de mi dieta, me dejó con severas alergias, síndrome de colon irritable y depresión. Estos tres diagnósticos hicieron que me recetaran siete medicamentos indefinidamente, lo cual

no se "sentía bien". Así que comencé una intensa investigación en busca de una solución más natural. Probé todo lo que pude encontrar. Mi búsqueda me llevó alrededor del mundo. Encontré diversas cosas que, solas o combinadas, me ayudaron
mucho, pero no fue sino hasta que me topé con los conceptos y las prácticas de
limpieza y desintoxicación que pude restaurar mi salud por completo. A los 10 días
de iniciar un intenso programa de limpieza detox en el We Care Spa, cerca de Palm
Springs, todos mis síntomas desaparecieron por completo. No sólo me encontré de
pronto libre de malestar, sino además me sentía y me veía varios años más joven.

En los días y las semanas después de la limpieza, todo el mundo me preguntó
qué había cambiado. Querían hacer lo mismo que yo había hecho. Empecé a guiar
a mis familiares y a mis amigos a través de los programas de limpieza y desintoxicación que yo diseñé, observé y mejoré. Poco después, mis pacientes exigieron lo
mismo. Adondequiera que iba, ponía a la gente a seguir programas de limpieza.

Después de Palm Springs, me mudé a Venice, California. La "ola *clean*" me seguía
a todas partes. Encontré una propiedad estupenda, a tres cuadras de la playa, con
tres pequeños búngalos estilo californiano que compartían un jardín. Yo vivía en
uno de ellos y mis huéspedes se quedaban en los otros dos. Cada búngalo tenía
su licuadora, su extractor de jugos y su filtro de agua. Mis invitados se quedaban
un tiempo y seguían los programas que yo les diseñaba. Pronto, mis vecinos empezaron a pasar. Preparábamos licuados, jugos y toda clase de comidas saludables.
Muchos grandes chefs nos visitaban y preparaban comida para quien estuviera allí
en el momento. Y siempre estaba a reventar de gente. Empezaron a llegar personas
de todo el mundo.

Cualquiera que empezaba el programa se veía resplandeciente a los pocos días,
lo que llevaba a la gente a preguntar qué había hecho. Luego, sus amigos se pre-
sentaban en mis cabañas en Venice, y después los amigos de los amigos. Todo el
mundo era bienvenido, y los resultados fueron asombrosos. Algunos tuvieron una
transformación tan profunda que la mayoría de la gente se dio cuenta. Esas personas me trajeron a sus familiares y a sus amigos por docenas, e incluso crearon
su propia corriente de vida saludable. Muchos han llegado a ser muy conocidos y
están haciendo un trabajo increíble.

Yo hablaba de buena nutrición día y noche, explicando el valor de la proteína,
la grasa, la fibra, los minerales y las vitaminas. Sugería libros de nutrición y le pedía

a la gente que viera las estupendas películas educativas sobre la comida de las que yo mismo había aprendido. Les sugería que compraran una licuadora, un extractor de jugos y otras herramientas que yo uso todos los días. Incontables veces acompañé a mis pacientes al supermercado para ayudarlos a hacer las compras, y a la farmacia naturista para orientarlos a elegir los suplementos adecuados.

Sin importar los resultados específicos, cuando llegaban al final de su programa, todos los pacientes sin excepción preguntaban:

—Bueno, doctor, ¿y ahora qué? ¿Cómo mantengo los resultados? ¿Qué como? ¿Cómo preparo comidas saludables?

Comer *clean* no es una sola cosa. No es una simple lista de alimentos que deben comerse y no comerse. Es una forma de pensar en la comida y cómo nos hace sentir. Comer *clean* se basa en los alimentos enteros, pero lo que hace funcionar el programa es la personalización. No puede ser tan sencillo como decir: "Aléjate del gluten, y ya" o "Nunca vuelvas a comer azúcar". Yo no soy fan del gluten y sé que el azúcar procesado no es saludable, pero ese tipo de generalizaciones no nos proporcionan las herramientas que requerimos para nuestras vidas tan complicadas. Lo que necesitamos son recetas modelo para arrancar, pero también estrategias que nos ayuden a descubrir qué nos funcionará en particular a largo plazo.

Así que empecé a enseñar a la gente qué debía comer y cómo prepararlo, y les decía que vinieran a aprender de los grandes chefs que continuamente visitaban los búngalos. Ésta era la forma más efectiva de ayudar a las personas a mantener los beneficios de una comida *clean*, y a menudo a llevarlos mucho más allá de lo que ya habían logrado. La gente empezó a tomar notas, y yo también. Después de reunir cierta cantidad de recetas, empecé a compartirlas por correo electrónico. Éstas circularon y pronto creció una comunidad que discutía, cambiaba y mejoraba las fórmulas.

Hoy en día mi equipo y la comunidad son mucho más grandes, y seguimos compilando e inventando recetas geniales. Mi amigo, el talentoso chef Frank Giglio, ha preparado 180 fórmulas culinarias inspiradas por la comunidad *clean*. También tenemos muchas recetas fantásticas que son producto de la colaboración de nuestra comunidad de amigos. Estos platillos no sólo saben deliciosos, sino que te dan el empujón nutricional que ayudará a tu cuerpo a estar en condiciones óptimas. Ya sea que utilices este libro para ayudarte a seguir alguno de nuestros programas o que *Clean* sea algo totalmente nuevo para ti, encontrarás que las recetas de este libro son sencillas y directas.

Además de dichas recetas, aquí se ofrecen algunos consejos asombrosos de Dhru Purohit y John Rosania, miembros del equipo *Clean*, sobre los principios clave para navegar mejor por el mundo de los alimentos, la comida y la cocina *clean*, algunos tips invaluables para equipar tu cocina, y varias opciones de planes de comidas para quien quiera asesoría adicional.

Nuestra meta es que este libro sea una herramienta importante en tu camino hacia una vida de salud. Disfruta las recetas y, volviendo al proverbio con el que empezamos, buena pesca.

CÓMO USAR ESTE LIBRO

Este libro es una fiesta: una celebración de comidas deliciosas y del poder de los alimentos enteros para sanarnos. También es una sabrosa guía para recuperar tu salud. Al preparar las increíbles recetas desarrolladas por el chef Frank Giglio y nuestros colaboradores invitados, disfrutarás la calidad de tu comida a cada mordida. Lo último en ciencias de la nutrición nos ha enseñado que la comida no son sólo calorías: es información. Esta información le dice a nuestro cuerpo cómo funcionar y qué genes activar y desactivar. Con cada platillo preparado, con cada licuado o ensalada creados a partir de este libro, mejorarás la calidad de la información que le proporcionas a tu cuerpo. Lo hemos visto una y otra vez: cuando la gente come *clean*, la verdadera salud se vuelve una posibilidad. Nuestra esperanza es que usar este libro convierta esa posibilidad en una realidad.

Las recetas: sin gluten y sin lácteos

Todas las recetas de este libro están hechas con base en plantas y animales enteros. Recurrimos a ingredientes orgánicos que no han sido procesados y que están libres de químicos y conservadores. Las recetas también omiten el gluten y los lácteos. Los eliminamos porque descubrimos que son los dos alimentos que más problemas afectan la salud de la gente. Simplemente eliminar el gluten y los lácteos por un periodo de tiempo determinado puede producir impresionantes beneficios. Repasemos algunas de las razones por las cuales prescindir de estos alimentos es benéfico.

El problema con el gluten y los lácteos

El gluten es una proteína que se encuentra en el trigo y en otros granos de cereal como la cebada, el centeno, la escanda y el trigo oriental. La lista de síntomas y enfermedades relacionados con la sensibilidad al gluten parece ser infinita. Causa irritación y daño directo a los intestinos, originando diversos problemas en el cuerpo. Desencadena reacciones autoinmunitarias y problemas de tiroides, y crea las condiciones para el síndrome de intestino permeable. La sensibilidad al gluten ha sido asociada con dolores de cabeza crónicos, cáncer, diabetes tipo 1, neuropatía y tasas de mortandad elevadas. Con nuestros clientes en *Clean* descubrimos cómo el gluten contribuye directamente a la indigestión y al hinchamiento así como a la fatiga y a la falta de claridad mental. Y si bien algunas personas pueden tener una alergia seria al trigo, casi todos tienen una reacción inmunitaria. Esta reacción puede crear una cascada de efectos negativos que apenas estamos empezando a comprender. A diferencia de alimentos como el pescado y los vegetales, es más probable que los alimentos que contienen gluten, como los pasteles y las galletas, sean procesados y contengan químicos, conservadores y azúcar.

Los lácteos tienen su propia problemática y pueden causar dificultades aun en personas que no son intolerantes a la lactosa.* Los síntomas más comunes asociados

---

* Para quienes los toleran bien, hemos indicado las recetas a las que se pueden agregar algunos lácteos, como queso feta o *ghee*.

a los lácteos son problemas sinusales, escurrimiento posnasal, erupciones cutáneas, alergias, infecciones del oído, problemas digestivos y estreñimiento. Cada persona puede tener diferente tolerancia a los lácteos. Algunas tienen dificultades con cualquier lácteo, mientras que otras pueden consumir lácteos esporádicamente o en cantidades pequeñas. También puede haber diferencias entre el tipo de lácteo: de la leche de vaca ni hablar, pero la leche de cabra u oveja pueden funcionar bien.

Sea cual sea tu relación con los lácteos y con el gluten, hemos visto resultados de salud increíbles al eliminarlos por un periodo de tiempo determinado. Y aunque puede ser que para ti no sea necesario eliminar estos alimentos por completo de tu dieta, creemos que tener un tesoro de grandes recetas que no los incluyan previene los problemas potenciales que pueden causar estos alimentos y es un verdadero beneficio para tu salud.

Explicación de los iconos

A lo largo del libro, encontrarás tres iconos distintos que aparecen en las recetas. Cada uno de ellos ofrece detalles sobre lo que contiene la receta y cómo se puede usar.

- *Cleanse:* **limpieza:** Cuando veas este icono, significa que la receta es apropiada para usarse en el Programa de Limpieza *Clean* de 21 días. El Programa de Limpieza *Clean* se explica en *Clean: el programa revolucionario que le devolverá a tu cuerpo su capacidad autocurativa*. Dicho programa se enfoca en apoyar el proceso continuo del cuerpo de limpieza y desintoxicación. Puedes averiguar más sobre este programa en el apéndice (véase la página 329).
- *Gut:* **intestino:** Este icono significa que la receta es apropiada para nuestro Programa *Clean* para el Intestino de 21 días. Este programa profundiza en el trabajo de limpieza y se enfoca en la reparación del intestino y en la salud digestiva. En mi libro *Clean Gut* explico cómo casi todas las enfermedades crónicas, desde los padecimientos cardiacos hasta el cáncer y la depresión, tienen su origen en un intestino dañado (véase la página 329 para más información).

Ⓥ *Vegan:* **vegano:** Si ves este icono, la receta es totalmente libre de productos animales. Aunque seas nuevo en la cocina vegana, no seas tímido. Estas comidas son una buena manera de agregar a tu dieta alimentos de origen vegetal sabrosos y ricos en nutrientes.

Colaboradores invitados

No existe una forma única de comer *clean*. Por eso, además de las recetas del chef Frank Giglio, pedimos a varios amigos que compartieran sus comidas *clean* favoritas. Estos colaboradores invitados son personas de muy diversos ámbitos. Son madres, padres, entrenadores, actores, doctores, gente de negocios, humanistas y más. Los incluimos en este libro no sólo porque forman parte de nuestra comunidad sino también porque su enfoque personal de la comida quizá pueda inspirarte a hacer tuyo el comer *clean*.

CREA TU COCINA *CLEAN*

En la casa de mis padres, en Uruguay, donde crecí, la cocina era el corazón y el vientre de nuestro hogar. Desayunábamos, comíamos y cenábamos en la cocina, que tenía una mesa tan grande como la del comedor. Esta última era mucho más elegante, pero todos preferíamos la cocina. También allí botaneábamos, y a finales de mi adolescencia me encontré allí a mis dos hermanas en incontables ocasiones a las cinco de la mañana, cuando regresábamos de las fiestas. Entonces nos contábamos las aventuras que habíamos tenido esa noche mientras preparábamos elaborados refrigerios.

El gusto por cocinar, y por comer juntos en la cocina, nos venía de nuestros padres. A mi padre, sobre todo, le encantaba preparar de comer. También le gustaba que viniera gente a disfrutarlo. Una tradición que trajo a Uruguay de su ciudad natal en Hungría fue cocinar *goulash* para la familia. La preparación llevaba tres días enteros. Para cuando quedaba listo, estábamos muy emocionados porque sabíamos lo delicioso que iba a estar. Nuestros vecinos también se emocionaban, y cada año llegaban más y más personas a saborear la obra maestra de mi padre.

Un fin de semana, cuando regresaba a casa después de jugar con mis amigos, vi una flotilla de coches negros estacionados afuera de mi casa. Había una docena de hombres, todos vestidos de traje negro y con *walkie-talkies* en la mano. Uno de los hombres traía una pistola enfundada en el cinturón. Algo obviamente andaba mal. El corazón me empezó a latir con fuerza y entré corriendo a mi casa, listo para pelear. Oí ruido en la cocina, así que fui para allá. Y allí, sentado en mi lugar favorito en la mesa de la cocina, comiendo un plato del famoso *goulash* de mi papá, estaba el presidente de Uruguay.

Ay, si la cocina de mi infancia pudiera hablar…

Hoy, como padre, he continuado la tradición de mantener la cocina como el corazón y el vientre de nuestra casa. Y como doctor, lo he llevado un paso más allá. Mi cocina es la principal farmacia de mi consulta médica y la herramienta más importante de mi maletín. A menudo recibo a pacientes en casa y después de la consulta siempre los llevo a mi cocina. Les muestro lo que hay en el refrigerador y les enseño el importante papel que juega la comida en su salud. Si tenemos tiempo, hasta preparamos juntos algunas recetas sencillas. Justo antes de que se vayan, les digo algo muy importante: que el camino para una salud radiante empieza en la cocina, y que montar su cocina *clean* es la mejor manera de apoyar sus objetivos de salud a largo plazo.

La cocina *clean*

Una cocina *clean* es el alma y el corazón de tu estilo de vida *clean*. Es el espacio en tu hogar donde guardas los ingredientes y las herramientas necesarios para preparar comidas *clean* que te nutrirán a ti y a toda tu familia. Tener tu cocina bien surtida de los siguientes elementos es una de las maneras más importantes de hacer que comer y cocinar *clean* partiendo de cero sea fácil y divertido. Tener a la mano una gran variedad de ingredientes y condimentos también le quitará el estrés a la preparación de recetas que satisfagan cualquier sabor que se te antoje en el momento.

Hemos incluido descripciones acerca de cómo comprar y usar alimentos enteros de la mejor calidad, de qué herramientas y utensilios de cocina se necesitan, y algunas habilidades de cocina esenciales. Por último, enlistamos los ingredientes favoritos del equipo *clean* para que los pruebes y los incorpores a tu vida.

Alimentos *clean*

Productos agrícolas

Las frutas y las verduras frescas son la base de la comida *clean*. Procura comprar una amplia y colorida variedad de productos orgánicos y libres de químicos. Súrtete de verduras de hoja económicas, como arúgula, acelga, col berza y col rizada.

Carne

Compra carne de buena calidad: orgánica, criada y alimentada en pastizales. Es fácil encontrar pollo, pavo, res y cordero, pero la carne de pato, cabra, conejo y de caza puede ser una aportación interesante a tus comidas. La carne se puede comprar a granel en mercados de productores y guardarse en el congelador. Los órganos de los animales son económicos y ricos en nutrientes, y se pueden utilizar en sopas o hacerse paté. Los huesos son estupendos para preparar caldos y cocidos que sanan el intestino.

Pescado

Cuando se trata de pescado, los pequeños de agua fría son una buena opción porque contienen menos metales pesados y toxinas. Considera comer salmón, trucha, macarela, sardina, arenque y fletán chico. Un pescado entero de mar (y no de criadero) puede ser caro, así que supleméntalo con pescado enlatado (y busca que en la etiqueta diga que no es de criadero). Las anchoas, las sardinas y el salmón enlatados son una buena fuente de ácidos grasos omega 3, vitamina D y proteína. Cuando no estés siguiendo uno de los programas *Clean*, los mariscos como camarón, cangrejo, almejas y ostiones, también pueden ser una buena fuente de proteína magra, minerales y yodo.

Huevo

El huevo es uno de los alimentos más cargados de nutrientes en la naturaleza y una fuente relativamente económica de proteína. Busca huevo orgánico y criado en pastizal o "de rancho". Las variedades criadas en pastizal contienen menores cantidades de ácidos grasos proinflamatorios omega 6 y mayores cantidades de omega 3, vitaminas A y E, y betacaroteno.

Lácteos

En este libro no hemos incluido ninguna receta que utilice lácteos porque éstos son uno de los alimentos enteros que causan más trastornos.* Problemas de la piel y digestivos, estreñimiento y exceso de mucosidad son algunos de los síntomas más comunes. Sin embargo, si has puesto a prueba los lácteos y has descubierto que te funcionan bien, en cantidades pequeñas le pueden dar a una comida ese toque y ese sabor extras. Hay muchas clases de lácteos diferentes. Recomendamos las variedades orgánicas, sin vitaminas adicionales. A algunas personas les sientan bien los lácteos no pasteurizados, mientras que otras han descubierto que los productos de cabra y de oveja (tanto pasteurizados como no) les funcionan mejor. Cocinar con mantequilla y *ghee* de vacas alimentadas en pastizales también puede ser una buena manera de agregar grasas ricas en nutrientes a tu dieta, pero sólo si los lácteos no te causan problemas.

Granos

No incluimos granos que contengan gluten en ninguna de nuestras recetas. El gluten es la proteína que se encuentra en granos como el trigo, el centeno y la cebada, y se ha asociado a una lista casi infinita de síndromes y enfermedades. Sin

---

* Algunas recetas sugieren dónde se pueden agregar lácteos, si es un alimento que te funciona bien a ti.

embargo, los granos que no contienen gluten, como quinoa, mijo, amaranto, trigo sarraceno y arroz, pueden ser una gran aportación a nuestra dieta. Tener estos alimentos económicos en la cocina puede ser muy útil para hacer todo tipo de panes, *hot cakes* y guarniciones sin gluten. Dejar estos granos remojando unas horas antes de cocinarlos puede hacerlos más fáciles de digerir.

Frijoles y legumbres

Los frijoles, las legumbres y las lentejas son una fuente útil de proteínas y calorías de calidad. Tener una variedad de estos ingredientes en la despensa puede hacer que los cocidos y las sopas sean más sustanciosos y agregar proteína a platillos vegetarianos. Para algunas personas, los frijoles y las legumbres pueden ser difíciles de digerir y a menudo provocan gas e hinchamiento. Remojarlos y cocerlos perfectamente puede ayudar con estas dificultades. Es una buena idea poner a prueba estos alimentos para ver qué tanto o qué tan poco es lo que te sienta mejor.

Almidones

Los almidones, como arroz, papa, ñame, calabaza, malanga y plátano macho, pueden ser estupendas guarniciones para las comidas. También ayudan y nutren durante periodos de mayor ejercicio, cuando se pueden tolerar más carbohidratos. El camote y el arroz además se pueden usar para crear deliciosos postres sin azúcar ni gluten.

Nueces y semillas

Buena fuente de proteínas y grasas saludables, las nueces y las semillas contienen una amplia gama de vitaminas y minerales. Busca las variedades crudas y tostadas sin conservadores, sin azúcar ni aceites de semilla. Son estupendas como botana y se pueden usar para hacer quesos de nuez sin lácteos. Un frasco de mantequilla de nuez o semilla (almendra, ajonjolí, etcétera) en la alacena puede usarse para crear salsas y dips rápidamente y para espesar batidos y licuados. Sin embargo, las nueces y las semillas a menudo pueden ser difíciles de digerir. Remojarlas unas horas puede ayudar, pero si sientes pesadez después de comerlas, reduce la cantidad que incluyes en tu dieta.

Aceites y grasas

Nuestro cuerpo necesita grasas saludables para que funcionen todos los sistemas, sobre todo el digestivo y el cerebro. Busca aceites orgánicos, sin refinar, de prensado en frío. Aceites como el de coco, el *ghee,* y la manteca, tienen un mayor contenido de grasas saturadas y funcionan mejor para cocinar a temperatura media. El de coco es nuestra recomendación como aceite de cocina multiusos, pues es una buena fuente de grasa saturada. También es humectante y un complemento maravilloso para los licuados. El aceite de oliva es bueno para cocinar a temperatura media pero es mejor usarlo en ensaladas o como condimento. El aceite de aguacate tiene un punto de humeo elevado y es bueno para cocinar a altas temperaturas. Los aceites de nueces y semillas, como de calabaza y de nuez, pueden proporcionar nutrición y ácidos grasos esenciales pero no deben usarse para cocinar habitualmente, porque son inestables a altas temperaturas y se pueden poner rancios. Evita los aceites con un alto contenido de grasas poliinsaturadas, como los de soya, cacahuate, maíz, canola y semilla de algodón.

Harinas sin gluten

Existe un mundo entero de granos y harinas sin gluten. Éstos se pueden utilizar para hacer tus propios pasteles, galletas, panes y bollos. Las harinas de almendra y de coco tienen mayor contenido de proteína y de fibra y menos carbohidratos. Las harinas de arroz, papa y garbanzo son otras opciones útiles.

Hierbas y especias

Para sazonar nuestra comida elegimos hierbas y especias que sean orgánicas o producidas en la región, de la inmensa variedad de plantas y semillas que crecen en nuestra tierra. Las especias no sólo dan sabor y profundidad a nuestros platillos, sino que también pueden tener beneficios medicinales y nutricionales. Por ejemplo, la canela ayuda a hacer más lenta nuestra reacción de insulina al azúcar, mientras que la pimienta de cayena favorece la circulación. El jengibre apoya la buena digestión, y la cúrcuma es antiinflamatoria. La lista sigue y sigue para cualquier hierba y especia que tengas en tu despensa. Algunas otras de nuestras plantas medicinales favoritas son romero, pimienta negra, eneldo y tomillo. Las hierbas sí pierden su potencia y su sabor, así que reemplázalas luego de un par de meses. Además, busca complementar tus hierbas secas con hierbas frescas de vez en cuando.

Sal

La sal es esencial para el cuerpo humano. La necesitamos para la función adrenal, para la digestión de proteínas y carbohidratos, para el metabolismo y para la función celular en general. Elige sal de verdad, como la celta, la marina (blanca o gris) o la del Himalaya (rosa), que tiene el contenido mineral más alto. Evita la sal refinada y blanqueada, adicionada con cloro y aluminio.

Edulcorantes

Podemos disfrutar pequeñas cantidades de edulcorantes naturales de vez en cuando. Nuestros favoritos son miel de colmena, jarabe de maple, néctar de coco, melaza, azúcar de dátil, stevia, xilitol y Lakanto.

Sugerimos evitar el jarabe de maíz y el néctar de agave, que tienen alto contenido de fructuosa, y los edulcorantes artificiales, hechos con químicos.

Imprescindibles para este libro

- *Mantequilla de almendra*. Es un dulce y maravilloso sustituto de la mantequilla de cacahuate; funciona en licuados, sopas, salsas, galletas o directamente del frasco.
- *Aceite de coco*. El aceite de coco es una grasa saturada esencial que apoya la función inmunitaria, la pérdida de peso y la salud digestiva, y además tiene propiedades antibacterianas y antivirales.

- *Mantequilla de coco*. Hecha de la carne del coco, esta mantequilla es más espesa y cremosa que el aceite de coco y es perfecta para licuados o glaseados; puedes comerla directamente de la cuchara para recibir una inyección de energía.
- *Sal de mar celta o sal del Himalaya*. Un agente sazonador esencial, la sal está presente en prácticamente todas las recetas, y cuando es demasiada o demasiado poca puede hacer que la comida sea un éxito o un fracaso.
- *Leche de coco o almendra*. Producto básico de la cocina *clean*, estas leches son algo que siempre hay que tener a la mano para hacer sopas, aderezos, salsas, postres y licuados, o para espesar. Cómpralas orgánicas y sin endulzar, o haz las tuyas.
- *Tamari sin trigo*. Una salsa de soya fermentada sin gluten que agrega un maravilloso sabor salado a muchas de nuestras recetas.
- *Mostaza de grano entero*. Un condimento muy útil, pues se puede usar para crear una rápida salsa o un aderezo *clean*. Nos gustan las variedades sin azúcar y hechas con vinagre de sidra de manzana.
- *Vinagre balsámico*. Otro ingrediente útil que siempre hay que tener a la mano. Este vinagre es uno de nuestros sazonadores multiusos favoritos.

Favoritos del equipo *Clean*

Éstos son productos que a nuestro equipo le encanta tener en la cocina. Sirven para hacer botanas excelentes y para enriquecer algunas de las recetas que se presentan en este libro.

- *Polvos verdes*. Estos útiles polvos son una forma práctica de agregar más comida rica en minerales a tus platillos. Puedes poner una cucharada a tus aderezos, batidos e incluso a postres como galletas, barras de energía o *mousse* de chocolate.
- *Agua de coco*. Una fuente excelente de electrolitos naturales, con montones de potasio y bajo contenido de azúcar natural, el agua de coco es el sustituto natural de las bebidas para deportistas. Es estupenda en malteadas o como bebida para después del ejercicio.

- *Maná de coco.* Es la carne (y algo de aceite) del coco, así que obtienes fibra, proteína y grasa saturada extras. Tiene un sabor cremoso y ligeramente dulce y es maravilloso como sustituto de mantequilla o betún.
- *Clorofila líquida.* Un limpiador y desodorante interno natural, la clorofila líquida con sabor a menta es una forma sabrosa de poner una inyección de nutrición a tus licuados. Agrégalo a uno de chocolate y harás que sepa a malteada de chocolate con menta.
- *Maca en polvo.* Ésta es una raíz sudamericana pulverizada que se usa por sus propiedades benéficas para la salud. Llena de vitaminas B, enzimas y aminoácidos, dispara el vigor y la libido, equilibra las hormonas y tiene un rico sabor a malta que queda maravilloso en licuados de nuez con leche o agua.
- *Yerba mate.* Ésta es una yerba adaptógena sudamericana que levanta los ánimos y apoya el sistema nervioso, dejándote energetizado pero sin el bajón ni la acidez que provoca el café. Nos gusta tenerla a la mano para cualquiera que esté eliminando el café de su dieta durante alguno de nuestros programas.
- *Kombucha.* Hecha de hongos fermentados, la kombucha aporta flora sana a tu sistema y ayuda a la digestión. Es fácil prepararla en casa y también fácil de conseguir en el supermercado. Es deliciosamente espumosa e incluso puede sustituir al alcohol en las bebidas y los cocteles de fiesta.
- *Goma de mascar de xilitol.* Esta goma de mascar sin azúcar apoya la salud dental. Mascar chicle después de una comida fomenta la buena digestión.

Mis coberturas para ensalada favoritas

Cuando hago una ensalada, no es sólo una lechuga con algunas verduras solitarias. La lleno de montones de ingredientes y coberturas que agregan sabor y hacen que cada ensalada sea única. Éstas son algunas de mis coberturas favoritas:

- *Espirulina.* Esta alga azul verdosa es rica en proteínas y minerales y contiene todos los aminoácidos esenciales.

- *Levadura nutricional.* Esta levadura desactivada es rica en vitaminas B y proteína. Tiene un sabor a queso y a nueces.
- *Sal de mar.* Existe una gran variedad de sales de mar de sabores, desde ahumada hasta de romero o jengibre.
- *Aminos líquidos Bragg.* Este concentrado de proteínas certificado sin transgénicos está hecho de soya. No contiene gluten y tiene un sabor salado.
- *Vinagre de sidra de manzana.* A menudo considerado el vinagre más sano, el vinagre no pasteurizado de sidra de manzana está cargado de enzimas y ayuda a la digestión. También puedes agregar una cucharada al agua con un toque de miel o stevia para hacer una bebida refrescante.
- *Aceite de oliva.* Busca el aceite de oliva orgánico extra virgen en botellas de vidrio oscuro.
- *Algas marinas.* Los vegetales marinos ricos en minerales como las algas rojas (*dulse*), las algas pardas (*kelp*) o el nori se pueden comprar en tiras, en hojas o en polvo.
- *Dr. Schulze's Super Food.* Mi súper alimento en polvo favorito y el de mejor sabor, este producto está lleno de vegetales, minerales y nutrientes orgánicos.
- *Lúcumo en polvo.* La versión seca de la fruta del lúcumo de Perú. Tiene un sabor dulce, parecido al maple.
- *Semillas de ajonjolí.* Estas semillas hacen que cualquier ensalada se vea más hermosa y agregan una descarga de calcio.
- *Jugo de limón recién exprimido.* Un clásico en cualquier ensalada, el jugo de limón agrega el toque exacto de acidez para dar más sabor.

Herramientas de cocina

- *Licuadora de alta velocidad.* Ésta es una herramienta esencial para hacer licuados, sopas, salsas, aderezos, postres y purés. Hay muchas muy buenas en el mercado, pero si quieres una de las mejores, capaz de licuar absolutamente lo que sea, busca una Vitamix o una Blendtec.
- *Procesador de alimentos.* Otra herramienta de cocina para triturar, tiene una función distinta de la licuadora. Un procesador de alimentos pica y revuelve,

pero no es para mucho líquido. Es mejor para ingredientes más secos, como budines o salsas más espesas, pestos y aderezos.

- *Olla de cocción lenta*. Este implemento de cocina es invaluable para las familias ocupadas. Cocina o calienta comidas sin que tengas que estar cuidando la estufa ni mantener el horno encendido. Es seguro dejarla encendida toda la noche o cuando sales de casa, por lo que una olla de cocción lenta es una manera increíblemente práctica de tener lista una comida caliente cuando acabas de trabajar, jugar o vivir aventuras.
- *Sartén grande a prueba de horno*. Ésta es la herramienta que no debe faltar en ninguna cocina. Puedes usar esta sartén para preparar prácticamente cualquier comida en la estufa o en el horno. Elige una de hierro fundido o de acero inoxidable y evita el teflón y otras superficies antiadherentes. Esta sartén y un buen cuchillo son las dos herramientas de cocina más versátiles y esenciales.

Utensilios de menos de 20 dólares

- *Exprimidor de ajos*. El exprimidor de ajos es una de esas herramientas sencillas que facilitan mucho la vida en la cocina. Metes un diente, aprietas, y sale ajo molido. No hace falta ponerse a picar finito. También úsalo para el jengibre.
- *Rallador Microplane*. En toda cocina debe haber un rallador Microplane. Ya sea para sacar una cascarita de cítrico o para rallar nuez moscada o canela sobre un licuado, el sabor que crea esta herramienta es invaluable.
- *Pelador*. Nos encanta el pelador suizo Kuhn Rikon por su forma ergonómica y ligera, y por su cuchilla filosa de larga duración. Lo mejor: cuesta menos de cinco dólares. Escoge distintos colores y disfruta de pelar fácilmente.
- *Colador*. Verás que a lo largo de este libro se requieren coladores de malla fina. Vienen en varias dimensiones; te sugerimos que consigas uno pequeño y uno grande. Estas herramientas son muy útiles y de veras sacan esos trocitos pequeños de tus sopas licuadas, de tus salsas y de tus licuados.
- *Tabla de picar*. Además de tener una buena tabla grande, algunas más pequeñas siempre serán de utilidad en tu cocina *clean*.

- *Miniespátula angular*. Estas económicas espátulas son perfectas para decorar pasteles, separar porciones de masa de galleta, o limpiar la masa de los lados de un tazón. Las mini son geniales, pero puedes usar una de cualquier tamaño para nivelar la superficie de dips, patés o chocolates cuando los pones en el molde.
- *Cuchara de acero inoxidable para helado*. También las encontrarás como cucharas medidoras. Vienen en varios tamaños y están rotuladas con un número. Además de ser útiles para servir helado, son estupendas cuando necesitas cantidades exactas. Yo uso esta herramienta para medir raciones de masa de galleta, de jarabe y de alimentos salados como masa de falafel y pesto.

Algunas habilidades básicas

Remojar

Los granos, frijoles, leguminosas, nueces y semillas contienen antinutrientes en forma de fitatos e inhibidores enzimáticos. Consumir estos alimentos en exceso sin prepararlos adecuadamente puede provocar problemas digestivos y de hinchamiento. Pero poner estos alimentos a remojar desactiva los inhibidores enzimáticos y crea una comida fácil de digerir y rica en nutrientes. Aunque hay diferentes tiempos de remojo para cada tipo de ingrediente, sólo recuerda que mientras más pequeño o menos denso sea el grano, menos tiempo de remojo necesita. Lo contrario es cierto para las legumbres y las nueces densas: requieren más tiempo de remojo. Usar agua tibia y un medio ácido también es benéfico. Agrega un chorrito de jugo de limón o de vinagre no pasteurizado de sidra de manzana al líquido.

Las semillas pequeñas (ajonjolí, girasol, calabaza, etcétera) deben remojarse de 1 a 2 horas. Los frijoles y las legumbres densas (almendras, frijoles secos, arroz, garbanzos, etcétera) deben remojarse de 8 a 12 horas. Cuando estén listos, úsalos de inmediato o cuélalos bien y almacénalos en el refrigerador hasta por 3 días. Puede ser útil enjuagarlos todos los días cuando están almacenados.

> TIP. Pon todo a remojar antes de irte a dormir. Reúne tus ingredientes y colócalos en tazones o frascos de vidrio. Cúbrelos de agua y dales por lo menos 3 centímetros más, pues absorberán mucho líquido, y déjalos remojando toda la noche. Cuando estés listo en la mañana, cuélalos y enjuágalos, y vuelve a llenar de agua si el ingrediente requiere más tiempo de remojo.

Asar en seco

Asar en seco (o tostar) nueces, semillas y especias ayuda a liberar los aceites presentes de manera natural y a sacar más el sabor. Puedes asar en un horno (a 177 °C) o en una sartén seca. Sin amontonarlas, coloca las semillas, las especias enteras o las nueces en una sartén a fuego medio o en una charola para hornear. Cuando la sartén se caliente, agítala continuamente hasta que todo esté dorado. Esto ocurre rápidamente, así que no pierdas de vista la sartén para cuidar que no se quemen. Si las estás asando en el horno, cuídalas y revuélvelas con frecuencia para que no se quemen.

Infusiones versus decocciones

Preparar un té herbal todos los días es una forma sencilla de beber los beneficios de las hierbas para la salud. Hay dos maneras de extraer las cualidades medicinales de las hierbas: las infusiones y las decocciones.

Una infusión es el proceso de extraer los compuestos químicos de la planta por medio de agua, aceite o alcohol. Para el té diario, usamos agua. Hierve un litro de agua y sírvelo en un vaso con 2 cucharadas de hierbas secas (4 cucharadas si son frescas). Cúbrelo con una tapa que ajuste bien, luego permite que se haga la infusión durante 10 minutos y hasta por 8 horas. Mientras más se remojen las hierbas, más propiedades medicinales serán extraídas. Las infusiones son ideales para hacer té de las hojas de una planta que contenga compuestos volátiles. Los tiempos de infusión cortos permiten que estos compuestos se mantengan. En términos generales, una infusión de 15 minutos antes de consumir está muy bien, pero si te vuelves un bebedor habitual de té, puedes planear con anticipación y dejar tus infusiones toda la noche. Esto te dará tiempo suficiente para extraer tus hierbas por completo. Tu infusión puede colarse y recalentarse las veces que sea necesario.

Una decocción es otro método de extracción que se usa para las raíces, los tallos, las cortezas y los rizomas de una planta. Este término también puede referirse a métodos de cocción. Cuando haces un caldo de pollo, básicamente estás haciendo una decocción de los huesos y las hierbas de olor en agua. Antes de la decocción, las partes de la planta suelen machacarse para tener una mayor superficie y liberar más compuestos volátiles. Una decocción bien hecha se hierve más o menos una hora usando una proporción de 2 cucharadas de hierba seca por un litro de agua. Por su largo proceso de cocción, recomendamos usar una olla de alta calidad. Las ollas de acero inoxidable de fondo grueso son ideales, pues los materiales de la olla no se filtran al líquido que está hirviendo. Una olla de cocción lenta es una opción muy sencilla y económica. Trata de encontrar una marca que no use plomo en su esmaltado.

Elíxires

En la sección "Licuados, elíxires, bebidas y tónicos" (véase la página 271) verás que los elíxires usan la técnica de hacer un licuado y combinarlo con infusiones herbales para crear una bebida medicinal caliente. Agrega una base de té herbal caliente o frío a tu licuadora junto con algunos condimentos y especias, una grasa y, por último, un edulcorante. Cuando te sientas a gusto con la fórmula, puedes empezar a hacer bebidas usando hierbas diseñadas para tus necesidades y problemas de salud específicos.

Éstos son algunos ejemplos de ingredientes para elíxires:

- *Base*. Té de hongos, infusión de ortigas, hierbabuena, jamaica, diente de león, cola de caballo.
- *Condimentos*. Chocolate en polvo, canela, nuez moscada, pimienta dulce, vainilla, harina de mezquite, lúcumo en polvo.
- *Grasas*. Aceite de coco, crema de coco, semillas de cáñamo, nuez de la India, almendras, nueces de Brasil, manteca de cacao.
- *Edulcorantes*. Stevia, néctar de coco, jarabe de maple, miel.

UNA VISIÓN AMPLIA:
SIETE ENSAYOS SOBRE COMER *CLEAN*

Dhru Purohit y John Rosania

Hoy tenemos más acceso a información de salud que nunca antes. Estos ensayos te darán dirección para ayudar a superar las dudas y aprender a hacer tuyo el comer *clean*.

¿Qué es comer *clean*?

Comer *clean* no es una lista de alimentos que se pueden comer y otros que no. No es un enfoque inflexible de lo que debe haber en tu plato. Y ciertamente no es una dieta. Comer *clean* es una perspectiva, una forma de ayudarte a tomar mejores decisiones sobre los alimentos que consumes cada día.

Algunos de nosotros nos etiquetamos como "vegetarianos" o "paleos" por algún tiempo, probamos ser macrobióticos varias semanas o intentamos seguir la dieta Atkins. Otros nunca hemos tratado de describir cómo comemos, sólo sabemos que queremos comer "sanamente". El problema con las dietas estrictas es que rara vez nos dan herramientas lo suficientemente amplias para tomar en cuenta la verdadera diversidad de cómo comemos a lo largo del año. Y el problema con sólo comer "sanamente" es que las compañías de alimentos han abusado tanto de esta palabra, que ya carece de cualquier significado útil.

Cuando vemos lo que está pasando a nuestro alrededor, notamos que la gente está menos apegada a las dietas y a las definiciones de dietas. Se está dando cuenta de que las dietas "perfectas" u "óptimas" que venden los doctores y los gurús de la salud son productos inflados que a menudo fracasan. Cada vez más, la gente usa términos como *"clean"* ("limpio") y "alimentos enteros" para describir cómo comen. Luego mencionan unos cuantos alimentos que procuran evitar o que no les caen bien.

Este cambio en nuestra manera de hablar sobre las dietas saludables puede usarse para ayudar a definir lo que significa comer *clean*.

Comer *clean* empieza con la simple idea de comer alimentos enteros como ingrediente principal de tu dieta. Esta idea es algo en lo que pueden estar de acuerdo todos los doctores y los gurús de la salud. Quizá no estén de acuerdo sobre cuáles comidas ni qué tanto, pero todos sin excepción coinciden en que las plantas y los animales enteros y sin procesar son un elemento esencial para la salud.

Así que vamos a aclarar a qué nos referimos con "alimentos enteros".

Son alimentos que se encuentran en la naturaleza, compuestos por un solo ingrediente. Los encuentras en los puestos de productores, en los mercados o en los confines del supermercado. Frutas, verduras, hojas verdes, carne, pescado, nueces y semillas son algunos ejemplos.

Los alimentos enteros son los cimientos del comer *clean*. Son tu base, los alimentos en los cuales deberás enfocarte diariamente y a los cuales tendrás que regresar cuando no te sientas muy bien. No se necesita ninguna bala mágica ni una dieta perfecta: sólo alimentos simples, enteros, *clean*. La idea no es lo más sexy, pero quizá nuestra búsqueda de la siguiente dieta sexy sea una de las razones por las cuales estamos tan confundidos sobre cómo comer. Lo sexy podrá vender, pero comer *clean* funciona.

Cuando comemos sobre todo alimentos enteros, automáticamente eliminamos la mayoría de la comida chatarra, los refrescos, los conservadores y los químicos que están inundando la oferta alimentaria. Esto en sí ya es un paso enorme en la dirección correcta y podría por sí mismo, a la larga, despejar nuestros problemas de salud.

Pero aún falta una advertencia. Ésta es la segunda parte de lo que significa comer *clean*: algunos alimentos enteros pueden provocarnos problemas. Recuerda, no estamos hablando de la comida chatarra ni de los alimentos procesados que sabemos que no son buenos para la salud. Estamos hablando de *alimentos enteros* que quizá no nos caigan muy bien. Cuando empezamos a probar los alimentos enteros, que tal vez sean un reto para nosotros, entendemos por qué existen tantas dietas diferentes. Cada persona es un poco distinta, y cada quien desarrolla su propio enfoque, pero en nuestra opinión lo fundamental parece ser lo mismo para todos: comer alimentos enteros, aunque cuáles y qué tanto cambiará de una persona a otra.

Llamamos "detonantes tóxicos" a los alimentos enteros que nos dan problemas. Estos alimentos pueden provocar indigestión, hinchamiento, inflamación, problemas de la piel, fatiga y una gran variedad de complicaciones a la salud. Mientras más los consumimos, más podemos experimentar problemas de salud, aun cuando nuestra dieta sea principalmente de alimentos enteros.

Si bien no todo el mundo tiene los mismos detonantes tóxicos, sí notamos algunos patrones. En el contexto de los alimentos enteros, el gluten y los lácteos son de los más problemáticos para la mayoría de la gente. Dicho esto, los detonantes tóxicos se manifiestan en cada persona de manera singular. Sea cual sea el alimento entero, para una persona es un regalo de Dios, mientras que para otra es un dolor de estómago. Nos encantaría poder decirte qué comidas evitar, pero la realidad es que tener claros tus detonantes tóxicos requiere hacer algunas pruebas perso-nales.* No existe una dieta única para resolverlo todo. Vas a tener que experimen-tar y probar distintas cosas para ver cuáles alimentos enteros te ayudan a sentirte mejor. Éste es un proceso que toma tiempo y ayuda a explicar por qué una dieta puede funcionar increíblemente bien para algunas personas y no servir de nada para otras. La interacción entre los detonantes tóxicos y nuestros cuerpos sencilla-mente hace que algunas dietas y formas de comer no nos funcionen, sin importar lo que nos hayan dicho.

Entonces, recapitulemos. Comer *clean* quiere decir dos cosas: comer alimentos enteros y evitar tus detonantes tóxicos. Una vez que hayas puesto estas ideas en práctica consistentemente y hayas descubierto qué alimentos te caen bien, estarás en un buen lugar. Tus opciones de comida, gustos y preferencias probablemente cambien con el tiempo, pero el fundamento de comer *clean* es siempre el mismo. Es algo en lo que puedes confiar y que puedes usar para tomar decisiones reales so-bre la comida que eliges en el mundo. "¿Es un alimento entero?" "¿Es uno de mis detonantes tóxicos?" Ya no tenemos que apegarnos a una dieta rígida ni tratar de tomar decisiones con base en una vaga idea de algo "sano" o "natural".

Comer *clean* es una idea cuyo momento ha llegado, una idea que nos guía ha-cia una vida de excelentes comidas y de excelente salud.

* Abordamos el proceso de probar los alimentos en el libro *Clean Gut* y en cleanprogram.com.

La comida es información

La comida es más que simples calorías: es información que juega un papel mucho más importante que sólo darnos combustible energético. Cada bocado que comemos contiene información que le dice a nuestros genes cómo deben expresarse. La comida literalmente tiene la capacidad de encender nuestros genes "buenos" y apagar nuestros genes "malos". Esto se llama "expresión génica" y su estudio se conoce como epigenética.

Piensa en tus genes como el *hardware* y en la comida que ingieres como el *software*. Aunque tu *hardware* sea excelente, descargar *software* corriente le quitará velocidad a tu sistema. Incluso podría ocasionar que tu sistema se descomponga. Eso es exactamente lo que está pasando hoy en día. Comer alimentos de baja calidad y tóxicos no sólo está haciendo que la gente suba de peso; también está causando incrementos en las tasas de trastornos autoinmunitarios, infertilidad, padecimientos cardiacos, autismo y diabetes.*

Es asombroso pensar que en la actualidad todavía existan doctores que les dicen a sus pacientes que el cáncer no tiene nada que ver con lo que comen, y nutriólogos que les dicen a sus clientes que no hay ninguna diferencia entre las calorías de un bagel y las calorías de una ensalada. Con razón hay tanta gente que piensa que la comida es sólo una colección de proteínas, grasas y carbohidratos, que la definición de salud es simplemente una cintura esbelta, independientemente de cómo te sientas, y que la mejor manera de prevenir el cáncer es nacer con mejores genes o esperar una pastilla milagrosa.

El papel que desempeña la comida en decir a nuestro cuerpo cómo "presentarse" es profundo. Cada año, mediante nuevas investigaciones, estamos descubriendo que la relación es aún más profunda de lo que hubiéramos podido imaginar.

Tomemos los fitonutrientes, por ejemplo. Se encuentran en los alimentos más coloridos de la naturaleza, como las moras azules y las verduras de hojas oscuras.

* Loren Cordain, S. Boyd Eaton, Anthony Sebastian, Neil Mann, Staffan Lindeberg, Bruce A. Watkins, James H. O'Keefe, y Janet Brand-Miller, "Origins and Evolution of the Western Diet: Health Implications for the 21st Century" ["Orígenes y evolución de la dieta occidental: implicaciones para la salud en el siglo XXI"], http://ajcn.nutrition.org/content/8/1/2/341. abstract.

Son químicos naturales que protegen a las plantas de las bacterias malas y de los bichos. Muchos estudios han descubierto que los fitonutrientes proporcionan a nuestro cuerpo la información benéfica necesaria para reducir la inflamación, incrementar la función inmunitaria, e incluso mejorar la memoria.* Cuando los fitonutrientes faltan en nuestra dieta, es como cuando una computadora tiene un sistema operativo obsoleto: las cosas se descomponen y el sistema operativo se debilita.

Por el contrario, los aceites vegetales, que tienen un alto contenido de ácidos grasos poliinsaturados omega 6, son un ejemplo de alimentos que pueden contener información dañina. Estos aceites a menudo son considerados saludables porque son aceites "vegetales", pero nada más lejos de la verdad. La realidad es que los aceites vegetales como los de maíz, colza (canola), soya, girasol y cártamo son sumamente frágiles y producen compuestos tóxicos en el cuerpo. Estos compuestos, como los radicales libres, han sido asociados con una variedad de problemas de salud, como cáncer y padecimientos cardiacos. Cuando cocinamos con estos aceites, en lugar de aceites estables como el de coco, estamos mandando a nuestro cuerpo trocitos de información que nos alejan de la salud.

Los fitonutrientes envían un tipo de información, los aceites vegetales inestables mandan otro, y todo lo que comemos les está diciendo a nuestros genes cómo expresarse. Cuando vemos la comida como un mecanismo de transmisión de información, y no sólo como una fuente de combustible, comenzamos a tomar mejores decisiones con respecto a la comida. Nuestra conciencia se expande y empezamos a preguntarnos: "¿Qué información le estoy dando a mi cuerpo?"

* Jessica Maki, "Berries Keep Your Brain Sharp" ["Las moras mantienen tu agudeza cerebral"], Brigham and Women's Hospital Communications, Harvard Medical School, http://news.harvard.edu/gazette/story/2012/04/berries-keep-your-brain-sharp/.

Cocina más

Estamos trabajando más y cocinando menos. En comparación con los años sesenta del siglo xx, los estadounidenses pasan 150 horas más en el trabajo al año. Al mismo tiempo, hemos reducido nuestras horas en la cocina en 40%.* ¿Cuáles son los efectos en la salud de estos grandes cambios culturales? Al cocinar menos, para compensar, acabamos comprando más alimentos preparados, procesados, empaquetados y cada vez de peor calidad. O comemos fuera o de prisa. Como quiera que lo veamos, cocinar menos significa que estamos dejando nuestra salud en manos de las compañías de alimentos, de los restauranteros, de los changarros de comida rápida y de las torterías. De hecho, algunos datos dietéticos indican que cada comida fuera de casa agrega más de 130 calorías y reduce la calidad de la dieta.** También incrementa nuestra ingesta de grasa y azúcar y reduce la cantidad de verduras y granos enteros.***

Entonces, ¿qué sucede cuando cambiamos nuestras prioridades y volvemos a poner nuestra atención en preparar nuestros propios alimentos? Cocinar más comida *clean* nosotros mismos hace que recuperemos el control de *qué* comemos y *cómo* está preparado. Al comprar alimentos orgánicos y enteros, limitamos nuestra exposición a los químicos y a los conservadores usados para que los artículos empaquetados duren en los almacenes. Y al preparar más comidas en casa, reducimos nuestra exposición a los restaurantes que usan ingredientes de baja calidad, cocinados con aceites de baja calidad. Con el tiempo, el simple acto de cocinar más puede

* Michael Pollan, "Out of the Kitchen, Onto the Couch" ["Salimos de la cocina, subimos al sofá"], *New York Times Magazine*, 2 de agosto de 2009, www.nytimes.com/2009/08/02/magazine/02cooking-t.html?r=0.

**Lisa Mancino and Christian A. Gregory, "Does More Cooking Mean Better Eating? Estimating the Relationship Between Time Spent in Food Preparation and Diet Quality," presented August 12–14, 2012, Annual Meeting, Agricultural and Applied Economics Association, Seattle, Washington, http://ageconsearch.umn.edu/bitstream/124025/2/Mancino%20Gregory--AAEA%202012.pdf.

*** Jessica E. Todd, Lisa Mancino y Biing Hwan-Lin, "The Impact of Food Away from Home on Adult Diet Quality" ["El impacto de comer fuera de casa en la calidad de la dieta adulta"], Economic Research Report No. ERR-90, Economic Research Service, U. S. Department of Agriculture, febrero de 2010, http://www.ers.usda.gov/media/136609/err90_1_.pdf.

convertirse en una de nuestras estrategias de salud más poderosas, pero ahora sin suplementos ni protocolos complicados, sin salas de espera de doctores ni costosos análisis. Sólo unas cuantas recetas *clean* y tu motivación para ponerlas en práctica.

Ahora, quizá estés diciendo: "¿Y cómo se supone que voy a hacer eso, si ya tengo tanto que hacer?". La cuestión es que no estamos diciendo que sea necesario preparar todas tus comidas en casa. De hecho, diversos estudios han demostrado que sólo se necesita una hora más de cocinar a la semana o reemplazar dos comidas fuera por comidas hechas en casa para perder peso e incrementar la calidad de tu dieta.* Estos pequeños cambios, con el tiempo producen enormes beneficios. Unas cuantas comidas a la semana se vuelven cientos de comidas al año y miles de comidas a lo largo de la vida, por no hablar de todas las comidas dañinas que dejaste de consumir. Visto desde esa perspectiva, cocinar tu propia comida *clean* es muy posiblemente la estrategia más importante que tienes para reducir los trastornos de salud y seguir construyendo una salud robusta a futuro.

Cocinar más también hace otra cosa: que pongamos más atención a la comida que ingerimos. Cuando preparamos comidas *clean* en casa, nos tomamos un momento para bajar de velocidad y enfocarnos en la simple tarea de crear un platillo nutritivo. Piensa en lo bien que se siente preparar una comida que sabe estupendo y que, además, es nutritiva. O piensa en alguna vez que alguien te haya preparado una comida saludable que además emocionó a tus papilas gustativas. Los sabores y la experiencia de la comida se acrecientan, todo por darle al platillo un poco más de atención. Esta atención muy pronto puede transformarse en la alegría de cocinar. Para algunos, esta alegría surge del componente creativo del sabor, del tacto y el olor, de la mezcla de sabores y especias. Para otros, de saber que una comida se preparó con amor para la familia y los amigos. Los centenarios nos aconsejan: "Descubre la alegría de cocinar", puesto que uno de los rasgos más comunes de las personas que viven más de 100 años es su amor por la cocina.** Sea cual sea la razón —*tu* razón—, descubrir la alegría de cocinar hará que comer *clean* se convierta en una práctica sustentable para toda la vida.

No tiene que ser de la noche a la mañana ni de golpe. Paso a paso, prepara unos cuantos desayunos más por aquí, unas cuantas cenas por acá, sustituyendo

---

* Mancino y Gregory, "Does More Cooking Mean Better Eating?".
   ** Paul Jaminet y Shou-Ching Jaminet, *Perfect Health Diet*, Nueva York, Scribner, 2012.

algunos pastelillos del trabajo por refrigerios hechos en casa. Y sin darte cuenta, "cocinar más" se vuelve un hábito, una brújula para guiarte a lo largo del campo minado de la comida chatarra que nos rodea a todos. Es tanto una salida como una manera de entrar a una vida de mayor salud, de más control sobre lo que comes y cómo lo comes.

Domina cinco

Comer *clean* puede parecer confuso. De acuerdo con un estudio, la mitad de los estadounidenses encuestados considera que es más fácil preparar su declaración de impuestos que comer sanamente.* Si un alimento nos es desconocido o requiere una preparación nueva, rápidamente puede sacarnos de nuestra zona de confort. Incluso el entusiasmo inicial de limpiar nuestra dieta, de *vivir* sanamente, puede extinguirse al tener que enfrentarnos a una semana de platillos que preparar.

Sin embargo, la realidad de comer *clean* no es tan complicada. Para la mayoría de la gente el grueso de sus dietas está compuesto de unas cinco comidas básicas que se rotan según la estación. Piensa en sopa y ensalada, pollo y arroz, pescado y verduras, y hasta una hamburguesa con papas. Son las mismas comidas una y otra vez. Las especias, las salsas y las combinaciones podrán variar, pero la comida básica es la misma. Sucede exactamente lo mismo con la comida *clean*.

En vez de preocuparte por recetas complejas o por comer *clean* para siempre, *sólo enfócate en dominar cinco comidas saludables* para empezar. Estas cinco comidas serán la base de tu dieta, lo que comes habitualmente. Puedes cambiarlas, agregar una salsa nueva o una verdura diferente, pero la estructura de las comidas será la misma. Con el tiempo, estas cinco comidas se convertirán en plantillas de tu creatividad, una inspiración para inventar toda una vida de tus propias recetas *clean*. También se convertirán en las aliadas de tu salud, amigas a las que puedes recurrir cuando no sepas qué comer o sientas que tu salud no va por el mejor camino. Siempre puedes agregar más comidas a esas cinco principales, pero empezar con sólo cinco garantiza que no te abrumes y que aprender las recetas *clean* no se convierta para ti en algo más complicado de lo que es.

El resultado final es que tus cinco comidas te ayudarán a alimentarte mejor y de manera más consistente. Con más comida *clean* en tu dieta, el efecto a largo plazo será una salud más plena y robusta.

No te compliques. Domina cinco.

* http://www.foodinsight.org/Content/5519/IFICF_2012_FoodHealthSurvey.pdf.

Dinero

Una de las mayores críticas a la comida *clean* es la idea de que es cara e incosteable. En una época en que los gastos están subiendo y más familias batallan con su presupuesto mensual, ¿realmente sería justo esperar que la gente gaste más dinero para comer *clean*?

El problema con muchas de estas críticas es que a menudo están mal informadas. Claro, si comparamos el costo inmediato de comer *clean* con el costo inmediato de comer basura, comer basura casi siempre será más barato, sin duda alguna. Pero eso es sólo una parte de la historia. Cuando se trata de calcular el precio de la comida, hay que considerar dos cosas. Primera, ¿cuál es el costo inmediato, el precio, del artículo? Y segunda, ¿cuál es el costo verdadero, el impacto a largo plazo de nuestras decisiones alimenticias? Exploremos ambos.

Enfermarse sale caro

Todos hemos oído hablar de la crisis inmobiliaria, ¿pero has oído hablar de la crisis por cuentas médicas? Hoy en día, las facturas médicas impagables son la principal causa de bancarrota en Estados Unidos. En 2013 más de 20% de los estadounidenses reportaron serias dificultades para pagar sus cuentas médicas, de los cuales, 1.7 millones se declararon en bancarrota.* Y si bien el seguro médico universal va a ayudar, no se espera que resuelva el problema. Los costos médicos están subiendo tan rápido que incluso aquellos que tienen seguro apenas pueden ir al corriente. Si consideramos que la mayoría de las enfermedades crónicas son prevenibles con mejores decisiones alimentarias y de estilo de vida, podemos decir con toda certeza que enfermarse sale mucho más caro que comer *clean*.

Alimentos enteros, no alimentos empaquetados

Hace unos años, la cadena de supermercados naturistas Whole Foods Market recibió un apodo poco halagador, que se le ha quedado hasta la fecha: "Whole

---

* Según un estudio de Nerd Wallet Health, las cuentas médicas son la principal causa de quiebra personal en Estados Unidos: http://www.nerdwallet.com/blog/health/2014/03/26/medical-bankruptcy/.

Paycheck" ["La quincena entera", en lugar de "Alimentos enteros"]. Y fue producto del *shock* que mucha gente experimentaba al ver los precios cuando llegaba a la caja. Sin embargo, si pasas un rato en la caja de la mayoría de las tiendas naturistas de Estados Unidos, incluyendo el Whole Foods, notarás algo interesante: la mayor parte de los alimentos que inflan el total no son las frutas, las verduras ni las carnes enteras. Los alimentos que cuestan más son las comidas procesadas y de *boutique*, como frituras orgánicas de olla, kombucha de fresa-melón, galletas de avena sin gluten, y barras de maca cruda. No nos malentiendas, estos alimentos saben estupendamente, pero comer *clean* no es una dieta de comidas naturistas empaquetadas. Comer *clean* se trata de enfocarse en una base sólida de frutas, verduras, carnes naturales y otros alimentos enteros. Cuando gastemos el dinero que con tanto esfuerzo ganamos en estos artículos, en lugar de comidas naturistas empaquetadas, veremos una caída inmediata en nuestras cuentas del supermercado.

Come en casa

He aquí una forma sencilla de reducir tus gastos de comida: come en casa. Hoy, se calcula que más de 40% de nuestro presupuesto de comida se gasta en comer fuera de casa.* Los restaurantes, independientemente de si son sanos, son caros. Depender de los restaurantes, incluso de los que son *clean*, para que preparen casi la mitad de nuestras comidas, es una de las maneras más fáciles de quebrar tu presupuesto mensual de comida. Cuando no dependemos de restaurantes ni del buffet de comida preparada en nuestra tienda naturista más cercana, comer *clean* se vuelve extremadamente accesible.

Entender por qué

Escribe la frase "comer sano y barato" en Google y encontrarás miles de artículos, tips y trucos que te mostrarán, con detalle, cómo comer *clean* de manera accesible. Algunas de estas sugerencias incluyen unirte a un club de agricultura de apoyo

---

*Más de 40% del presupuesto de comida típico en Estados Unidos se gasta en comer fuera, mientras que las comidas familiares a menudo quedan relegadas a las fiestas y a ocasiones especiales: http://www.sciencedaily.com/releases/2012/04/120423184157.htm.

comunitario, evitar las frutas y las verduras caras fuera de temporada, empezar a sembrar un pequeño huerto en recipientes, y preparar juntas las comidas para toda la semana. Todos estos tips son excelentes, y hay mil más en línea que son igual de buenos. Pero lo que hemos descubierto es que si no entendemos por qué es importante comer *clean*, nunca lo convertiremos en una prioridad, ni usaremos estas recomendaciones. Al ir aprendiendo más sobre salud y bienestar, y los verdaderos costos de nuestras decisiones alimenticias, estaremos más inspirados en hacer realidad el comer *clean* y lo veremos como una de las mejores inversiones que podemos hacer en nuestra salud a largo plazo.

Comunidad

Las comunidades donde crecemos nos enseñan cómo vivir y qué comer. Aprendemos sobre la comida de quienes nos rodean y comemos lo que ellos comen. En el pasado, vivíamos en tribus y en pequeños grupos y nuestro estilo de vida y nuestras decisiones alimentarias también eran gobernados por estos grupos. Recolectábamos y cazábamos juntos, y cocinábamos y comíamos la misma comida juntos.

Hoy, seguimos comiendo sobre todo lo que come nuestra comunidad, pero en lugar de los alimentos de los granjeros medievales o de nuestros ancestros cazadores y recolectores, estamos comiendo los alimentos procesados de nuestra cultura predeterminada del siglo XXI. Y esto tiene consecuencias serias para nuestra salud.

Vivimos con más problemas de salud y enfermedades crónicas que nunca antes. Desde padecimientos cardiacos hasta condiciones autoinmunitarias y diabetes. Estos trastornos son consecuencia directa del estilo de vida que nuestra comunidad ha optado por seguir. Los alimentos procesados, los productos cargados de químicos, la vida sedentaria, la falta de sueño y el estrés crónico son la moneda de cambio de nuestras comunidades predeterminadas, cosa que a todos nos empobrece.

Pero hay una salida de esta situación. Existen comunidades más acordes con nuestras necesidades. La forma de salir es ir más allá de nuestra comunidad predeterminada y conscientemente unirnos a otras personas que compartan nuestro interés en la salud y el bienestar. Cuando nos involucramos activamente con una comunidad de gente que valora el bienestar, ganamos el apoyo que necesitamos para salir del estancamiento en materia de salud en que ha caído nuestra cultura predeterminada.

¿Qué tiene una comunidad que la vuelve una herramienta tan poderosa para nuestra salud? Una comunidad nos da un foro para explorar y aprender las mejores prácticas. Es un lugar donde podemos compartir historias, recetas e información, y aprender las habilidades para vivir un estilo de vida *clean*. También es un lugar donde es posible encontrar responsabilidad. Podemos pedirle a nuestra comunidad que nos ayude a cumplir cualquier práctica de salud que nos hayamos propuesto. En nuestra experiencia, a la gente que tiene el apoyo de una comunidad decidida le resulta más fácil hacer cambios significativos y duraderos para su salud.

Pero, más que nada, una comunidad nos brinda una conexión y un sentido de pertenencia. ¿Quién no ha tenido la experiencia de compartir una nueva práctica de salud con familiares o amigos sólo para ser ridiculizado? Cuando esto ocurre, podemos sentirnos marginados y rápidamente perder el entusiasmo y la motivación para cuidar nuestro bienestar. Una comunidad elegida conscientemente puede revertir esa pérdida de entusiasmo y darnos la energía y la inspiración para volver a comprometernos con vivir *clean* cada día.

Se puede empezar poco a poco. Únete a una comunidad de comida *clean* en línea. Comparte algunas recetas *clean* con un amigo. Planeen comer o cenar juntos una vez a la semana. Luego expándanlo y traten de organizar una reunión "de traje", donde cada quien traiga un platillo. Inviten a otras personas en su zona que estén interesadas en comer *clean*. Una de estas reuniones de vez en cuando bastará para hacerte sentir rejuvenecido y conectado por semanas. La tecnología ha creado más posibilidades que nunca antes para conectarse y tener un intercambio con gente de intereses similares. Úsala para mejorar tu salud y para expandir tu comunidad.

Así que, ya sea una comunidad física o virtual, una lista de correos electrónicos o una comida "de traje", empieza a cultivar tu comunidad activamente. A fin de cuentas, quizá hayamos sido parte de una comunidad predeterminada, pero no estamos atorados allí. Es posible elegir activamente crear otra, más nueva y más *clean*, donde podamos crecer año con año.

Vive más

Cuando la comida empieza a trabajar a nuestro favor, en lugar de en nuestra contra, nuestra vida entera cambia. No sólo nos sentimos mejor comida tras comida y día con día, sino que además tenemos la energía y la salud perdurables que necesitamos para estar fuertes en las áreas de nuestra vida que más nos importan.

Comer *clean* es un vehículo, un enfoque que propicia que la comida trabaje a nuestro favor; pero también es algo mucho más grande: es una manera de pensar que nos ayuda a apartarnos del temor a envejecer y a enfermar, y nos acerca a la fortaleza de saber que podemos tomar control de nuestra salud.

Incluso los cálculos muy conservadores de los Centros para el Control y la Prevención de Enfermedades de Estados Unidos indican que más de 60% de las principales causas de muerte son prevenibles. Padecimientos cardiacos, derrames cerebrales, la mayoría de los tipos de cáncer y la diabetes, son ejemplos de algunos de los principales padecimientos mortales que se pueden prevenir con cambios de estilo de vida. Comer *clean* y nada más no es la respuesta, pero es gran parte de la solución para prevenir enfermedades crónicas y sentirse mejor día con día. Sin duda, comer *clean* nos ayuda a vivir más.

Vivir más significa tener la habilidad de dar amor y atención a las prioridades de nuestra vida. Cuando nos sentimos mal, o enfermos, o cansados, es difícil estar presentes plenamente para nosotros mismos y para los demás, pero cuando nos sentimos anclados en nuestra salud, tenemos la energía para mantenernos activos, explorar otros pasatiempos, trabajar en proyectos nuevos, o participar como voluntarios en nuestra asociación benéfica favorita.

Comer *clean* no se trata sólo de mejorar tus alimentos. Comer *clean* se trata de mejorar tu vida entera. Comer *clean* se trata de vivir más.

RECETAS DEL CHEF FRANK GIGLIO

La cocina me ha interesado desde que era niño. Aún puedo saborear el aroma a salsa de tomate que llenaba mi hogar las horas que hervía a fuego lento. Ver a mis abuelos italianos cocinar me infundió una pasión que me exigiría profundizar más. Estudiar gastronomía fue la opción natural para mí. Después de mi graduación aproveché la oportunidad de viajar a Estados Unidos, aprendiendo de grandes chefs en el camino. Como chef, siempre me enseñaron a hacer que la comida supiera bien, sin jamás prestar atención a cómo nos hacía sentir. En algún momento dejé de ver mi salud como una prioridad hasta que toqué fondo a nivel personal. Estaba lento, pasado de peso y sin ninguna conexión real con mi carrera.

Después de ese momento difícil, comencé mi propia travesía personal hacia la salud y la vitalidad. Empecé a experimentar con dietas, fui a la escuela de nutrición y aprendí lo que a mí me funcionaba y no me funcionaba. Cada programa de salud tenía sus pros y sus contras, pero tomé las mejores partes y las incorporé a mi vida.

Finalmente, di con la importante idea de que lo que me ayudaba a estar bien eran los alimentos enteros, frescos, de la granja, y no las dietas restrictivas. Al combinarlos con ejercicio diario, relaciones positivas y agua limpia, desarrollé una receta para el éxito.

Hoy vivo apartado del ajetreo, con mi esposa y con mi hija, en la parte central de Maine, donde compartimos la comida *clean* con la comunidad que nos rodea. Para mí, comer *clean* se trata de no restringir lo que no puedes comer, sino de todos los alimentos que sí puedes consumir. Se trata de construir una comunidad a tu alrededor y, lo más importante, como nos enseña el doctor Junger, de que la comida sea nuestra medicina.

Con la inspiración del doctor Junger y mis 20 años de experiencia culinaria hemos reunido una colección de recetas que son deliciosas, divertidas de preparar y buenas para ti. Mi meta es inspirar una revolución culinaria dentro de ti y motivarte a preparar los alimentos que te proporcionarán un estilo de vida vigoroso y armónico.

Piensa como chef

Antes de empezar, describo a continuación cinco habilidades que harán surgir a tu chef interior:

Planea

Si algo aprendí en la carrera de gastronomía fue el poder de la planeación. Yo uso dos listas que te ayudarán a ahorrar tiempo y dinero. La primera es tu planificador semanal de comidas. Pasa algunos minutos planeando qué vas a comer esa semana. Esto puede incluir simplemente tener algunas opciones de desayuno en la alacena y luego planear las cenas, o bien armar un calendario completo de tres comidas, siete días. Luego, prepara una lista de compras *antes* de ir al mercado o a la tienda. Esto evitará que deambules por los pasillos perdiendo tiempo. Estas dos técnicas de planeación son simples pero esenciales para preparar comida *clean* más seguido.

Prepara

Nada ayuda tanto a crear una experiencia fluida de cocinar como preparar tus ingredientes antes de empezar. Hacer esto evita que llegues a media preparación y descubras que te falta un ingrediente. He notado que cuando todo está preparado y listo para usarse, se crea una calma en la cocina que me permite saborear y disfrutar lo que estoy haciendo. Preparar y organizar también son formas fáciles de incluir a los niños en el proceso y enseñarles lo esencial de la cocina *clean*.

Prueba

Es asombroso constatar que mucha gente no prueba la comida en el proceso de prepararla. No puedo imaginar nada más satisfactorio. Esta sencilla idea puede salvar fácilmente a más de unas cuantas recetas del bote de basura. Al probar a menudo la comida y las salsas que estás preparando, aprendes cómo se desarrollan los sabores y cómo balancear los sabores básicos. Dulce, ácido, salado, amargo y umami: todos tienen características especiales que se pueden neutralizar, equilibrar o acentuar según tus preferencias; pero no aprenderás a reconocer esto si no le das una probada a todo lo que preparas.

Improvisa

Es fácil seguir las instrucciones de las recetas y usar los ingredientes exactos. En un principio esto funciona de una manera estupenda, en lo que vas perfeccionando tus habilidades y descubres qué comidas te gustan más. Pero con el tiempo, dejar que tu intuición te guíe en la cocina puede elevar tus recetas a otro nivel. Mientras más cocincs con alimentos enteros, más podrás improvisar y dejar que las recetas te sirvan de guía más que como reglas inflexibles. Improvisar de acuerdo con tus gustos y con lo que esté disponible y fresco en tu mercado servirá mucho para que desarrolles a tu propio chef interior y tu propio estilo de cocina único.

Experimenta

En mi opinión, cocinar es un arte. Y como cualquier arte, se desarrolla y progresa mediante la práctica *y* la experimentación. Cuando te arriesgas a experimentar con un ingrediente o una especia nuevos, abres nuevas posibilidades. Tomar riesgos es una habilidad importante conforme te desarrollas como chef *clean*. Una vez que hayas dominado las primeras cuatro habilidades, imponte el reto culinario de probar un sabor o un platillo nuevo cada semana. Esto te ayudará no sólo a desarrollar tu propio estilo de cocina, sino también a descubrir qué alimentos prefieres preparar y cuáles platillos son tus favoritos para comer.

IDEAS PARA EL DESAYUNO

Cómo te sientes durante el día tiene mucho que ver con lo que desayunas. Es como cuando vestir cierta ropa cambia tu forma de sentirte sobre ti mismo. Cuando empiezas la mañana con un desayuno *clean*, estableces mejores hábitos alimenticios para el resto del día. En principio, puede parecer extraño desayunar sin gluten ni lácteos, pero te prometemos que estas versiones *clean* cargadas de proteínas de los desayunos clásicos van a satisfacerte y a llenarte de energía.

GRANOLA DE ALFORFÓN

C *Cleanse:* limpieza

V Vegano

Rinde: 3.8 litros

Tiempo de preparación: la noche anterior

Tiempo de cocción: de 4 a 6 horas si se hornea y hasta 24 horas si se deshidrata

La preparación de esta receta toma algo de tiempo, pero realmente vale la pena. Crujiente y llena de sabor, esta granola sin gluten mantendrá a toda la familia energizada y lista para disfrutar lo que sea que el día les depare. Es un buen descanso de la granola tradicional hecha con avena y también le da a los licuados y al yogur de coco una deliciosa textura crujiente. También es perfecta para *parfaits* libres de granos y lácteos.

3 tazas de sémola gruesa de alforfón, remojada por 2 horas, luego enjuagada en un colador hasta que el agua salga cristalina

1½ tazas de semillas crudas de calabaza, remojadas la noche anterior, escurridas y enjuagadas

1½ tazas de semillas crudas de girasol, remojadas la noche anterior, escurridas y enjuagadas

1½ tazas de almendras crudas, remojadas la noche anterior, escurridas y enjuagadas

3 manzanas crujientes

¼ de taza de pinole de mezquite

¼ de taza de canela molida

¾ de taza de coco rallado sin endulzar

1½ tazas de néctar de coco (edulcorante)

2 cucharaditas de sal de mar

Pon a remojar la sémola gruesa, las semillas y las almendras desde la noche anterior. Una vez escurridas y enjuagadas, pícalas en el procesador de alimentos, en varias tandas si es necesario. Procésalas dejándolas gruesas y detente antes de que se licuen por completo. No las quieres en puré, sólo en trozos. Repítelo hasta que toda la sémola gruesa, semillas y almendras estén picadas, luego ponlas en un tazón grande y déjalas aparte.

Lava y ralla las manzanas y agrégalas a la mezcla anterior. Revuelve, y después agrega el pinole de mezquite, la canela, el coco rallado, el néctar de coco y la sal. Mezcla todo muy bien.

Si tienes un deshidratador, puedes esparcir la mezcla en una capa delgada sobre las mallas y deshidratar a 90 °C por 6 u 8 horas o hasta que esté crujiente.

Si no tienes un deshidratador, precalienta el horno a 135 °C.

Esparce la mezcla sobre papel encerado o sobre un platón para horno y hornéalo de 4 a 6 horas o hasta que esté crujiente. Ya crocante, almacena la granola en un recipiente hermético. Se conserva varias semanas.

PAPILLA DE QUINOA Y CALABAZA DE CASTILLA

C *Cleanse*: limpieza
V Vegano

Porciones: 2

Tiempo de preparación: la noche anterior

Tiempo de cocción: 30 minutos

Un giro estacional y una mejora nutritiva a la tradicional avena cocida, este potaje es caliente y reconfortante, perfecto para una mañana fría. La calabaza es un carbohidrato complejo y la quinoa es una gran fuente de proteína, así que también es una comida excelente para recuperarse después de hacer ejercicio.

½ taza de quinoa
½ cucharadita de jugo de limón
1 taza de leche de coco sin endulzar
¾ de taza de puré de calabaza (enlatada funciona, recién cocida es perfecta)
1 cucharada de pinole de mezquite
½ cucharadita de canela molida
¼ de cucharadita de jengibre molido
¼ de cucharadita de granos de vainilla en polvo o ½ cucharadita de extracto de vainilla
1 pizca de sal
2 cucharadas de néctar de coco o de jarabe de maple

Decoración
Nuez pecana picada
Hojuelas de coco tostado sin endulzar
Nuez moscada recién molida
¼ de taza de moras azules

Antes de hacer este platillo, pon la quinoa a remojar en 2 tazas de agua con ½ cucharadita de jugo de limón. Deja la quinoa remojando al menos 8 horas (durante la noche funciona bien). Cuela, enjuaga bien y coloca aparte.

En una olla de fondo grueso, a fuego medio, mezcla la quinoa, la leche de coco, el puré de calabaza, el pinole de mezquite, la canela, el jengibre, los granos de vainilla en polvo o el extracto, y la sal. Cuece la mezcla a fuego lento por lo menos 20 minutos o hasta que la quinoa esté suave y la leche de coco se espese, revolviendo frecuentemente para evitar que se pegue o se queme.

Cuando esté bien cocido, integra el néctar de coco o jarabe de maple. Vierte la papilla en un tazón, adórnalo con nueces pecanas, hojuelas de coco, nuez moscada, moras azules, y sirve.

Variaciones: No dudes en reemplazar la quinoa con mijo, amaranto o arroz.

CEREAL DE MORAS AZULES Y QUINOA

Lina Fedirko, miembro de la comunidad Clean

C *Cleanse*: limpieza

G *Gut*: intestino*

V Vegano

Porciones: 4

Amo esta receta por lo práctica que es. Después de seguir el programa de limpieza *clean* es muy fácil caer en los viejos hábitos y no encontrar tiempo para preparar las comidas. Yo me aseguro de preparar mi desayuno de quinoa los lunes para poder comerlo los siguientes días. Me ayuda a mantener mi desayuno limpio y saludable.

1 taza de quinoa bien enjuagada
1 taza de leche de almendras sin endulzar
1 ¼ taza de leche de coco sin endulzar
⅔ de taza de mora azul fresca
Yogur de coco o crema de coco al gusto
Endulzante de tu elección al gusto

En una olla, combina la quinoa, la leche de almendras, la leche de coco y las moras azules. Lleva la mezcla al punto de ebullición, después baja el calor y cocina a fuego lento por 30 minutos o hasta que esté muy suave. Sirve el cereal caliente con yogur de coco o crema de leche de coco y rocía el endulzante. ¡Disfrútalo!

Variaciones: Este cereal es delicioso con plátano, si no estás haciendo la limpieza *clean*.

* Para endulzar usa stevia, xilitol o Lakarto

EXPERIENCIA: El Programa de Limpieza *Clean* cambió mi vida en un sentido tan positivo que siempre estaré profundamente agradecida con el doctor Junger y el equipo *clean*. Terminé mi primer programa de limpieza *clean* en octubre pasado y después, en abril, completé el Programa *Clean* para el Intestino. De enfermarme tres o cuatro veces al año y tener que tomar antibióticos cada vez, con episodios constantes de eccema por todas las manos, de nunca cocinar y comer siempre fuera de casa, con problemas frecuentes de indigestión, pasé a enfermarme rara vez, y a cocinar todas mis hermosas y saludables comidas, sin ningún signo de eccema (¡nunca creí que eso fuera posible!) ni problema estomacal. El Programa de Limpieza *Clean* realmente me enseñó a ser generosa con mi estómago y a cuidar mi cuerpo.

YOGUR DE NUEZ DE LA INDIA

C *Cleanse*: limpieza

G *Gut*: intestino

V Vegano

Rinde: Medio litro

Tiempo de preparación: 15 minutos

Tiempo de fermentación: de 8 a 24 horas

Un delicioso reemplazo de los yogures lácteos, esta versión de nueces de la India es fácil de digerir y funciona con varias recetas tanto dulces como saladas. Para darte un gusto en el desayuno, rocía granola y moras frescas sobre tu yogur.

1½ tazas de nuez de la India cruda

De ¾ a 1¼ tazas de agua

En la licuadora haz puré las nueces de la India con ¾ de taza de agua, agregando más agua hasta conseguir una consistencia espesa pero untable. Con una cuchara pasa la mezcla a un frasco de vidrio, luego cúbrelo con un paño de queso y colócalo en algún lugar tibio por 8 o más horas. El yogur estará listo cuando veas pequeñas burbujas de aire por toda la mezcla. Cómelo de inmediato o almacénalo en el refrigerador por tres o hasta cuatro días.

Acompañamientos: Sírvelo con la granola de alforfón (véase la página 54), tarta *cobbler* de zarzamora (véase la página 294) o migajas, o úsalo en licuados.

HOT CAKES DE MORA AZUL

Vegetariano*

Porciones: 4

Tiempo de preparación: 10 minutos

Tiempo de cocción: 10 minutos

Ya sea que los comas en el desayuno o que los calientes en el tostador como refrigerio, estos *hot cakes* seguro les sacarán una sonrisa a todas las caras alrededor de la mesa.

1 ¾ tazas de harina de arroz integral
¼ de taza de harina de alforfón
¼ de taza de harina de almendras
¼ de taza de almidón de tapioca
1 cucharada de harina de coco
1 cucharadita de canela molida
¼ de taza de azúcar de palma de coco
1 ½ cucharaditas de polvo para hornear
½ cucharadita de sal de mar
2 huevos grandes criados en pastizal
½ taza de mora azul fresca o congelada
1 taza de leche de almendras sin endulzar
1 taza de agua
¼ de taza de aceite de coco, derretido, más un poco para la sartén
1 cucharadita de extracto de vainilla
Néctar de coco o jarabe de maple para endulzar al gusto

En un tazón grande integra la harina de arroz integral, la harina de alforfón, la harina de almendras, el almidón de tapioca, la harina de coco, la canela, el azúcar de palma de coco, el polvo para hornear y la sal. En otro tazón bate los huevos, después agrega las moras azules, la leche de almendras, el agua, el aceite de coco y la vainilla. Vierte los ingredientes húmedos sobre los secos y revuelve hasta que todos se incorporen.

Calienta una sartén a fuego medio. Derrite un par de cucharadas de aceite de coco y vacía ¼ de taza de masa en la sartén. Deja cada *hot cake* 2 o 3 minutos antes de voltearlo y cocínalo durante 1 o 2 minutos más. Lo mejor es que queden dorados por ambos lados. Sírvelos calientes, salpicados de néctar de coco o de jarabe de maple.

* Contiene huevo.

El chef Frank comenta sobre las harinas libres de gluten

Aunque considero a la panadería y a los productos horneados y de harina refinada como algo para consumirse como un gusto ocasional, hay formas de hacerlos más saludables. Mis harinas favoritas son la de coco y la de almendra, porque son altas en proteínas y fibra, y bajas en carbohidratos. La harina de coco es muy absorbente, así que asegúrate de ajustar las cantidades y agregar más agua cuando la uses. Hay muchas otras harinas sin gluten que puedes utilizar, como la de *teff*, arroz integral, castañas, sorgo y mijo. Cada una tiene sus peculiaridades y cambiará ligeramente la textura de la receta. Muchas mezclas de harina sin gluten contienen maíz y papa, lo que está bien en pequeñas cantidades y siempre y cuando no estés realizando los programas Limpieza *Clean* o *Clean* para el Intestino.

PAN FRANCÉS CON CREMA DE VAINILLA

Vegetariano*

Porciones: 2

Tiempo de preparación: 10 minutos

Tiempo de cocción: 5 minutos

Para el desayuno o el almuerzo, este pan francés es buenísimo. Puedes preparar varios y tenerlos en el congelador; al calentarlos serán el pan más delicioso. Son un gusto que convierte lo ordinario en extraordinario.

Para el pan francés

2 huevos criados en pastizal

½ taza de leche de coco sin endulzar

2 cucharaditas de canela molida

½ cucharadita de pimienta gorda molida

¼ de cucharadita de clavo molido

½ cucharadita de nuez moscada recién molida

Hasta ¼ de taza de aceite de coco

De 2 a 3 rebanadas de pan sin gluten por persona (el pan de mijo de Sami's Bakery es nuestra marca limpia favorita).

Para la crema de vainilla

⅓ de taza de leche de coco sin endulzar

1 cucharadita de extracto de vainilla

½ taza de crema de coco (de lata)

De 1 a 2 cucharadas de néctar de coco

1 pizca de sal de mar

Primero prepara la crema de vainilla. Lentamente calienta la leche de coco, la vainilla, la crema de coco, el néctar de coco y la sal, hasta que la crema se derrita y la salsa se espese. Mantén esta mezcla tibia mientras preparas lo demás.

Bate los huevos con la leche de coco y las especias en un platón grande y poco profundo.

Calienta una sartén grande o una parrilla a fuego medio y derrite un par de cucharadas de aceite de coco. Mientras se calienta la sartén, sumerge 4 rebanadas de pan en la mezcla de huevo (si tu platón lo permite; si no, las que puedas) y procura que ambos lados absorban bien la humedad. Con cuidado, pasa las rebanadas de pan a la parrilla y cocina hasta que estén bien doradas (puedes revisar la parte de abajo levantándola con la espátula) antes de voltearlas para cocinar el otro lado unos minutos más.

Una vez cocidas, parte cada rebanada a la mitad, corónalas con moras frescas y rocíalas de crema de vanilla.

* Contiene huevo.

El chef Frank comenta sobre las grasas saturadas

Notarás que en la mayoría de nuestras recetas de cocción utilizamos grasas saturadas en vez de aceites vegetales. Lo anterior es porque la grasa de los animales criados en pastizales, como la manteca de cerdo y la grasa de pato, junto con el aceite de aguacate y de coco, se mantienen estables en temperaturas medianas a altas, reduciendo los radicales libres en el cuerpo. Estas grasas son las opciones más saludables para cocinar y nos brindan energía utilizable. También estimulan la inmunidad, apoyan la digestión y ayudan a las funciones cerebrales. Deja el aceite de oliva y los demás aceites vegetales para cocinar a temperaturas bajas, úsalos en vinagretas o rocíalos sobre tus alimentos una vez que estén cocinados.

PAN DE PLÁTANO

Jenny Nelson, coach *de bienestar* Clean, *chef y fotógrafa*

Vegetariano*

Rinde: 1 hogaza grande o 2 pequeñas

Tiempo de preparación: 8 minutos

Tiempo de cocción: de 40 a 50 minutos

Es maravilloso poder compartir el tiempo en la cocina con la familia, especialmente si damos a los niños la oportunidad de ayudar a preparar (¡y luego comer!) un rico dulce en una versión libre de azúcar refinada. No hay necesidad de sacrificar el sabor cuando estás comiendo alimentos saludables, así que disfruta este delicioso pan con la gente que amas.

4 cucharadas de aceite de coco suavizado
4 plátanos medianos a grandes, moteados y blandos
2 huevos criados en pastizal
¼ de taza de néctar de coco
1 taza de harina sin gluten de tu elección (la marca Bob's Red Mill o la mezcla para hornear sin gluten de Trader Joe's son fantásticas).
1 taza de harina de almendras
1 cucharadita de sal de mar
½ cucharadita de bicarbonato de sodio
¼ de cucharadita de polvo para hornear
1 cucharadita de canela molida
½ cucharadita de nuez moscada
½ cucharadita de cardamomo molido (opcional)
¾ de taza de nueces (pecanas, nuez de Castilla, pedazos de almendras, etcétera), coco rallado o chispas de chocolate.

Precalienta el horno a 180 °C.

Engrasa un molde grande para hornear pan o dos pequeños con el aceite de coco.

En un tazón grande combina los plátanos, los huevos y el néctar de coco usando un tenedor o un pasapurés para papas hasta que la mezcla esté suave. Está bien si quedan trocitos de plátano sin machacar, la mezcla no tiene que ser perfectamente fluida.

En otro tazón revuelve las harinas, la sal, el polvo para hornear, el bicarbonato de sodio, la canela, la nuez moscada y el cardamomo; luego agrega los ingredientes húmedos a los ingredientes secos y mézclalos bien. Agrega cualquier tipo de nueces, hojuelas de coco o chispas de chocolate que te gusten, luego vierte la masa en el (los) molde(s) preparado(s).

* Contiene huevo.

Hornea el pan hasta que la superficie esté bien dorada y un palillo salga limpio, aproximadamente unos 40 a 50 minutos, dependiendo del tamaño de la hogaza. (Los moldes pequeños se cocinarán más pronto y a los grandes les tomará más tiempo.) Deja que el pan se enfríe durante 8 minutos, después sácalo del molde, rebánalo y sirve. El pan se conservará por varios días a temperatura ambiente o puedes congelarlo y tostar rebanadas cuando quieras.

PAPILLA DE CHÍA ESPECIADA CON TÉ CHAI

ⓒ *Cleanse*: limpieza

ⓥ *Vegano*

Porciones: 2

Tiempo de preparación: 15 minutos, más 20 de reposo

Las semillas de chía son un antiguo alimento para mejorar la resistencia. Son una proteína completa, son hidratantes y contienen valiosos ácidos grasos esenciales. Las especias del chai le añaden calor y ayudan a la digestión. Las semillas de ajonjolí molidas balancean el platillo al ayudar a regular el azúcar en la sangre.

1 litro de agua
4 bolsitas de té chai o ¼ de taza de chai en hebras sueltas
1 taza de semillas de ajonjolí crudas y machacadas o 6 cucharadas de tahini
6 cucharadas de semillas de chía
4 dátiles Medjool, deshuesados y picados en grueso
De 1 a 2 cucharadas de néctar de coco o unas cuantas gotas de stevia al gusto

Decoración
¼ de taza de coco rallado sin endulzar
1 taza de moras (azules, negras o frambuesas)

Lleva el agua al punto de ebullición con las bolsas de té o las hebras sueltas de chai. Después apaga el fuego para dejar que se infusione de 5 a 10 minutos (mientras más tiempo lo dejes reposar, más fuerte será), y permite que se enfríe ligeramente. Cuela (si estás usando hojas sueltas) o retira las bolsitas de té.

En una licuadora licua el té chai tibio con las semillas de ajonjolí o tahini por 45 segundos a velocidad alta. Luego cuela la "leche" en un frasco de vidrio de 1 litro. Agrega y revuelve las semillas de chía y los dátiles picados. Tapa y agita para revolver las semillas con la leche.

Deja reposar la mezcla 20 minutos antes de endulzarla al gusto con néctar de coco o stevia, y corona con el coco y las moras frescas. Sírvelo bien espeso.

FRITTATA DE VERDURAS

Ⓖ *Gut:* intestino
Vegetariano*

Porciones: 2

Tiempo de preparación: 10 minutos

Tiempo de cocción: 15 a 25 minutos

La *frittata* es una estupenda comida a la cual recurrir si tienes poco tiempo o si tienes muchos productos agrícolas que no se están usando. Además es fácil de transportar, ya que se mantiene en una pieza. Otra ventaja es que no tiene que calentarse para que sepa bien, así que es perfecta para la oficina o la escuela. En términos de combinación de alimentos, las proteínas van bien con las verduras de hoja verde, así que trata de acompañarla con una ensalada.

2 cucharadas de aceite de coco
De 3 a 4 tazas de verduras de la estación, como calabaza amarilla, calabacita verde,
    berza, espinaca y/o brócoli
1 cebolla amarilla mediana en rebanadas finitas
2 dientes de ajo finamente picados
6 huevos criados en pastizal
½ taza de leche de almendras sin endulzar
¼ de taza de hierbas frescas picadas, como cebollín, albahaca y perejil
De 1 a 2 cucharaditas de sal de mar

Precalienta el horno a 180 °C.

Calienta una sartén para saltear que se pueda meter al horno, de preferencia de hierro fundido, a fuego medio-alto. Derrite el aceite de coco, luego agrega las verduras y la cebolla. Fríe, revolviendo ocasionalmente hasta que todo esté suave. Agrega el ajo y mueve de vez en cuando hasta que la mezcla sea aromática.

Mientras las verduras se cuecen, en un tazón mediano bate los huevos, la leche, las hierbas y la sal.

Vierte la mezcla de huevos en la sartén con las verduras, después pasa la sartén al horno precalentado. Hornea por unos 15 a 25 minutos (el tamaño de la sartén determinará cuánto tiempo deba estar en el horno). Una vez que el centro esté firme o cocido, retira la sartén del horno y sirve la *frittata* caliente o al tiempo.

* Contiene huevo.

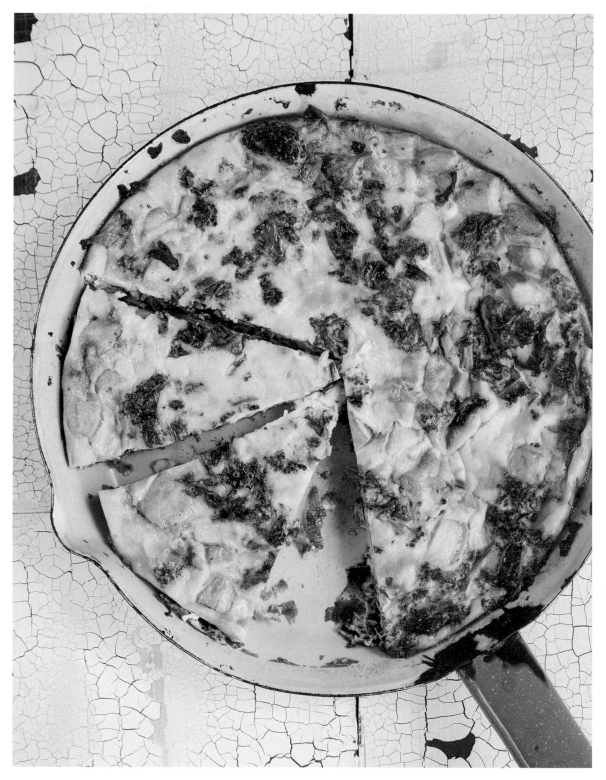

Frittata de verduras, p. 64

Pan francés con crema de vainilla, p. 60

Granola de alforfón, p. 54

Picadillo de tubérculos, p. 72

Huevos revueltos con salmón ahumado, p. 68

Huevos hundidos, p. 70

Ensalada de arúgula y pérsimo con vinagreta de pistache, p. 80

Hot cakes de cebollita de cambray, p. 65

HOT CAKES DE CEBOLLITA DE CAMBRAY

Ⓖ *Gut:* intestino
Vegetariano*

Rinde: 8 a 16 *hot cakes*
Tiempo de preparación: 5 minutos
Tiempo de cocción: 5 minutos

Éstos son excepcionalmente sabrosos. El sabor dulce de las cebollitas de cambray cocinadas en el saludable aceite de coco hace una maravillosa y crujiente comida, refrigerio o guarnición para cualquier momento del día. Puedes acompañarlos con muchos otros sabores como el chutney de manzana y cebolla (véase la página 141), la crema agria (véase la página 112), el dip picante de nuez de la India (véase la página 106) o la salsa de jitomate (véase la página 139)

6 huevos criados en pastizal
3 cebollitas de cambray finamente picadas
¼ de taza de harina de coco
½ cucharadita de polvo para hornear
1 cucharadita de sal de mar
½ taza de agua
Aceite de coco para cocinar

En un tazón grande bate los huevos. Después agrega las cebollitas de cambray, la harina de coco, el polvo para hornear, la sal y el agua. Tal vez necesites usar un cucharón de madera o una espátula para poder incorporar todo completamente.

Calienta una sartén o plancha, de preferencia de hierro fundido, a fuego medio. Pon una capa de aceite de coco sobre la sartén, después agrega porciones de ⅛ a ¼ de taza de la masa. Deja que se doren ligeramente de un lado por aproximadamente 2 minutos y después voltéalos para terminar de cocinarlas.

Acompañamientos: Sirve los *hot cakes* como guarnición o como un elemento del almuerzo, con crema y salmón ahumado.

* Contiene huevo.

TORTITAS DE PAPA RALLADA

Vegetariano*

Rinde: 8 tortitas
Tiempo de preparación: 5 minutos
Tiempo de cocción: 10 minutos

Éste es un pequeño giro a los tradicionales *latkes* judíos. Para freír, usamos aceite de coco, el cual promueve la salud del intestino, la inmunidad y la función del metabolismo. También podrías usar manteca o grasa de animal criado en pastizal, si puedes conseguirla con los granjeros locales. Estas tortitas de papa son deliciosas solas o acompañadas de chutney de manzana y cebolla (véase la página 141).

680 g de papa Yukon Gold
1 huevo grande criado en pastizal, ligeramente batido con un tenedor o batidor de globo
¼ de taza de cebolla finamente picada
2 cucharadas de almidón de tapioca
2 cucharaditas de sal de mar
2 cucharaditas de aceite de coco

Lava y pela las papas, luego rállalas en un tazón grande. Exprime las papas ralladas con las manos para eliminar cualquier exceso de líquido. Una vez que estén secas, mézclalas con los huevos, la cebolla, el almidón de tapioca y la sal.

Calienta una sartén de fondo grueso sobre fuego medio a alto. Derrite el aceite de coco en la sartén y cuando el aceite esté caliente deja caer porciones de ⅓ de taza de la mezcla de papa, haciendo la forma de una tortita circular. Fríelas por 4 o 5 minutos de cada lado, hasta que estén crujientes, doradas y calientes de un extremo a otro.

Acompañamientos: Sírvelas con huevos criados en pastizal preparados al gusto, en ensaladas, en comidas de Hanukkah, la pechuga de pollo más perfecta (véase la página 180), o para una deliciosa mezcla de texturas, con la ensalada "Todo con berza" (véase la página 81).

Variaciones: Para el almuerzo del domingo, sírvelas con salmón ahumado y crema agria (véase la página 112).

* Contiene huevo.

ESPÁRRAGOS ASADOS CON HUEVOS POCHÉ

G *Gut:* intestino
Vegetariano*

Porciones: 2

Tiempo de preparación: 5 minutos

Tiempo de cocción: 15 minutos

Los espárragos están cargados de antioxidantes y nutrientes, además de ayudar al cuerpo a deshacerse del exceso de sal y fluido en los tejidos. Al combinarlos con huevo, que está lleno de proteínas, éste verdaderamente es un desayuno de campeones.

1 manojo (alrededor de 340 g) de espárragos, con la parte baja y leñosa del tallo cortada
2 cucharadas de aceite de oliva extra virgen
1 pizca de sal de mar
¼ de cucharadita de pimienta negra recién molida
4 tazas de agua
2 cucharadas de vinagre de sidra de manzana
De 2 a 4 huevos criados en pastizal de medianos a grandes (de 1 a 2 por persona)

Precalienta el horno a 200 °C.

Acomoda los espárragos en un platón para hornear. Rocíalos con aceite de oliva, espolvoréales la sal y la pimienta, después ásalos alrededor de 10 minutos hasta que puedas atravesarlos suavemente con un tenedor.

Mientras los espárragos se asan, hierve agua a fuego lento en una olla pequeña. Agrégale el vinagre de sidra de manzana.

En un tazón pequeño, rompe un huevo. Suavemente bate la mezcla de agua con vinagre hasta crear un remolino, y con cuidado deja caer el huevo en el centro. Cuece a fuego lento de 2 a 3 minutos, con cuidado de no cocer la yema por completo. Usa una cuchara con ranuras para sacar el huevo del agua, escúrrelo bien y rocíalo con sal. Repítelo con todos los huevos.

Divide los espárragos asados en dos platos para servir y corona cada uno con 1 o 2 huevos poché, dependiendo de cuántos tengas para cada persona. Corta el huevo y permite que la yema líquida se convierta en una sabrosa salsa para los espárragos.

* Contiene huevo.

HUEVOS REVUELTOS CON SALMÓN AHUMADO

G *Gut*: intestino

Porciones: 1

Tiempo de preparación y cocción: 5 minutos

Una comida cargada de proteínas que funciona para el desayuno, el almuerzo, la comida o la cena. A los niños les encantan los huevos revueltos como comida o como refrigerio en cualquier momento del día. Los huevos también aportan vitaminas, minerales, colina y colesterol, elementos necesarios para los cuerpos en crecimiento. Sírvelos sobre abundantes verduras de hoja verde o berza (col rizada) salteada para hacerlo un platillo más sano.

1 ½ cucharadas de aceite de aguacate
4 huevos grandes criados en pastizal
¼ de taza de leche de coco sin endulzar
1 pizca de sal
Pimienta negra recién molida, al gusto
60 g de salmón ahumado
1 cucharada de cebollín fresco picado

Calienta una sartén de fondo grueso sobre fuego medio-alto. Agrega el aceite y deja que la sartén se ponga muy caliente.

Mientras la sartén se calienta, bate los huevos y la leche de coco en un pequeño tazón y sazona la mezcla con sal y pimienta.

Cuando empieces a ver hilillos de humo en la sartén, vierte los huevos y revuélvelos vigorosamente, usando un cucharón de madera. Cuando estén medio cocidos, integra el salmón y el cebollín. Continúa moviéndolos constantemente hasta que los huevos estén bien cocidos. Pasa los huevos a un plato y sirve.

SALMÓN SALTEADO CON PURÉ DE COLIFLOR Y ENELDO

Orlando Bloom, actor y embajador de buena voluntad de UNICEF

Ⓖ *Gut:* intestino

Porciones: 1 a 2

Tiempo de preparación: de 20 a 30 minutos

Una comida caliente y sabrosa para todas las estaciones. Una opción fantástica para el desayuno o el almuerzo.

De 170 a 230 g de filete de salmón capturado en la naturaleza, con o sin piel
    (el salmón real es fantástico)
½ taza (55 a 85 g) de coliflor picada
2 huevos grandes criados en pastizal
2 cucharadas de aceite de coco o *ghee*
1 manojo de eneldo fresco
Sal de mar y pimienta negra recién molida al gusto
½ aguacate maduro, sin semilla y en su cáscara
Vinagre de sidra de manzana, jugo de limón o aceite de oliva para
    el aguacate

En una sartén pon a hervir 3 centímetros de agua. Escalfa el salmón por ambos lados, cocinándolo a medias solamente. Se terminará de cocer cuando lo agregues a los huevos.

Mientras el salmón se cocina, pon la coliflor en la vaporera. Cuécela al vapor hasta que puedas perforarla fácilmente con un cuchillo filoso.

En un tazón bate los huevos. Calienta una cucharada del aceite de coco o *ghee* en una sartén no adherente a fuego lento y cuando esté caliente, vierte los huevos. Asegúrate de mover constantemente los huevos en la sartén mientras los cocinas, para que queden cremosos y no secos.

Mientras los huevos se cuecen y el salmón sigue esperando, agrega la coliflor, una cucharada del aceite de coco o *ghee* y el eneldo en una licuadora. Agrega sal y pimienta al gusto. Haz de la mezcla un puré agregando poco a poco un tanto del agua donde escalfaste los huevos, sólo si es necesaria, para ayudar a que los ingredientes se combinen uniformemente. Cuando tenga la consistencia correcta, deja la tapa sobre la licuadora para que se mantenga caliente hasta que estés listo para servir.

Desmenuza el salmón escalfado. Añádelo a los huevos cuando ⅔ de los huevos ya estén sólidos. Mantén la mezcla en movimiento sobre la sartén hasta que los huevos estén bien cocidos, pero no secos. Quita la sartén del fuego y pon una cucharada de huevos con salmón en un plato para servir. Agrega la coliflor.

En el centro del aguacate vierte vinagre de sidra de manzana, jugo de limón y/o aceite de oliva en el huequito del hueso y espolvorea sal y pimienta. Agrégalo al plato para servirlo y disfruta. (Al dejar el aguacate en su cáscara, previenes que los líquidos se derramen por todo el plato.)

¡Este platillo también es delicioso con un par de rebanadas de tocino!

HUEVOS HUNDIDOS

G *Gut*: intestino
Vegetariano*

Porciones: 2

Tiempo de preparación: 5 minutos

Tiempo de cocción: 15 minutos

Este platillo de huevo estilo italiano es perfecto para un almuerzo de domingo o si vas a cocinar para un grupo grande de personas. El amarillo brillante de los huevos sobre el rojo profundo de los tomates es maravilloso y se ve genial en el centro de la mesa.

3 tazas de salsa de tomate orgánico (preferentemente hecha en casa)
3 cucharadas de hierbas frescas picadas como albahaca, perejil, tomillo, orégano, romero y cebollín
4 huevos criados en pastizal
Sal de mar al gusto
Col rizada, acelgas o espinaca salteadas (opcional)

Precalienta el horno a 180 °C.

Calienta la salsa de tomate en una sartén pequeña. Cuando esté caliente pásala a un molde para hornear y revuelve con las hierbas frescas. Crea cuatro huecos en la salsa y con cuidado rompe un huevo sobre cada uno. Hornea la mezcla por 10 a 12 minutos, dependiendo de cuán cocidas te gusten las yemas de los huevos. Retira el molde del horno y espolvorea encima una pizca de sal de mar.

Divide los huevos hundidos en dos platos y sírvelos con las hojas verdes salteadas al lado, si deseas.

* Contiene huevo.

CAMOTE RELLENO DE HUEVO CON PURÉ DE ESPINACAS

Vegetariano*

Porciones: 2

Tiempo de preparación: 1 hora

Tiempo de cocción: de 10 a 12 minutos

Ésta es una comida fácil para dos, o puedes dividir la receta a la mitad y hacer una porción. Repleto de nutrientes, proteínas, carbohidratos complejos y almidón, éste es un platillo excelente para después de hacer ejercicio. Es parecido al *toad-in-the-hole* británico, pero sin el pan. Suele ser muy popular con los niños; al ser suave, es estupendo para los pequeñitos que están aprendiendo a comer solos.

2 camotes amarillos (dulces) grandes

2 cebolletas, con los rabos verdes y el bulbo blanco, picadas finamente

Sal de mar al gusto

¼ de cucharadita de pimienta negra recién molida

4 huevos criados en pastizal

Para el puré de espinacas

4 tazas de espinaca *baby*

1 diente de ajo finamente picado

El jugo y ralladura de 1 limón

½ taza de aceite de oliva extra virgen

1 pizca de sal

Precalienta el horno a 180 °C.

En una charola para hornear, coloca los camotes amarillos y mételos al horno de 45 minutos a una hora, hasta que estén suaves. Sácalos y deja que se enfríen por completo.

Mientras los camotes se hornean, en una licuadora haz puré las espinacas, el ajo, el jugo y la ralladura de limón, el aceite de oliva y la sal, hasta que la mezcla esté uniforme. Puedes guardar el puré en un recipiente hermético hasta por 3 días en el refrigerador y usarlo cuando estés listo.

Cuando los camotes se hayan enfriado, córtalos por la mitad a lo largo, saca el centro con una cuchara, tratando de dejar un centímetro de camote pegado a la cáscara. Rellena cada camote hasta la mitad con la cebolleta, sazona con sal y pimienta, y después rompe un huevo sobre cada pieza. Regresa los camotes a la charola y hornea otros 10 a 12 minutos. Trata de hornearlos justo hasta que las claras estén bien cocidas pero las yemas aún estén líquidas.

Crea un abundante remolino de puré de espinacas en el plato y coloca encima los camotes amarillos. Sirve caliente.

* Contiene huevo.

PICADILLO DE TUBÉRCULOS

C *Cleanse:* limpieza

G *Gut:* intestino*

V Vegano

Porciones: 2

Tiempo de preparación: 15 minutos

Tiempo de cocción: 20 minutos

Ésta es una de las recetas más fáciles y sabrosas preparadas con verduras de otoño. Puedes usarla como platillo principal o de guarnición, fácilmente puede acompañar cualquier plato y las sobras se pueden mezclar con una ensalada u hornearse en una *frittata* para la comida del día siguiente. Incluso puedes hacerlas puré y obtener una sopa increíble. No dudes en variar las verduras según lo que tengas a la mano o lo que encuentres en tu mercado local.

2 cucharadas de aceite de coco

6 tazas de tubérculos cortados en cubitos, como betabel, zanahorias, nabos, colinabo y chirivía

1 cebolla mediana, en cubitos

2 cucharaditas de romero fresco picado

Sal de mar al gusto

Calienta el aceite de coco en una sartén grande de fondo grueso a temperatura media o alta. Cuando esté caliente, agrega las verduras y los tubérculos. Saltéalos, moviendo ocasionalmente para evitar que se peguen, unos 10 minutos. Después agrega la cebolla y continúa salteando las verduras hasta que estén suaves y hayan comenzado a integrarse. Espolvorea romero y sal al gusto. Sirve caliente.

Acompañamientos: Sírvelo con huevo, pescado, pollo, hamburguesas o ensaladas, o úsalo como relleno de tacos o quesadillas.

* Omite el betabel.

El chef Frank comenta sobre los alimentos locales y de temporada

Yo animo a la gente a tratar de conseguir alimentos de producción local tanto como les sea posible. Ésta es una forma de asegurarnos de obtener alimentos lo más frescos posibles y llenos de nutrientes. Comprar a pequeños agricultores locales te permite saber sobre sus prácticas de cultivo y hace más fácil evitar los químicos y las prácticas inhumanas con animales. Al hablar con los agricultores locales tal vez descubras que sus granjas están libres de químicos pero no tienen el dinero para obtener la certificación de productor orgánico. Adquirir la mayoría de tus productos de manera local también significa que estás comiendo según la temporada, obteniendo así los beneficios de salud que resultan de comer un amplio rango de alimentos a lo largo del año. Es bueno para nuestro cuerpo y para nuestra mente cambiar las cosas de vez en cuando. Finalmente, cuando apoyamos a los pequeños agricultores locales (o cosechamos nuestra propia comida) también apoyamos al planeta al reducir los recursos utilizados para transportar alimentos alrededor del globo.

ENSALADAS, SALSAS Y ADEREZOS

A las ensaladas les han dado una mala reputación. Muchos de nosotros estamos acostumbrados a platos de lechuga, zanahorias y un solitario jitomate. Pero las ensaladas pueden ser increíbles, si están *bien hechas*. Cuando una ensalada ha sido creada con capas de deliciosos ingredientes, puede transformarse rápidamente en una comida completa. Fresca para las papilas gustativas y sencilla de prepararse, una ensalada bien hecha te deja satisfecho sin hacerte sentir aletargado y te ofrece una manera sencilla de agregar más comida vegetal rica en nutrientes a tu dieta.

ENSALADA DE LECHUGA ROMANA Y VERDURAS DE MAR CON ADEREZO CREMOSO DE ENELDO

C *Cleanse:* limpieza

G *Gut:* intestino

V Vegano

Porciones: 2

Tiempo de preparación: 10 minutos

Llena de minerales y deliciosamente cremosa, esta ensalada tienes que probarla. Es como una ensalada César súper saludable, elegante y sustanciosa.

Para la ensalada

- 1 lechuga romana, hojas lavadas, secadas con centrifugador y cortadas al tamaño de bocados
- 1 tira de alga *kelp* (generalmente vienen en bolsas de 6 u 8 tiras), remojada por 20 minutos, escurrida y cortada en pequeños trozos
- 1 manojo de alga roja *(dulse)*, desmenuzada al tamaño de bocaditos
- 1 zanahoria mediana pelada y rallada

Para el aderezo

- 1 taza de semillas de girasol crudas
- ½ taza de semillas de cáñamo crudas
- 2 dientes de ajo
- 1 cucharada de miso (la marca South River es, personalmente, nuestra favorita)
- ½ cucharadita de alga *kelp* en polvo
- 1 cucharadita de sal de mar
- 1 taza de agua
- ¼ de taza de eneldo fresco picado

Primero prepara el aderezo. En una licuadora haz puré las semillas de girasol, las semillas de cáñamo, el ajo, el miso, el alga *kelp* en polvo, la sal y el agua, hasta que esté suave y cremoso. Prueba la mezcla y ajusta los condimentos a tu gusto, para después licuarle el eneldo hasta que esté integrado.

En un tazón grande, pon la lechuga, el alga *kelp*, el alga *dulse* y la zanahoria todos juntos. Revuélveles suficiente aderezo para cubrir de forma uniforme todas las hojas verdes y sirve.

ENSALADA DE BETABEL ASADO CON ADEREZO DE MISO

Ⓒ *Cleanse*: limpieza

Ⓥ Vegano

Porciones: 2

Tiempo de preparación: 10 a 15 minutos

Tiempo de cocción: 30 a 45 minutos

El miso es una maravillosa adición para una comida y está lleno de enzimas. Recuerda agregarlo hasta el final, ya que nunca debe calentarse a altas temperaturas, pues destruiría sus maravillosos beneficios a la salud.

De 6 a 8 betabeles rojos medianos
1 cabeza de brócoli (alrededor de 4 tazas), cortada en pequeños cogollos
2 cucharadas de miso (la marca South River es, personalmente, nuestra favorita)
El jugo de 1 limón
¼ de taza de aceite de oliva extra virgen
2 cucharaditas de tamari sin gluten
¼ de taza de semillas calabaza crudas
¼ de taza de cebollín fresco picado

Precalienta el horno a 180 °C.

Coloca los betabeles en una charola para hornear y cúbrelos con papel aluminio o con una tapa apta para horno. Asa los betabeles en el horno precalentado por unos 30 a 45 minutos o hasta que estén suaves. Retíralos del horno, deja que se enfríen, quítales la cáscara y pícalos en trozos grandes.

Mientras los betabeles se asan, en una olla calienta 8 tazas de agua salada hasta que estén a punto de hervir. Sumerge los cogollos de brócoli en el agua y hiérvelos hasta que se sientan suaves con un tenedor y estén de un verde brillante. Cuélalos y enjuágalos con agua fría para detener el proceso de cocción. Ponlos a un lado.

Para hacer el aderezo, en un tazón pequeño bate el miso, el jugo de limón, el aceite de oliva y el tamari.

En un tazón para servir grande pon juntos el betabel, el brócoli, las pepitas de calabaza y el cebollín. Vierte el aderezo sobre la mezcla y revuelve hasta cubrir todo de manera uniforme. Permite que las verduras se mezclen y empapen de aderezo por unos 10 a 15 minutos antes de servir.

PAILLARD DE POLLO CON VINAGRETA DE CALABAZA MOSCADA Y MOSTAZA

ⓒ *Cleanse:* limpieza

ⓖ *Gut:* intestino

Porciones: 2

Tiempo de preparación: 15 minutos

Tiempo de cocción: alrededor de 15 minutos

Este platillo queda perfectamente sazonado y es increíblemente delicioso. En términos culinarios, *paillard* significa "aplanar", así que el pollo se golpea hasta que quede delgado. Después se sella; de esa forma se cocina rápido y retiene su maravilloso sabor. La mostaza brinda un golpe de calor que limpia los senos nasales.

2 pechugas de pollo criado en pastizal, deshuesadas y sin piel
1 cucharadita de semillas de hinojo recién molidas
Sal de mar al gusto
Pimienta negra recién molida al gusto
Aceite de coco para untar y cocinar
375 g de espinaca baby

Para la calabaza
465 g de calabaza moscada *(butternut squash)*, pelada y en cubos (de 4 a 5 tazas)
1½ cucharadas de aceite de oliva extra virgen
1 cucharadita de sal de mar
½ cucharadita de canela molida
¼ de cucharadita de chile chipotle en polvo

Para la vinagreta de mostaza
2 cucharadas de ajo echalote finamente picado
1 cucharada de mostaza de grano entero
1 cucharada de vinagre de sidra de manzana
2 cucharadas de aceite de oliva extra virgen
1 pizca de sal de mar

Precalienta el horno a 190 °C.

Primero prepara la calabaza. En un tazón grande pon la calabaza con el aceite de oliva, sal, canela y el chipotle en polvo. Esparce la mezcla de manera regular en una charola para hornear y asa la calabaza hasta que las piezas estén suaves, unos 20 o 30 minutos.

Mientras la calabaza se asa, en un pequeño tazón bate todos los ingredientes de la vinagreta hasta que estén bien combinados. Déjala a un lado.

Para preparar el pollo, sazona bien cada pechuga con las semillas de hinojo molidas, sal y pimienta. Colócalas de manera que queden planas sobre papel encerado previamente untado con aceite de oliva, después rocíalas con un toque de aceite de coco y cúbrelas con otro pedazo de papel encerado. Usa un mazo o una botella de vino vacía para golpear las pechugas hasta que queden planas y parejas, como de 1.5 centímetros de grosor.

Calienta una sartén o plancha a fuego medio-alto. Agrega un toque de aceite de coco. Cuando el aceite esté caliente, coloca con cuidado ambas pechugas sobre la plancha. Cuece por unos cuantos minutos, después voltéalas y cuece el otro lado unos minutos más. Retira las pechugas de la sartén y déjalas reposar por 2 o 3 minutos antes de rebanarlas en tiras en una tabla de picar.

En un tazón grande, coloca el pollo, la calabaza moscada cocida y la espinaca fresca, dejando que la calabaza caliente ablande un poco la espinaca. Vierte la vinagreta y mezcla de nuevo para cubrir todo de manera uniforme. Divide la mezcla en dos platos y sirve.

El chef Frank comenta sobre los alimentos silvestres

Los alimentos silvestres son aquelos que no son cultivados por los seres humanos. Se encuentran en la naturaleza y por lo general son más ricos en minerales y en nutrientes, y más bajos en azúcar. Te invito a incluir alimentos silvestres en tu dieta siempre que puedas. En la primavera prueba los helechos cabeza de violín y la ortiga mayor. Escoge las moras azules pequeñas, de campo, en vez de los híbridos grandes. Las verduras de mar, las nueces de Brasil, el pinole de mezquite y el arroz salvaje son otros grandes ejemplos de productos disponibles en la mayoría de los mercados.

ENSALADA DE ARÚGULA Y PÉRSIMO CON VINAGRETA DE PISTACHE

C *Cleanse:* limpieza

V Vegano

Porciones: 2

Tiempo de preparación: 15 minutos

Para esta increíble ensalada, escoge pérsimos que estén súper suaves. Mientras más madura la fruta, más dulce el sabor. Altos en fibra, vitaminas B y C, y con muchos antioxidantes, los pérsimos dulces acompañan de manera perfecta el ¡ah! de la arúgula y la complejidad del aderezo de pistache.

375 g de arúgula, lavada y secada con centrifugador
2 pérsimos Fuyu sin tallo y cortados en rodajas delgadas

Para la vinagreta de pistache
1 cucharada de jugo de limón
2 cucharadas de aceite de oliva extra virgen
⅛ de taza de agua
¼ de taza de pistaches
½ cucharadita de sal de mar

En una licuadora haz puré todos los ingredientes para la vinagreta hasta que la mezcla esté suave y bien incorporada.

Pon la arúgula en un tazón grande con la vinagreta hasta que las hojas estén bien cubiertas.

Acomoda las rebanadas de pérsimo en dos platos para servir, corónalas con las hojas aderezadas y sirve.

ENSALADA "TODO CON BERZA"
Cameron Diaz, actriz

Ⓖ *Gut:* intestino

Porciones: 1

Tiempo de preparación: menos de 10 minutos si el pollo y los granos están precocidos y la quinoa lista

Yo como esta ensalada todos los días. Me gusta a mediodía porque está cargada de todo lo que necesito: proteína, grasas y carbohidratos, y los *microgreens* y los germinados tienen una densidad de nutrientes muy alta. Está balanceada para mantenerme con energía y al mismo tiempo se siente limpia en mi sistema. ¡Y además puedes jugar combinando los granos, las proteínas, las verduras de hoja verde y las semillas que prefieras o que tengas en tu refrigerador!

6 hojas grandes de col berza toscana (dinosaurio o lacinato), con los tallos cortados del centro de cada hoja y las hojitas cortadas en juliana de 1.5 centímetros de ancho

⅛ de taza de germinados varios como trébol, alfalfa, lenteja, garbanzo y cualquier otro que te guste

⅛ de taza de microberza y los *microgreens* de tu elección

De 5 a 8 jitomates cherry o jitomates uva cortados por la mitad

2 cucharadas de pepitas de calabaza crudas

1 cucharada de semillas de girasol crudas

La pulpa de ½ aguacate cortado en cubitos

1 pieza pequeña (110-170 g) de pollo criado en pastizal, cocido, en cubos o desmenuzado

½ taza de quinoa cocinada

El jugo de ⅓ de limón

1 cucharada de aceite de oliva extra virgen

1 cucharadita de vinagre de sidra de manzana u otro vinagre de tu elección

Una espolvoreada de levadura nutricional o de cerveza (suplemento alimenticio)

En un tazón grande pon todos los ingredientes juntos hasta que todo esté cubierto de manera uniforme ¡y disfruta!

ENSALADA DE HOJAS VERDES AMARGAS Y HIERBAS

C *Cleanse:* limpieza

G *Gut:* intestino*

V Vegano

Porciones: 4

Tiempo de preparación: 15 minutos

Aunque en nuestros días se consumen cada vez menos, los alimentos amargos juegan un papel fundamental en nuestra dieta. Las hojas verdes amargas son mucho más nutritivas que las hojas verdes no amargas. Son increíblemente desintoxicantes y funcionan como un tónico digestivo maravillosamente estimulante.

1 *radicchio* (achicoria roja)
1 endivia
1 manojo grande de endivia rizada o de berros
1 racimo de hojas verdes de diente de león
1 bulbo mediano de hinojo, cortado en tiras delgadas
1 pera asiática o cualquier variedad de manzana crujiente, sin corazón
   y en juliana
½ taza de hojas de perejil liso
2 cucharadas de eneldo fresco picado
1 cucharada de hojas de estragón fresco picado
De 2 a 3 hojas frescas de menta, desmenuzadas en pedacitos
½ taza de semillas de cáñamo crudas
De 2 a 3 cucharadas de aceite de oliva extra virgen
El jugo de un limón
1 pizca de sal de mar

Corta el *radicchio*, la endivia, la endivia rizada o los berros, y las hojas verdes de diente de león en trozos tamaño bocado, después lávalos y sécalos con centrifugador.

En un tazón grande pon todas las hojas verdes, el hinojo en tiras y la pera o manzana en juliana. Agrega el perejil, el eneldo, el estragón y la menta. Integra y mezcla las semillas de cáñamo seguidas del aceite de oliva, el jugo de limón y la sal. Revuelve muy bien la mezcla, después divide la ensalada en cuatro platos para servir.

* Omite pera y manzana.

ENSALADA DE *BOK CHOY* Y AJONJOLÍ

C *Cleanse:* limpieza

G *Gut:* intestino

V Vegano

Porciones: 2 como guarnición

Tiempo de preparación: 10 minutos

Tiempo de marinado: 10 a 12 minutos

Esta ensalada es fácil de hacer y realmente deliciosa, perfecta para los meses calientes de verano cuando no quieres cocinar. El *bok choy* (col china) está repleto de antioxidantes, vitamina C, ácido fólico y potasio.

450 g de *bok choy* (col china)
1 zanahoria mediana en juliana
½ taza de alga *dulse*, desmenuzada en pedazos pequeños
2 cucharadas de semillas de ajonjolí crudas (con o sin cáscara, blancas o negras)
1 cucharada de aceite de ajonjolí sin refinar
2 cucharadas de aceite de ajonjolí tostado
2 cucharaditas de vinagre de arroz integral
1 cucharada de salsa tamari sin trigo

Pica grueso el *bok choy*, después lávalo y escúrrelo o sécalo en un centrifugador de ensaladas.

En un tazón grande pon el *bok choy*, la zanahoria, el alga *dulse*, las semillas de ajonjolí, el vinagre y el tamari. Deja que la mezcla se marine por 10 o 12 minutos antes de servir.

El chef Frank comenta sobre las hojas amargas

Las hojas verdes amargas están cargadas de nutrición. El sabor amargo ayuda a la digestión al estimular los jugos gástricos del estómago y al apoyar en la absorción general de nutrientes. Las hojas verdes también balancean las papilas gustativas y pueden ayudar a mitigar los antojos intensos de azúcar. Desafortunadamente, el componente amargo ha sido casi eliminado de los alimentos que comemos hoy. Si comer alimentos amargos es algo nuevo para ti, comienza mezclándolos con hojas verdes de sabor ligero y saltéalas en algún vinagre balsámico o agrega nueces dulces como pistaches o nueces pecanas a la mezcla. Por ejemplo, puedes mezclar berza (col rizada), endivias, hojas verdes de diente de león o *radicchio* con lechuga romana, acelgas o espinacas.

ENSALADA OTOÑAL FRESCA DE *PAPÁ D*
Dhru Purohit, director ejecutivo de Clean

V Vegano

Porciones: 4 a 6

Tiempo de preparación: de 15 a 20 minutos

Ésta es la receta que siempre llevo a las fiestas. Me encanta por todas sus capas y texturas.

2 camotes amarillos medianos, en cubos de 2.5 centímetros (unas 2 tazas)
3 cucharadas de aceite de coco
Sal
Pimienta
Un toque de canela
85 g de cebollitas de cambray
2 manojos de berza dinosaurio (col rizada o berza Lacinato), aproximadamente
	14 a 16 hojas medianas
2 pizcas de sal de mar
2 lechugas mantequilla
El jugo de ¼ de limón
3 cucharadas de levadura nutricional (suplemento alimenticio)
¼ de taza de almendras en trozos
¼ de taza de granitos de granada
½ aguacate en cubos

Para el aderezo
½ taza de aceite de oliva
1 cucharada de mantequilla de tahini
2 cucharadas de mostaza molida en piedra
1 cucharadita de miel cruda
El jugo de ¼ de limón
2 pizcas de sal de mar
½ cucharadita de especia de eneldo

En una olla pon a hervir unas 5 tazas de agua. Mete los cubos de camote amarillo, deja a fuego lento y tapa. Cuece el camote de 12 a 14 minutos o hasta que esté suficientemente suave para comerse. Cuando esté listo, ponlo en un tazón pequeño y agrega una cucharada de aceite de coco, un poco de sal, pimienta y un toque de canela al gusto.

Pica las cebollitas de cambray en cubitos y ponlas en una taza. Quita el tallo a la berza y pícala en pedazos de 1.5 centímetros. Pon la berza y las cebollitas de cambray en una olla. Rocíales 2 cucharadas de aceite de coco. Cocina las cebollitas de cambray y la berza a fuego bajo a medio hasta que la berza se empiece a ablandar, espolvorea 2 pizcas de sal de mar y revuelve en la olla. Quita la berza de la estufa y ponla en una ensaladera grande.

Toma las 2 lechugas mantequilla y pártelas en pedazos tamaño bocado, con cuchillo o a mano. Pon la lechuga en la ensaladera que tiene la berza y las cebollitas de cambray. Exprime encima el jugo de limón. Rocía 3 cucharadas de levadura nutricional sobre la ensalada y agrega las almendras en trozos, la granada, el aguacate y el camote amarillo del principio.

Mezcla todo el contenido. En este punto, aún sin el aderezo, la ensalada debería saber fantástica por sí misma. Si es necesario, agrega sal y pimienta al gusto.

Pon todos los ingredientes del aderezo en la licuadora. Licua y vierte sobre la ensalada. Integra todo y sirve.

ENSALADA DE ARÚGULA Y PERA CON ADEREZO DE NUEZ DE CASTILLA

C *Cleanse:* limpieza

V Vegano

Porciones: 2

Tiempo de preparación: 20 minutos

Ésta es una ensalada sencilla y adorable, de sabor delicado. La suave dulzura de las peras con el ligero picor de la arúgula es una combinación perfecta. Las nueces de Castilla nos proporcionan los omega 3, que son antiinflamatorios.

2 manojos grandes de arúgula
1 endivia belga pequeña, picada gruesa
1 pera madura, sin corazón, en rebanadas delgadas
1 pizca de sal

Para la vinagreta de nuez de Castilla
1 taza de nuez de Castilla (alrededor de 110 g)
2 cucharadas de echalote finamente picado
2 cucharaditas de sal de mar
½ taza de agua
¼ de taza de vinagre de jerez
½ taza de aceite de oliva extra virgen

Precalienta el horno a 180 °C.

Primero prepara la vinagreta. En una licuadora haz puré ¾ de taza de nueces de Castilla, el echalote, la sal, el agua, el vinagre y el aceite de oliva hasta que todo esté bien incorporado. Refrigera la vinagreta hasta que estés listo para servir.

Coloca el otro ¼ de taza de nueces de Castilla en una hoja de papel encerado y tuéstalas en el horno, moviendo ocasionalmente, hasta que estén doradas, unos 8 a 12 minutos. Deja que se enfríen completamente.

En un tazón grande pon la arúgula, la endivia, las rebanadas de pera y la sal. Vierte suficiente vinagreta para cubrir las hojas verdes de manera uniforme. Divide la ensalada en 2 platos para servir y espolvorea las nueces tostadas encima.

ENSALADA DE TOMATES CRIOLLOS, HINOJO Y AGUACATE PRENSADOS
Sarma Melngailis, fundadora de One Lucky Duck

Ⓖ *Gut:* intestino

Ⓥ Vegano

Porciones: 6

Este platillo ha estado en nuestro menú de Pure Food and Wine en el verano, cuando los tomates criollos están en temporada. La llamamos "ensalada prensada" porque la prensamos en un molde de rosca para compactar los sabores y crear una linda presentación. Pero si la estás preparando en casa y no tienes un molde de rosca, sabe igual de buena servida en un montón desordenado. Nosotros la servimos con nuestro aderezo de alcaparras.

2 bulbos de hinojo, sin corazón y en rebanadas finas
6 tomates criollos grandes, toscamente picados en pedazos de 2.5 centímetros
la pulpa de 2 aguacates maduros, en cubos de 1.5 centímetros
2 echalotes picados muy finamente
¼ de taza de pistaches crudos, picados grueso
1 manojo grande de hojas de menta fresca, picadas finamente
1 manojo grande de hojas de albahaca fresca, picadas finamente
El jugo de 1 limón recién exprimido
3 cucharadas de aceite de pistache (o sustitúyelo con aceite de oliva extra virgen o aceite de macadamia)
Sal de mar al gusto
Pimienta negra recién molida al gusto
Cebollín fresco picado u hojas adicionales de menta o albahaca para adornar

Aderezo de alcaparras
½ taza de alcaparras machacadas
La ralladura de un limón
2 cucharadas de cebollín fresco picado
5 vueltas de molino de pimienta en grano grueso
1 taza de aceite de oliva extra virgen

Primero haz el aderezo. En un tazón mediano combina las alcaparras, la ralladura del limón, el cebollín y la pimienta. Agrega el aceite de oliva despacio mientras mezclas todo con una cuchara.

Nota: esta receta fue tomada de *Living Raw Food* (2009) de Sarma Melngailis.

Para hacer la ensalada, en un tazón grande coloca con suavidad el bulbo de hinojo, los tomates, el aguacate, los echalotes, los pistaches, la menta, la albahaca, el jugo de limón, el aceite de pistache, sal y pimienta. Recuerda que la emulsión de las alcaparras acentuará los sabores, así que sólo se necesita una pequeña cantidad de condimentos.

Coloca un molde para rosca grande en el centro de cada plato y llénalo con la ensalada. Suavemente prensa la mezcla para compactarla. Quita el molde y rocía el aderezo de alcaparras encima y alrededor de la ensalada. Adorna con cebollines, menta o albahaca. (En el restaurante servimos cada ensalada con dos cebollines largos cruzados sobre la ensalada.)

ENSALADA DE ESPIRULINA GERMINADA

C *Cleanse:* limpieza

G *Gut:* intestino

V Vegano

Porciones: 2

Tiempo de preparación: 10 minutos

La espirulina es un poderoso golpe de proteína con cada pequeña porción. Los niños tienden a devorarla, lo cual es fantástico porque es una fuente de poder nutricional. Notarás que la espirulina puede pintar los dientes de verde, pero, honestamente, ¡eso también les encanta a los niños!

De 110 a 170 g de hojas verdes mezcladas
1 manojo grande de germinados de semillas de girasol
1 taza de pepino pelado y picado grueso
¼ de taza de semillas de cáñamo crudas
1 pizca de sal

Para el aderezo de espirulina
La pulpa de un aguacate maduro
1 diente de ajo
¼ de taza de aceite de oliva extra virgen
¾ de taza de agua
1 cucharadita de sal de mar
1 cucharadita de jugo de limón
1 cucharadita de espirulina en polvo

Primero prepara el aderezo. En una licuadora, haz puré todos los ingredientes del aderezo hasta que estén bien mezclados, y deja la mezcla a un lado.

En un tazón grande, pon las hojas verdes, los germinados y el pepino, después rocía toda la mezcla con suficiente aderezo para cubrir todo de forma uniforme. Espolvorea las semillas de cáñamo y la sal, revuelve y sirve.

ENSALADA DE HUEVO

G *Gut:* intestino
Vegetariano*

Porciones: 2

Tiempo de preparación: 30 minutos

Este platillo es la comida perfecta para un día de campo, el perfecto acompañante de una ensalada o un refrigerio cargado de proteínas y colina que los niños aman. Mucha gente cree que la falta de colina puede contribuir a enfermedades del hígado, así que es importante incluirla en tu dieta. La yema del huevo criado en pastizal es un alimento maravillosamente nutritivo, especialmente para cuerpos y cerebros en crecimiento.

6 huevos criados en pastizal
¼ de taza de echalotes picados en trocitos
1 pepinillo en escabeche mediano, picado en trocitos
1 tallo de apio picado en trocitos
2 cucharadas de perejil fresco picado
2 cucharadas de aceite de oliva extra virgen
1 cucharada de vinagre de vino de jerez
2 cucharaditas de mostaza de grano entero
De 1 a 2 cucharaditas de sal de mar

Coloca los huevos en una olla de agua fría y ponlos a hervir. Apaga el fuego, tapa la olla y déjalos en reposo por 5 minutos. Después pon los huevos bajo un chorro continuo de agua fresca hasta que se hayan enfriado.

Retira el cascarón de los huevos y colócalos en un tazón grande. Usa tus manos o un tenedor para machacarlos tanto como quieras. Integra y revuelve echalotes, pepinillos, perejil, aceite de oliva, vinagre y mostaza.

Variaciones: Remplaza el vinagre de jerez y la mostaza por 2 cucharaditas de curry en polvo y 1 cucharadita de jugo de limón.

Prueba con hinojo fresco en vez de perejil.

* Contiene huevo.

ENSALADA DE AGUACATE EN TROZOS
Josh Radnor, actor y director

C *Cleanse:* limpieza*
G *Gut:* intestino
V Vegano

Ésta es una ensalada sencilla y rápida de preparar que usa algunos ingredientes interesantes como corazones de palmito y eneldo. Agrégale espirulina y levadura nutricional para incrementar la proteína, el valor nutrimental y el sabor.

La pulpa de 2 aguacates maduros, cortados en trozos grandes
1 jitomate grande, descorazonado y cortado en trozos
1 pepino mediano, pelado y cortado en rodajas de 2.5 centímetros de ancho
1 lata (397 g) de palmitos, escurridos y cortados en rodajas de 2.5 centímetros
¼ de taza de semillas de girasol o nueces de Castilla tostadas
El jugo de un limón
¼ de taza de aceite de oliva extra virgen
¼ de taza de eneldo fresco picado grueso
2 cucharadas de levadura nutricional
1 pizca de sal
De 1 a 2 cucharadas de espirulina

En un tazón grande pon todos los ingredientes juntos y deja reposar la mezcla de 5 a 10 minutos antes de servir, para permitir que los sabores se integren.

* Omite el jitomate.

LA *NIÇOISE* CLEAN

Porciones: 2

Tiempo de preparación: 30 minutos

Una preciosa versión del clásico platillo francés, esta ensalada contiene todos los sabores y texturas que pudieras desear: salado, intermedio, cremoso y crujiente. Prepararla toma un poco de tiempo, pero vale mucho la pena.

230 g de papas rojas, bien talladas pero con cáscara y cortadas en trozos
4 tazas de agua
2 cucharaditas de sal de mar, más una pizca para los espárragos
1 manojo (340 g) de espárragos, con los tallos leñosos cortados
2 cucharaditas de aceite de oliva
1 lechuga romana (de 85 a 115 g) picada, lavada y escurrida en el centrifugador
3 huevos duros pelados y cada huevo cortado por la mitad
1 lata de sardinas, arenque ahumado o salmón de 85 a 170 g
Aproximadamente 20 aceitunas de Kalamata deshuesadas
¼ de taza de cebolla morada picada finamente
1 cucharón grande de chucrut (alrededor de 15 g)

Para la vinagreta de limón y hierbas
¼ de taza de jugo de limón
½ taza de aceite de oliva extra virgen
2 cucharadas de agua
1 cucharada de mostaza de grano entero
½ cucharadita de sal de mar
¼ de cucharadita de pimienta negra recién molida
2 cucharadas de hierbas frescas picadas, como estragón, tomillo, orégano, perejil y/o
    mejorana

Coloca las papas en una olla con el agua y dos cucharaditas de sal. Cuando hierva, baja el fuego y déjalas cociendo a fuego lento hasta que estén suaves al pincharlas con un tenedor. Escúrrelas y ponlas bajo el chorro de agua fría hasta que se enfríen.

Mientras las papas se cuecen, prepara los espárragos. Colócalos en un molde para hornear o una sartén de hierro fundido, ponles una capa de aceite de oliva y una pizca de sal. Mételos al horno de 5 a 8 minutos, hasta que estén ligeramente cafés y tiernos. Retíralos y deja que se enfríen. Decora un platón grande para servir con las hojas de lechuga romana. Encima, coloca las mitades de huevo, el pescado, las aceitunas, la cebolla morada, el chucrut, las papas y los espárragos.

Pon todos los ingredientes de la vinagreta en un frasco de ½ litro. Cierra bien la tapa y agita la mezcla hasta que esté uniformemente combinada. Rocía la vinagreta sobre la ensalada ¡y disfrútala!

ENSALADA DEL MERCADO DE AGRICULTORES

V Vegano

Porciones: 2

Tiempo de preparación: 30 minutos

Esta ensalada celebra la generosidad de los productos frescos del campo que nos llegan gracias a los agricultores locales, los verdaderos héroes de la comunidad, que todos los días nos brindan comida nutritiva para nuestras familias alrededor del mundo. En todas partes hay gente que está cultivando sus propios alimentos, en lotes pequeños, en las ciudades o en las afueras, así que date a la tarea de localizar las granjas familiares más cercanas y apóyalas como puedas.

115 g de hojas verdes mezcladas
1 zanahoria cortada en medias lunas delgadas
1 jitomate maduro cortado grueso
1 betabel mediano, pelado y rallado
1 pepino, pelado y rebanado finamente
¼ de taza del bulbo de un hinojo finamente rasurado
¼ de taza de pepitas de calabaza crudas
El aderezo de ensalada de tu elección

Lava y seca en centrifugadora las hojas verdes, luego ponlas en un tazón grande con la zanahoria, el jitomate, el betabel, el pepino, el bulbo de hinojo y las pepitas de calabaza. Rocía con tu aderezo de ensaladas favorito y sirve.

El doctor Junger comenta sobre los mercados de agricultores

Cuando crecía en Uruguay, todo era fresco de granja y orgánico. No lo veíamos como algo "especial", ni como comida "limpia"; para nosotros sólo era comida. Fue hasta que vine a Estados Unidos que me di cuenta de lo asombrosa que había sido la comida con la que crecí. Por eso me encantan los mercados de agricultores. La comida que tienen ahí los granjeros me recuerda lo que comía cuando era joven. Si tienes un mercado cerca, es la forma más sencilla de conseguir comida *clean* de lo más fresca y sabrosa para incluir en tu dieta.

SOPA Y ENSALADA SIEMPRE VERDE
Donna Karan, diseñadora y fundadora de Urban Zen Initiative

C *Cleanse:* limpieza

G *Gut:* intestino*

V Vegano

Un sencillo y elegante conjunto de sopa y ensalada, donde el cremoso aderezo de nuez de la India y albahaca se balancea de forma perfecta con lo salado de la sopa de miso blanco.

Para la ensalada
1 manojo de berza
1 manojo de arúgula *baby*
1 manojo de espinaca *baby*
1 manzana verde (en rodajas o en cubos)
2 cucharadas de pepitas de calabaza germinadas
2 cucharadas de jugo de limón

Para el aderezo de nueces de la India
1 manojo de hojas de albahaca
1 diente de ajo
1 cucharada de jengibre rallado
½ taza aceite de oliva
2 cucharadas de mantequilla de nuez de la India
El jugo de un limón
½ cucharadita de sal de mar celta

Para la sopa
2 tazas de espinaca orgánica
2 tallos de apio picados
½ bulbo de hinojo picado
1 calabacita verde mediana, picada
1 cucharada de miso blanco
1 cucharada de tahini crudo
1 cucharadita de sal de mar celta
4 tazas de agua filtrada
½ taza de semillas de girasol germinadas (como adorno)

* Omite la manzana.

Retira los tallos de la berza y desmenuza las hojas en pedazos pequeños. Combina todas las hojas verdes en una ensaladera. Incluye la manzana, las pepitas de calabaza y el jugo de limón. Para el aderezo de nuez de la India y albahaca, pon todos los ingredientes en la licuadora y licua por un minuto.

Coloca todos los ingredientes para la sopa (excepto las semillas de girasol) en una Vitamix y licua a alta velocidad hasta que esté caliente (aproximadamente 5 minutos). Adorna con las semillas de girasol y sirve con amor.

ENSALADA DE SALMÓN AHUMADO E HINOJO

C *Cleanse:* limpieza

G *Gut:* intestino

Porciones: 2

Tiempo de preparación: 10 minutos

Esta combinación del salmón ahumado que se te derrite en la boca con el hinojo crujiente es totalmente adorable. Es maravillosa para acompañar cualquier comida, o, en una porción grande, funciona como plato fuerte; es una forma sabrosa de obtener los omega 3, muy saludables para el corazón.

1 bulbo grande de hinojo y un manojo de ramitas
1 eneldo encurtido o una cucharada de alcaparras
El jugo de un limón
2 cucharadas de aceite de oliva
1 pizca de sal
Pimienta negra recién molida al gusto
115 g de salmón pescado en libertad

Corta la parte superior del bulbo de hinojo. Luego, con un cuchillo afilado o una mandolina de cocina, córtalo en láminas muy delgadas. Coloca las láminas de hinojo en un tazón grande con algunas ramitas de hinojo cortadas grueso. Pica finamente el eneldo encurtido o machaca las alcaparras y agrégalas al hinojo. Añade el jugo de limón y rocía el aceite de oliva. Sazona la ensalada con sal y pimienta al gusto, integra todo muy bien.

Divide el salmón ahumado en dos platos para servir. Corónalo con porciones de la ensalada de hinojo.

ENSALADA MEXICANA DE FRIJOLES NEGROS

ⓒ *Cleanse:* limpieza*

Porciones: 2

Tiempo de preparación: durante la noche

...ción: durante la noche más 15

...írvela sola como una comida completa

...mate mediano picado grueso

...o

...un litro de agua con el vinagre de sidra de

...ponlos en una olla grande con el otro litro
...a y deja a fuego lento hasta que los frijoles
...les negros otra vez y enjuágalos. Deja que se

...tiempo, la cebolla morada, el jalapeño, los
...dimento mexicano, la sal, el jugo de limón y
...e.

* Omite los jitomates.

ENSALADA CHINA DE POLLO

C *Cleanse:* limpieza

G *Gut:* intestino*

Porciones: 2

Tiempo de preparación: 20 minutos

Tiempo de cocción: 10 minutos

Bien sazonada y versátil, esta ensalada puede usarse en una variedad de formas: sobre hojas verdes, en un rollo o sola. Dará un sabor único a tu siguiente reunión o picnic.

450 g de pechuga de pollo criado en pastizal, deshuesada y sin piel,
   o sobras de pollo cocido
2 tazas de col napa rebanada muy finamente
1 zanahoria grande en juliana
¼ de taza de cilantro fresco picado grueso
¼ de taza de nuez de la India cruda
2 cucharadas de semillas crudas de ajonjolí

Para el aderezo

¼ de taza de vinagre de arroz integral
¼ de taza de aceite de oliva extra virgen
2 cucharadas de aceite de ajonjolí tostado
De 1 a 2 cucharadas de néctar de coco
1 cucharada de tamari sin trigo
1 cucharada de jengibre fresco rallado
1 manojo (alrededor de 85 g) de cebollitas de cambray finamente picadas

Coloca el pollo en una olla pequeña con una taza de agua. Tapa y cuécelo a fuego medio hasta que esté bien cocido, alrededor de 10 minutos. Deja que el pollo se enfríe y después usa tus manos para desmenuzar la carne o un cuchillo para rebanarlo muy finamente.

En un tazón mezcla el pollo con la col, la zanahoria, el cilantro, las castañas y las semillas de ajonjolí. Déjalo a un lado.

En un tazón aparte, bate todos los ingredientes del aderezo. Vierte suficiente aderezo sobre la mezcla de pollo para cubrir todo uniformemente y sirve.

* Omite el néctar de coco.

ENSALADA ACIDITA DE POLLO ASADO
Michelle Hartgrove, miembro de la comunidad Clean

C *Cleanse:* limpieza

G *Gut:* intestino

Porciones: 4

Este platillo lleva las ensaladas a otro nivel. El jugoso pollo asado, con limón y ajo, queda perfecto sobre una ensalada súper fresca que estalla de sabor. Esta receta me alcanza para varias comidas a la semana, e incluso ha llevado a varios colegas a quedarse a comer conmigo en vez de querer salir. Te deja satisfecho y feliz.

1 limón pelado y cortado en cuartos
3 dientes de ajo
1 pollo criado en pastizal entero (de 1.8 a 2.3 kg)
Aceite de oliva sabor limón para el pollo, y un poco más para la ensalada
1 pizca grande de romero fresco
2 pizcas generosas de sal de mar
2 pizcas generosas de pimienta negra recién molida
Hojas verdes para ensalada, de tu elección
    (yo uso la lechuga *mache* —canónigo— o la lechuga *rocket*, arúgula),
    aproximadamente de 1 a 2 manojos por persona
1 taza de quinoa, cocida y enfriada
1 pepino mediano pelado y en cubitos
La pulpa de un aguacate maduro en rebanadas
1 taza de hongos picados
2 zanahorias ralladas
Vinagre balsámico

Precalienta el horno a 180 °C.

Rellena el pollo con el limón en cuartos y los dientes de ajo enteros y pelados. Rocía aceite de oliva sobre el pollo, después sazónalo con pizcas generosas de romero, sal y pimienta. Asa el pollo en una charola para hornear por 1 hora y 30 minutos, hasta que esté suave y dorado por arriba, después déjalo reposar mientras preparas la ensalada.

En un tazón grande, mezcla las hojas verdes, la quinoa, el pepino, el aguacate, los hongos y las zanahorias. Después rocía todo con aceite de oliva sabor limón y vinagre balsámico al gusto, cubriendo la ensalada uniformemente. Divide la ensalada en cuatro platos para servir. Corta el pollo y agrégale todo lo que quieras a cada ensalada, después sirve.

ENSALADA DE CAMOTE ASADO Y ESPINACAS

V Vegano*

Porciones: 4

Tiempo de preparación: 10 minutos

Tiempo de cocción: 30 minutos

Si toleras los lácteos, prueba poner un poco de queso de cabra o queso feta en esta ensalada y quedará aún más fantástica. Sea como sea, es un centro de mesa espectacular en las celebraciones por su brillante mezcla de rojos, verdes y naranjas.

1.5 kg de camotes, pelados y picados en cubitos de 1.5 centímetros
3 cucharadas de aceite de oliva extra virgen
2 cucharaditas de semillas de cilantro
1 cucharadita de semillas de hinojo
¾ de cucharadita de canela molida
1½ cucharadita de sal de mar, más otro poco para sazonar al final
230 g de espinaca fresca picada grueso
1 taza de nueces de Castilla crudas o asadas
½ taza de arándanos, moras goji o cerezas secas
Queso de cabra o feta al gusto (opcional)

Precalienta el horno a 180 °C.

En un tazón grande pon los camotes cortados con el aceite de oliva, las semillas de cilantro, las semillas de hinojo, la canela y 1½ cucharaditas de sal, cubriendo los trozos de camote uniformemente. Extiende los camotes sobre una charola cubierta con papel encerado y ásalos hasta que estén suficientemente suaves para atravesarlos con un tenedor, unos 25 a 30 minutos. Sácalos del horno.

En un tazón grande para servir, coloca los camotes aún calientes con la espinaca, usando su calor para ablandar ligeramente las hojas de espinaca. Cuando los camotes se enfríen, integra y revuelve las nueces de Castilla y las frutas secas a la ensalada, con un toque de sal, y el queso de cabra o feta, si vas a usarlo, y sirve.

* Omite el queso.

VINAGRETA DE ALBAHACA

ⓒ *Cleanse:* limpieza

ⓖ *Gut:* intestino

Ⓥ Vegano

Rinde: alrededor de ⅔ de taza

Tiempo de preparación: 10 minutos

En el verano, cuando los jardines estallan de sabor y variedad, nos encanta ponerle albahaca a todas las recetas que podamos. Esta vinagreta de un verde vibrante dará realce a tus ensaladas y combinará perfectamente con un pollo a la parrilla o verduras asadas.

2 tazas de hojas de albahaca fresca (sin apretarlas)
1 diente de ajo grande picado
2 cucharadas de almendras fileteadas crudas o 4 almendras enteras crudas
½ taza más una cucharada de aceite de oliva extra virgen
3 cucharadas de vinagre de vino blanco
1 cucharadita de sal de mar
¼ de cucharadita de pimienta negra recién molida

Licua todos los ingredientes por unos 30 segundos o hasta que la mezcla esté homogénea.
Puedes guardar la vinagreta en el refrigerador hasta por cinco días.

El chef Frank comenta sobre los lácteos

Aun si no has tenido mucha suerte con los lácteos, existen varios tipos diferentes que quizá quieras probar. Mucha gente que tiene problemas con los productos de leche de vaca tolera muy bien la leche de cabra u oveja, o los productos de leche fermentada como el yogur, el *kefir* o el queso añejo. Incluso podrías descubrir que la leche sin pasteurizar (bronca) de cualquier tipo sí te funciona, aun cuando los lácteos pasteurizados no. Los lácteos orgánicos sin grasas reducidas, de animales criados en pastizal, son más altos en nutrientes, incluyendo colina, colesterol sano, vitamina E, vitamina D y calcio. Como una grasa rica en nutrientes que se mantiene estable a temperaturas medianas a altas, prueba cocinar con mantequilla de vacas de pastizal. Incluso para gente que es sensible a los lácteos o intolerante a la lactosa, la mantequilla de vacas de pastizal suele no caer mal.

ADEREZO DIOSA VERDE

C *Cleanse:* limpieza
G *Gut:* intestino
V Vegano

Rinde: alrededor de 500 ml

Tiempo de preparación: 10 minutos

Éste es uno de los aderezos más versátiles y sabrosos. Sugerimos tener un frasco de este aderezo en el refrigerador ¡en todo momento! El vinagre de sidra de manzana y el miso ayudan a la digestión, mientras que el aceite de oliva y el tahini proporcionan grasas esenciales y proteínas a cualquier ensalada.

½ taza de tahini
½ taza de aceite de oliva extra virgen
3 cucharadas de vinagre de sidra de manzana
2 cucharadas de jugo de limón
2 dientes de ajo picado
¼ de taza de miso
¼ de taza de hojas frescas de perejil
¼ de taza de hojas frescas de cilantro
¼ de taza de hojas frescas de albahaca
1 cebollita de cambray picada grueso
½ cucharadita de sal de mar

En una licuadora haz puré el tahini, el aceite de oliva, el vinagre, el jugo de limón, el ajo y el miso hasta que la mezcla esté homogénea y cremosa. Agrega el perejil, el cilantro, la albahaca, la cebollita de cambray y la sal; licua de nuevo, pero sólo hasta que el aderezo esté apenas integrado.

Puedes guardar el aderezo en el refrigerador, en un recipiente, hasta por una semana.

SALSA THAI

C *Cleanse:* limpieza

Rinde: alrededor de 500 ml
Tiempo de preparación: 10 minutos

¿A quién no le encanta la comida tailandesa? Desafortunadamente, los ingredientes de los platillos y las salsas típicos de esta comida rara vez son *clean*, así que creamos nuestra propia salsa y es deliciosa: perfecta para ese antojo de un reconfortante platillo dulce y picante.

½ taza de salsa de pescado (Red Boat es una marca aprobada por *Clean*)
1 taza de jugo de limón verde
2 cucharadas de cilantro fresco picado
1 cucharada de menta fresca
1 cucharada de jengibre fresco rallado
¼ de taza de aceite de oliva extra virgen
2 cucharadas de néctar de coco

Coloca todos los ingredientes en un frasco, cierra muy bien la tapa y agita vigorosamente por 10 segundos, hasta que la mezcla esté bien incorporada.

Almacena el aderezo en un recipiente, refrigerado, hasta por una semana.

SALSA TERIYAKI
Lara Whitley, miembro de la comunidad Clean

Ⓥ Vegano

Rinde: salsa para 4 porciones de proteína (pollo, pescado, etcétera) o una ensalada verde

Ésta fue una de las primeras recetas con las que descubrí que podía darle gusto a mi familia y a la vez honrar mi forma de comer *clean* con un solo platillo. La comemos a menudo con proteína rostizada (los muslos de pollo o el salmón silvestre son nuestros favoritos), pero también funciona con verduras. El secreto está en untar abundantemente en los últimos minutos de cocción. Mis guarniciones favoritas son los tallarines de ajonjolí y la ensalada *sunomono* (de pepino japonés).

¼ de taza de tamari sin trigo
¼ de taza de néctar de coco
¼ de taza de sake
¼ de taza de *mirin*

Combina todos los ingredientes en una pequeña sartén. Pon a hervir y luego deja la mezcla a fuego lento, sin tapar, hasta que alcance el nivel deseado de espesor.

Usa este aderezo sobre una gran ensalada verde o para rostizar tu proteína favorita, como pollo o pescado; cubre generosamente la proteína con la salsa durante sus últimos 5 minutos (aproximadamente) de cocción, hasta que la salsa se espese y comience a burbujear. Sirve de inmediato.

EXPERIENCIA. Extraordinaria. Me abrió los ojos. Educativa. Transformadora. Después de tres semanas del Programa de Limpieza *Clean*, pasé otras cuatro semanas probando alimentos. Aprendí más sobre mi nutrición y mi cuerpo en siete semanas que en los anteriores 46 años. Con este aprendizaje he hecho cambios duraderos a mi dieta y a mi forma de vivir, ¡y espero que a mi futuro también!

ADEREZO MIL ISLAS

G *Gut:* intestino

V Vegano

Rinde: 475 ml

Tiempo de preparación: 5 minutos

Éste es un aderezo multiusos que es mucho mejor que el envasado que venden en las tiendas. Úsalo con una gran variedad de platillos de este libro, incluyendo las hamburguesas de pollo al limón y hierbas (véase la página 172) o cualquier ensalada.

1 ½ tazas de jitomate ciruela (unos 4)
½ taza de nueces crudas de macadamia o nueces de la India
⅛ de taza de jugo de limón
⅛ de taza de aceite de oliva extra virgen
2 dientes de ajo
1 cucharadita de sal de mar
1 pepinillo encurtido al eneldo, picado finamente

En una licuadora haz puré los jitomates, las nueces, el jugo de limón, el aceite de oliva, el ajo y la sal por 45 segundos, hasta que la mezcla esté espesa y cremosa. Transfiere el contenido a un tazón e integra de forma envolvente el pepinillo picado.

Guarda el aderezo en un recipiente, en el refrigerador, hasta por tres días.

MAYONESA

Ⓖ *Gut:* intestino
Vegetariano*

Porciones: 475 ml
Tiempo de preparación: 10 minutos

Aunque es un condimento estándar, la auténtica mayonesa casera está repleta de buenas grasas y proteínas energizantes. Cuando descubras lo fácil que es prepararla y cuánto mejora su sabor, nunca más querrás mayonesa de la tienda.

2 yemas de huevo criado en pastizal
1 cucharada de mostaza de grano entero
2 cucharadas de jugo de limón
Sal de mar al gusto
Hasta 2 tazas de aceite de oliva extra virgen, aceite de aguacate o de semilla de uva

En un procesador de alimentos o en una licuadora combina las yemas de huevo con la mostaza, el jugo de limón y la sal. Muy lentamente, gota a gota, agrega el aceite de oliva, de aguacate o de semilla de uva. La mezcla lentamente comenzará a emulsificarse. Cuando esto suceda, puedes agregar el aceite de oliva con un chorro más rápido, pero mantente alerta, pues si el aceite se agrega muy rápido o en demasiada cantidad, la emulsificación puede romperse y tendrás que comenzar de nuevo. Una vez que hayas vertido lentamente 1½ tazas de aceite, puedes adicionar condimentos al gusto. Almacénala en el refrigerador, se conserva una semana o más.

ALIOLI (MAYONESA DE AJO)

Ⓖ *Gut:* intestino
Vegetariano*

Porciones: 475 ml
Tiempo de preparación: 10 minutos

Esta receta es la misma que la de la mayonesa, ¡pero con el brío del ajo!

2 yemas de huevo criado en pastizal
2 dientes de ajo
1 cucharada de mostaza de grano entero
2 cucharadas de jugo de limón
Sal de mar al gusto
Hasta 2 tazas de aceite de oliva extra virgen, aceite de aguacate o de semilla de uva

En un procesador de alimentos o en una licuadora combina las yemas de huevo con el ajo, la mostaza, el jugo de limón y la sal. Muy lentamente, gota a gota, agrega el aceite de oliva, de aguacate o de semilla de uva. La mezcla lentamente comenzará a emulsificarse. Cuando esto suceda, puedes agregar el aceite de oliva con un chorro más rápido, pero mantente alerta, pues si el aceite se agrega muy rápido o en demasiada cantidad, la emulsificación puede romperse y tendrás que comenzar de nuevo. Una vez que hayas vertido lentamente 1½ tazas de aceite, puedes adicionar condimentos al gusto. Almacénala en el refrigerador, se conserva una semana o más.

* Contiene huevo.

DIP PICANTE DE NUEZ DE LA INDIA
Meghan Markle, actriz

- **C** *Cleanse:* limpieza
- **G** *Gut:* intestino
- **V** Vegano

Este sencillo dip tiene muchísimo sabor y es rapidísimo de preparar. Me encanta usarlo con verduras crudas o sobre las hojas verdes de una ensalada.

- ½ taza de nueces de la India
- El jugo de un limón verde
- El jugo de un limón amarillo pequeño
- De 1 a 2 manojos de hojas de cilantro fresco (a mí me gusta que tenga mucho sabor a cilantro así que uso 2 manojos de mi jardín)
- 1 diente de ajo
- ⅓ de taza de agua aproximadamente
- La mitad de un jalapeño fresco (déjale las semillas si quieres que pique más)

En una licuadora, bate los ingredientes por 15 segundos exactamente, para que la mezcla quede con algunos trozos. Te lo aseguro, este dip es de campeonato.

MARINADA DE MOSTAZA Y ROMERO

C *Cleanse:* limpieza

G *Gut:* intestino

V Vegano

Rinde: 1 taza

Tiempo de preparación: 5 minutos

Esta marinada es tan versátil que funciona con cualquier cosa, desde berenjenas hasta pechugas de pollo. Varía los ingredientes y los condimentos, cambia las hierbas como desees. Albahaca, tomillo, orégano y estragón, todas funcionan perfectamente para esta receta.

½ taza de aceite de oliva extra virgen

2 cucharadas de vinagre balsámico

2 cucharadas de jugo de limón

2 cucharadas de tamari sin trigo

1 cucharadita de romero fresco picado

2 cucharaditas de mostaza de grano entero

1 diente de ajo grande picado finamente

Bate todos los ingredientes en un tazón o licualos hasta que la mezcla esté bien combinada. Refrigera la marinada en un recipiente hasta por una semana.

GUARNICIONES, BOTANAS Y REFRIGERIOS

Los refrigerios no saludables están por todos lados. Por eso, saber hacer botanas y refrigerios *clean* puede ser una forma importante de mantener tu salud. Desde los rollos pepinocate hasta las pakoras de verduras, estas recetas te llenarán de energía rápida a lo largo del día, deleitarán a tus invitados o agregarán ese toque final a un gran platillo.

EL HUEVO DURO PERFECTO

Ⓖ *Gut:* intestino

Vegetariano*

Tiempo de preparación: 10 minutos

Tiempo de cocción: 1 minuto

Una vez que hayas perfeccionado esta receta, cocinar huevos rellenos, ensalada de huevo y muchos otros platillos se convertirá en una dicha, aparte de ser súper sencillo. Además de ser una gran fuente de colina y proteínas necesarias, este huevo viene envuelto en su propio paquetito y es divertido de pelar, lo que les encanta tanto a los niños como a los adultos.

Huevos criados en pastizal (el número depende de ti)
Agua

Coloca los huevos en una olla y cúbrelos con unos 2.5 centímetros de agua fría. Lleva el agua al punto de ebullición y cuece los huevos por un minuto. Cubre la olla, retírala del fuego y déjala reposar por 5 minutos.

Permite que el agua fría corra sobre los huevos por unos minutos para detener la cocción.

Mantenlos en el refrigerador, en su cáscara, hasta que estés listo para comerlos.

* Contiene huevo.

QUESO DE NUEZ DE LA INDIA

C *Cleanse:* limpieza

G *Gut:* intestino

V Vegano

Rinde: 475 ml

Tiempo de preparación: 10 minutos

Tiempo de fermentación: durante la noche (opcional)

Los "quesos" a base de nuez se han convertido rápidamente en un elemento básico en la dieta de aquellos que evitan los lácteos o que están lidiando con alergias. Las nueces grasas como la nuez de la India, los piñones y las macadamias pueden ser licuadas y añejadas para lograr el sabor agrio o añejo del queso, así como su textura. Una vez que domines esta receta, puedes alternar las nueces y los condimentos usados cada vez.

2 tazas de nuez de la India cruda

1 cucharada de jugo de limón

1 cucharadita de sal de mar

¼ de taza o más de agua, para adelgazar la mezcla

¼ de cucharadita de probióticos en polvo (opcional)

2 cucharadas de hierbas frescas picadas, como perejil, cebollín, romero y/o hinojo (opcional)

1 cucharada de levadura nutricional (opcional)

Coloca la nuez de la India, el jugo de limón y la sal en una licuadora, procesa la mezcla hasta que esté suave pero espesa, usando cuanta agua sea necesaria para ayudar a adelgazar la pasta. Cuando la consistencia sea similar a la del queso de cabra suave *(chèvre)*, usa una espátula de hule para pasar la mezcla a un tazón grande.

En este punto puedes elegir fermentar el queso durante la noche. Eso le dará más de ese sabor ácido-fermentado natural del queso. Si decides fermentarlo, integra de manera envolvente el polvo probiótico; puedes dejarlo en el tazón o pasarlo a moldes de cocina o a una manta de cielo (tela de quesos). Cúbrelo o envuélvelo bien apretado y déjalo reposar en un espacio cálido (alrededor de 20 °C) de 8 a 12 horas. Debes ver pequeñas burbujas de aire formándose a lo largo de la pasta.

Si prefieres servir el queso de nuez de la India recién licuado, puedes sazonarlo de inmediato con las hierbas opcionales, la levadura nutricional o cualquier otro tipo de especias que te gusten.

Almacénalo refrigerado en un recipiente hasta por una semana.

CREMA AGRIA

C *Cleanse:* limpieza

G *Gut:* intestino

V Vegano

Rinde: ¼ de taza

Tiempo de preparación: 10 minutos

La crema es el ingrediente oculto de muchos platillos dulces y salados, y es lo que los vuelve húmedos y absolutamente deliciosos. Aquí hay una receta fácil para hacer tu propia versión libre de lácteos.

1 taza de piñones crudos
1 cucharada y 1 cucharadita de jugo de limón
½ cucharadita de sal de mar
¼ de taza de agua

En una licuadora haz puré todos los ingredientes hasta que la mezcla esté uniforme, espesa y cremosa.

Almacena la crema agria en un recipiente en el refrigerador hasta por 4 días.

GARBANZOS DE INSPIRACIÓN ASIÁTICA

C *Cleanse:* limpieza

V Vegano

Porciones: de 4 a 6

Tiempo de preparación: remojo durante la noche (8 a 12 horas)

Tiempo de cocción: 20 minutos, más 10 minutos para marinar

Ésta es una receta simple que te da un extra de proteína. Los garbanzos frescos saben mejor que los de lata, así que date tiempo para dejarlos remojar durante la noche y cuécelos al día siguiente.

4 tazas de garbanzos cocidos
½ taza de cebolla morada picada
2 cebollitas de cambray, rebanadas muy finamente
1 cucharada de semillas de ajonjolí
2 cucharadas de aceite de ajonjolí tostado
2 cucharadas de vinagre de vino de arroz
1 cucharadita de vinagre balsámico
3 a 4 cucharadas de tamari sin trigo

Remoja los garbanzos durante la noche, de 8 a 12 horas, después cuélalos y enjuaga bien. Cuece los garbanzos en 2 litros de agua por 15 a 20 minutos o hasta que estén tiernos. Mezcla todos los ingredientes y deja que se marinen 10 minutos. Prueba, ajusta los condimentos a tu gusto y sirve.

Acompañamientos: Sirve con las hamburguesas de búfalo a las hierbas (véase la página 208); la pechuga de pollo más perfecta (véase la página 180), o con los listones de zanahoria marinada (véase la página 116).

COLIFLOR ASADA CON UN TOQUE DE MEDIO ORIENTE
Lisa y Mehmet Oz, fundadores de HealthCorps

C *Cleanse:* limpieza*

V Vegano

1 cabeza de coliflor, cortada en cogollos del tamaño de un bocado

1 taza de garbanzos enlatados, enjuagados y escurridos (o garbanzos secos remojados una noche, enjuagados y escurridos)

2 cucharadas de aceite de oliva extra virgen

2 dientes de ajo finamente picados

1 cucharada de semillas de comino entero

1 cucharada de semillas de *nigella* (también conocidas como semillas *Kalonji* o semillas de cebolla negra)

2 echalotes picados finamente

1 cucharadita de hojuelas de chile rojo (opcional)

½ taza de pasitas doradas (sin azufre)

El jugo de medio limón

Sal de mar al gusto

Precalienta el horno a 200 °C.

Mezcla todos los ingredientes en un tazón grande, después esparce la mezcla en una charola para hornear y hornea unos 40 minutos. Agita la mezcla una o dos veces mientras está dentro para que se cueza de manera uniforme. La coliflor debe ponerse un poco dorada y la parte superior un poco crujiente.

* Omite las pasas.

RÁBANOS ENCURTIDOS

C *Cleanse:* limpieza

G *Gut:* intestino

V Vegano

Rinde: 475 ml

Tiempo de preparación: 10 minutos

Tiempo de fermentación: de 3 a 5 días

Esta fermentación básica genera un producto de sabor salado y agrio que no sólo incrementa las bacterias buenas en el intestino, sino que también funciona en ensaladas, sushi o directamente del frasco como un refrigerio sabrosísimo. Para esta receta necesitarás un frasco de conservas o similar de 2 litros.

1 litro de agua

2 cucharadas de vinagre de sidra de manzana sin pasteurizar

3 cucharadas de sal de mar

450 g de rábanos de la variedad daikon, sandía o de los rojos comunes, cortados en rodajas delgadas o en juliana de milímetros de ancho

Vierte el agua, el vinagre y la sal en el frasco de 2 litros. Revuelve hasta que la sal se disuelva, después agrega los rábanos a la salmuera y pon la tapa en el frasco sin apretarla. Coloca el frasco en un lugar cálido y oscuro por unos tres o cuatro días, pero recuerda abrir y cerrar el frasco una o dos veces al día. Hacer esto libera gases y ayuda a prevenir que el frasco explote.

Después de cuatro días, guarda el frasco en el refrigerador. Los rábanos se conservarán hasta por un mes.

El chef Frank comenta sobre los alimentos fermentados

Amo los alimentos fermentados, no sólo por sus beneficios a la salud sino por los sabores que agregan a los platillos. El miso, el chucrut u otros alimentos fermentados como el *kimchi* o los vegetales encurtidos pueden agregarse a untables, dips y aderezos para dar un elemento de sabor agrio. Los alimentos fermentados se usan a diario en la mayoría de las culturas tradicionales; cuando consumo granos y proteína animal siempre intento incorporar un cucharón de alimentos fermentados para ayudar a la digestión y aumentar la flora intestinal benéfica.

LISTONES DE ZANAHORIA MARINADA

C *Cleanse:* limpieza

G *Gut:* intestino

V Vegano

Porciones: 2

Tiempo de preparación: 10 minutos

Tiempo para marinar: 15 a 20 minutos

Estas zanahorias se "cuecen" delicadamente mientras se marinan; son perfectas para comidas de verano o como guarnición. Las aceitunas y el limón crean un simple pero increíble perfil de sabor y los piñones lo completan con exquisitez y proteína.

450 g de zanahorias peladas

½ taza de aceitunas verdes rebanadas

¼ de taza de echalotes o cebolla morada en rebanadas

¼ de taza de piñones tostados

2 cucharaditas de tomillo fresco picado

1 cucharada de jugo de limón recién exprimido

2 cucharadas de aceite de oliva extra virgen

2 pizcas de sal de mar

Usa un pelador de verduras o mandolina para rebanar las zanahorias a lo largo creando tiras largas que parezcan tallarines. En un tazón grande combina los "tallarines" de zanahoria, las aceitunas, los echalotes o la cebolla, los piñones, el tomillo, el jugo de limón y la sal. Usa unas pinzas grandes para incorporar todo. Deja que las zanahorias se marinen y se suavicen por 15 a 20 minutos antes de servir.

ROLLOS PEPINOCATE DE GRACY

C *Cleanse:* limpieza

G *Gut:* intestino

V Vegano

Porciones: 2

Tiempo de preparación: 10 minutos

El doctor Junger y su hija crearon este delicioso y sencillo refrigerio, que es llenador e hidratante a la vez. Corta los rollos como si fueran de sushi y agrega cualquiera de las coberturas para ensalada favoritos del doctor Junger (véanse las páginas 27-28).

2 pepinos grandes
La pulpa de 2 aguacates maduros
Sal de mar al gusto
Jugo de limón al gusto
Aminos líquidos Bragg al gusto

Pela los pepinos, córtales las puntas y pártelos por la mitad a lo ancho. Con un cuchillo corta y saca las semillas y la pulpa del centro de cada pieza, dejando un hueco como tubo a lo largo del pepino (debes poder ver por en medio, como en un telescopio). Rellena el tubo hueco de los pepinos con la pulpa de aguacate.

Apoya los pepinos rellenos sobre su costado y córtalos como si fueran sushi, haciendo de 4 a 5 rollos en total. Sazona los rollos con sal de mar, jugo de limón y un toque de aminos líquidos. Sirve y come de inmediato.

PURÉ DE ESPÁRRAGOS, ACEDERA Y CASTAÑAS

Ⓒ *Cleanse:* limpieza

Ⓖ *Gut*: intestino

Ⓥ Vegano

Porciones: 2 a 4

Tiempo de preparación: 20 minutos

Este platillo es una elegante guarnición para cualquier tipo de comida (verduras, pescado, pollo o animal de caza silvestre) ¡y también una comida maravillosa y sana para bebés! Las castañas proporcionan proteínas y grasas saludables, y su sabor es dulce y simple.

1 manojo de espárragos (340 g), con las partes leñosas cortadas
    y cada tallo partido en tercios
1 taza (140 a 170 g) de castañas crudas y peladas, más 4 para adornar
½ taza de piñones crudos
1 bulbo de ajo asado lentamente (véase página 127)
½ taza de agua
1 cucharada de jugo de limón
De 1 a 2 cucharaditas de sal de mar, o al gusto
1 manojo de acedera o espinaca *baby*
¼ de cucharadita de pimienta negra recién molida

Pon a hervir 4 tazas de agua salada. Blanquea los espárragos sólo 2 a 3 minutos, después retíralos con una cuchara calada e inmediatamente sumérgelos en un tazón de agua con hielo para detener el proceso de cocción. Corta las puntas a la mitad de los espárragos y déjalas a un lado para usarlas como adorno más adelante.

En una licuadora haz puré los espárragos, las castañas, los piñones, el ajo y la ½ taza de agua hasta que la mezcla esté uniforme, alrededor de 45 segundos. Agrega el jugo de limón, la sal y las hojas verdes, licuando hasta que la mezcla esté bien combinada. Rocía la pimienta negra. Sirve adornado con las puntas de espárragos que apartaste.

PURÉ DE ZANAHORIA AL JENGIBRE

C *Cleanse:* limpieza

G *Gut:* intestino

V Vegano*

Porciones: 2 tazas

Tiempo de preparación: 10 minutos

Tiempo de cocción: de 15 a 20 minutos

Este simple pero vibrante y colorido puré acompaña muy bien un pescado horneado, un cordero a la parrilla o unas verduras asadas. Al igual que el puré de espárragos, acedera y castañas (véase página 118), también funciona como deliciosa comida para bebé, ¡para unos pequeñitos muy suertudos!

450 g de zanahorias (unas 4 tazas), peladas y cortadas de manera uniforme
1 diente de ajo
2 cucharadas de vinagre de sidra de manzana
1 taza de agua, caldo de verduras o caldo de pollo
1 cucharada de jengibre fresco picado
1½ cucharada de mantequilla/maná de coco (el aceite y la pulpa juntos, no sólo el aceite)
Sal de mar al gusto

En una sartén pequeña combina las zanahorias, el ajo, el vinagre y el agua o caldo. Tapa y aguarda a que la mezcla empiece a hervir, luego baja el fuego y cuece lentamente hasta que las zanahorias estén tiernas.

Pasa la mezcla a una licuadora y hazla puré hasta que esté uniforme y cremosa.

Regresa el puré a la sartén y recalienta a fuego medio, revolviendo mientras integras el jengibre y la mantequilla/maná de coco hasta que estén bien incorporados. Agrega una pizca o dos de sal al gusto. Mantén el puré caliente hasta que estés listo para servirlo.

* Si usas agua o caldo de verduras.

ZANAHORIAS ASADAS CON *ZA'ATAR*

C *Cleanse:* limpieza

G *Gut:* intestino

V Vegano

Porciones: 4 como guarnición

Tiempo de preparación: 5 minutos

Tiempo de cocción: de 30 a 40 minutos

Ésta es una de mis formas favoritas de disfrutar las zanahorias. El *za'atar* es un condimento de Medio Oriente que aporta un balance terroso y complejo a la dulzura de las zanahorias asadas.

900 g de zanahorias medianas
De 2 a 4 cucharadas de aceite oliva extra virgen
1 cucharada copeteada de la especia *za'atar*
2 cucharaditas de sal de mar

Precalienta el horno a 190 °C.

Coloca las zanahorias enteras en una charola para hornear. Rocíalas con aceite de oliva, después espárceles el *za'atar* y la sal. Hornéalas unos 30 minutos, moviendo ocasionalmente hasta que las zanahorias estén suaves al picarlas con el tenedor.

DOLMAS DE ARROZ CON MENTA Y DIP DE AJO

C *Cleanse:* limpieza

V Vegano

Porciones: 10 a 12 dolmas

Tiempo de preparación: 20 minutos

Las dolmas, un platillo básico de Medio Oriente, son fáciles de preparar y un modo perfecto de utilizar las sobras de arroz o incluso quinoa. Funcionan perfectamente como canapés o botana para cualquier ocasión.

¼ de taza de aceite de oliva extra virgen
¼ de taza de nueces de Castilla crudas picadas finamente
2 tazas de arroz integral cocido
La ralladura de un limón
El jugo de ½ limón
½ taza de perejil fresco picado grueso
2 cucharadas de menta fresca picada gruesa
1 cucharadita de cilantro molido
1 cucharadita de sal de mar
12 hojas de parra grandes en salmuera

Para el dip de ajo
1 taza de semillas de ajonjolí crudas
2 dientes de ajo
2 cucharadas de jugo de limón
¼ de taza de aceite de oliva extra virgen
1 cucharadita de sal de mar
½ taza más 2 cucharaditas de agua, o la necesaria para
   la consistencia correcta

Calienta el aceite de oliva en una sartén pequeña a fuego medio. Agrega las nueces de Castilla y ásalas lentamente, moviendo ocasionalmente hasta que estén ligeramente tostadas.

En un tazón mediano, combina todas las nueces, el arroz, la ralladura de limón, el perejil, la menta, el cilantro y la sal hasta que todo esté bien integrado.

Extiende las hojas de parra sobre una tabla para picar. Si están pegadas, retira los tallos; después, dependiendo del tamaño de la hoja, agrega de 1½ a 2 cucharadas de la mezcla de arroz. Dobla las puntas hasta que se encuentren en el centro y después enrolla cada hoja alejándola de ti hasta que quede un rollito firme. Sigue haciéndolo hasta usar todo el arroz sazonado.

Para hacer el dip donde sumergirás las dolmas antes de morderlas, en una licuadora haz puré las semillas de ajonjolí, el ajo, el jugo de limón y la sal, agregando suficiente agua para crear una consistencia similar a la del yogur.

GAJOS DE PAPA CRUJIENTES CON MAYONESA DE PIMIENTO ROJO ASADO Y NUEZ DE LA INDIA

V Vegano

Porciones: 4

Tiempo de preparación: 10 minutos

Tiempo de cocción: 30 minutos

Reconfortante por tradición y más que sabrosa, ésta es una versión más saludable de las papas fritas. Todo el mundo va a amar estas papas, y un dip casero siempre es mejor.

1.35 kg de papa (nosotros te recomendamos la variedad Yukon Gold)
De 2 a 3 cucharadas de aceite de oliva extra virgen
De 1 a 2 cucharaditas de sal de mar, más un poquito extra
½ cucharadita de pimienta negra recién molida
2 cucharadas de hierbas recién picadas (perejil, romero, orégano)

Para la mayonesa
1 taza de nuez de la India cruda
2 pimientos rojos asados, sin semilla y pelados
2 dientes de ajo
½ cucharadita de chipotle en polvo
El jugo de un limón
½ taza de aceite de oliva extra virgen
½ taza de agua o más si es necesario

Precalienta el horno a 190 °C.

Enjuaga las papas; pélalas si así lo deseas. Corta cada papa a la mitad por lo largo y después corta cada mitad en 3 o 4 bastones. Coloca todas las papas cortadas en un tazón grande y mézclales el aceite de oliva, la sal y la pimienta.

Extiende las papas sazonadas de manera uniforme en una charola para hornear, con el lado de la cáscara (curvo) hacia abajo. Hornéalas hasta que estén tiernas, alrededor de 30 minutos.

Mientras las papas se asan, prepara la mayonesa. En una licuadora o procesador de alimentos haz puré todos los ingredientes de la mayonesa hasta que la mezcla esté uniforme y untable. Usa más agua si necesitas adelgazar la consistencia.

Al sacar las papas del horno, mézclalas en un tazón grande con las hierbas y con un toque extra de sal de mar. Sírvelas calientes con la mayonesa a un lado.

PAKORAS DE VERDURA

C *Cleanse:* limpieza

V Vegano

Tiempo de preparación: 15 minutos

Tiempo de cocción: 15 minutos

Bocaditos crujientes con la cantidad exacta de especias, estas frituras van perfectamente con cualquier platillo hindú, o solas, como refrigerio. Es importante escoger una grasa de buena calidad para freírlas. Recomendamos aceite de coco, manteca de cerdo u otra grasa de animal salvaje o criado en pastizal, que se mantendrá estable a altas temperaturas.

1 taza de harina de garbanzo
¼ de harina de arroz integral
¼ de taza de cilantro fresco picado grueso
1 jalapeño picado grueso (opcional)
1 cucharadita de cúrcuma
1 cucharadita de semillas de comino
2 cucharaditas de semillas de cilantro molidas grueso
De ½ a 1¾ de taza de agua
Alrededor de una taza de aceite de coco
1 calabacita verde, cortada a lo largo y después en medias lunas de 0.63 centímetros
½ cabeza de brócoli (alrededor de 2 tazas) cortada en pequeños cogollos
½ cabeza de coliflor (alrededor de 2 tazas) cortada en pequeños cogollos
Sal de mar al gusto

En un tazón grande combina bien las harinas de garbanzo y de arroz integral, el cilantro, el jalapeño opcional, la cúrcuma, las semillas de comino y las de cilantro. Mezcla el agua necesaria para crear una consistencia espesa, para que cuando reboces las verduras en la masa éstas se cubran sin que la mezcla se escurra.

Derrite el aceite de coco en una olla de 2 litros a fuego medio-alto. Si tienes un termómetro calienta el aceite a 163 °C. Prueba si el aceite está listo dejando caer una gota de masa; si está suficientemente caliente la masa hará burbujas y flotará en el aceite.

Sumerge las piezas de calabacita, brócoli y coliflor, una a una, en la masa, cubriéndolas muy bien; después suelta cada pieza al aceite caliente. Fríe cada una de 2 a 3 minutos, hasta que estén bien doradas y crujientes. Escúrrelas en una servilleta de papel y espolvorea un poco de sal antes de servir.

SARDINAS SOBRE ENDIVIAS
Sarah Marchand, miembro de la comunidad Clean

C *Cleanse:* limpieza

G *Gut:* intestino

Porciones: 2

Tiempo de preparación: 10 minutos

Para mí, un estilo de vida *clean* significa usar ingredientes frescos y saludables para preparar comidas a menudo simples pero deliciosas, y pensar en todo lo que comemos. Sirve este platillo, rico en omega 3, calcio y proteínas, como una botana para las visitas o acompáñalo con una ensalada verde para crear una cena sencilla y *clean*. Lo ácido del limón sumado a lo crujiente de las endivias es un complemento perfecto para las deliciosas sardinas.

1 lata de 110 a 170 g de sardinas en aceite
1 cucharada de alcaparras
1 cucharada de jugo de limón
1 cucharada de tomillo fresco
1 pizca de pimienta de cayena
Sal de mar y pimienta negra recién molida al gusto
De 1 a 2 cabezas de endivias (227 a 340 g)

En un tazón pequeño machaca las sardinas con el aceite de la lata, las alcaparras y el jugo de limón. Integra el tomillo y la pimienta de cayena y sazona con sal y pimienta.

Lava y separa las cabezas de endivia en hojas individuales. Rellena cada hoja con las sardinas machacadas y acomoda las hojas en dos platos para servir. Alcanza para 8 a 10 hojas de endivia.

PATÉ DE NUECES DE BRASIL

G *Cleanse:* limpieza*
G *Gut:* intestino
V Vegano

Rinde: 475 ml
Tiempo de preparación: durante la noche anterior más 5 a 10 minutos

Éste es un paté versátil y delicioso que querrás tener a la mano en diversas ocasiones. El miso aporta enzimas extra y buena flora intestinal, y las nueces de Brasil contienen selenio y grasas saludables, además de proteínas. Adelgaza el paté con aceite de oliva para usarlo como aderezo de ensaladas.

2 tazas de nueces de Brasil crudas, remojadas la noche anterior en 4 tazas de agua
    con 1 cucharadita de vinagre de sidra de manzana
2 cucharaditas de miso (de preferencia libre de soya y de la marca South River)
2 dientes de ajo
2 cucharadas de jitomate en polvo o ¼ de taza de jitomates secados al sol
    en aceite de oliva
½ taza de perejil fresco picado
Las hojitas de 3 o 4 ramas de tomillo fresco
2 cucharadas de jugo de limón
¼ de taza o más de aceite de oliva extra virgen

Escurre las nueces de Brasil remojadas. Luego, en un procesador de alimentos, púlsalas hasta que estén picadas grueso.

Agrega el miso, el ajo, el jitomate en polvo o los jitomates secos, el perejil y el tomillo; hazlos puré hasta que la mezcla esté uniforme. Mientras la máquina trabaja, rocía lentamente el jugo de limón y el aceite de oliva. Yo prefiero una consistencia más espesa, pero usa más aceite si te gusta una consistencia más ligera. Almacena en el refrigerador por tres a cuatro días.

HONGOS RELLENOS

C *Cleanse:* limpieza*

G *Gut:* intestino

V Vegano

Porciones: 4

Tiempo de preparación: 20 minutos

Tiempo de cocción: 30 minutos

Uno de los platillos por excelencia para las fiestas "de traje" y otras celebraciones fácilmente se convierte en una buena comida para la familia (perfecta para los lunes sin carne) si usas tapas de hongo portobello grandes. Pero el relleno funciona para cualquier tipo de hongo, ¡así que prepáralos de las dos maneras!

5 tapas de hongo portobello grandes
Aceite de oliva extra virgen para rociar libremente
2 cucharadas de hojas de romero machacadas
Sal de mar y pimienta negra recién molida al gusto
2 cucharadas de aceite de aguacate
2 ramas de apio en pequeños cubos
1 zanahoria mediana en pequeños cubos
½ cebolla pequeña picada
2 cucharaditas de salvia seca
1 cucharadita de tomillo fresco
½ taza de perejil fresco picado grueso
1 taza de pan sin gluten cortado en cubitos
2 jitomates ciruela, picados
El jugo de un limón

Precalienta el horno a 180 °C.

En un plato para hornear coloca 4 hongos y rocíalos con algunas cucharadas de aceite de oliva, después sazónalos con romero, sal y pimienta. Deja que se marinen de 15 a 20 minutos.

Mientras estos hongos reposan, pica el resto en pedazos pequeños. Calienta el aceite de aguacate en una sartén y saltea ligeramente el hongo picado con el apio, la zanahoria y la cebolla hasta que las verduras estén suaves. Retíralas del calor y deja que se enfríen.

En un tazón mediano, revuelve las verduras cocidas, la salvia, el tomillo, el perejil, los cubos de pan, los jitomates y el jugo de limón. Si el relleno se ve muy espeso, agrega un poco de agua para humedecerlo. Sazona la mezcla al gusto y luego distribúyela entre los cuatro hongos que están marinándose.

Hornea las 4 tapas rellenas por 20 a 30 minutos o hasta que los hongos estén tiernos y el relleno comience a ponerse crujiente. Sirve caliente.

* Omite el jitomate.

AJO ASADO LENTAMENTE

C *Cleanse:* limpieza

G *Gut:* intestino

V Vegano

Porciones: ½ taza

Tiempo de preparación: 5 minutos

Tiempo de cocción: de 30 a 40 minutos

Asar el ajo ayuda a aligerar el sabor intenso del ajo crudo y, a cambio, nos da un dulce y suave bulbo de nutrición. Para maximizar el sabor del ajo, asegúrate de escoger ajos frescos que tengan una textura firme.

4 cabezas de ajo enteras
2 cucharadas de aceite de oliva extra virgen
Sal de mar al gusto
¼ de cucharadita de pimienta negra recién molida

Precalienta el horno a 150 °C.

Con cuidado, haz un corte horizontal en la punta de las cabezas de ajo, para exponer la pulpa. Colócalas en un plato para hornear, rocíalas con el aceite de oliva y agrega un toque de sal y pimienta. Hornea las cabezas por 30 minutos o hasta que los ajos estén ligeramente cafés en el exterior y suaves por dentro. Puedes cortarlos para revisarlos.

Saca las cabezas del horno y deja que se enfríen un poco antes de sacar los ajos suaves de la cáscara o exprimirlos para que salgan, como harías con una manga pastelera para sacar el betún.

Variaciones: Los echalotes, cebollas o pimientos pueden asarse de esta misma forma, aunque tal vez tengas que aumentar el tiempo de cocción.

EXPERIENCIA: Me gusta explorar los ingredientes que encontré en las recetas del primer libro de *Clean*. ¡No siempre eran los mismos que acostumbraba usar antes de mi vida *clean*! Qué maravilloso poder comer sanamente y a la vez tener sabores asombrosos. ¿Quién iba a saberlo? Gracias comunidad *clean*, por ayudarme a estar así: limpio.

TAPENADE DE ACEITUNA NEGRA

C *Cleanse:* limpieza

G *Gut:* intestino

V Vegano

Rinde: alrededor de 1½ tazas

Tiempo de preparación: 10 minutos

El *tapenade* de aceitunas es sencillo de preparar y puede hacerse con cualquier tipo de aceituna. Esta versátil pasta untable puede usarse sobre galletas saladas o sobre pepinos, o como cubierta de pescado, cordero o pollo asado, o incluso sobre verduras asadas.

2 tazas de aceitunas Kalamata, deshuesadas
2 dientes de ajo
La ralladura de una naranja
1 cucharadita de tomillo fresco picado finamente
2 cucharaditas de orégano fresco picado finamente
¼ de taza de perejil fresco picado
¼ de taza de aceite de oliva extra virgen

Pulsa las aceitunas y el ajo en un procesador de alimentos hasta que estén picados grueso. Agrega la ralladura de naranja, el tomillo, el orégano, el perejil y el aceite de oliva; continúa procesando la mezcla hasta que esté hecha puré.

Almacena el *tapenade* en un recipiente, en el refrigerador, hasta por una semana.

Tapenade de aceituna negra, p. 128

Deditos de pescado con salsa tártara, p. 158

Queso de nuez de la India, p. 111

Coliflor asada con aderezo de pistache, p. 227

Nueces crujientes con mezquite y maple, p. 147

Garbanzos de inspiración asiática, p. 113

Ensalada de salmón ahumado e hinojo, p. 94

Carpaccio de betabel asado, p. 129

CARPACCIO DE BETABEL ASADO

C *Cleanse:* limpieza

V Vegano

Porciones: 2 a 3

Tiempo de preparación: 10 minutos

Tiempo de cocción: 45 minutos

Un favorito para las cenas con amigos o para ocasiones especiales cuando quieres una espléndida botana o canapé. Típicamente, el *carpaccio* es de res o de mariscos en láminas delgadas, así que ésta es una versión vegetariana que también hace agua la boca, elegante y deliciosa.

4 betabeles grandes, pelados
2 manojos de lechuga *frisée*, espinaca o arúgula
1 manojo pequeño de hierbas, como menta, eneldo, perejil y/o cilantro, más flores comestibles
El jugo de un limón
Alrededor de ¼ de taza de aceite de oliva extra virgen, más otro poco para los betabeles
Sal de mar y pimienta negra recién molida al gusto

Precalienta el horno a 180 °C.

Coloca los betabeles en un plato para hornear, vierte 1.5 centímetros de agua, después cubre el plato con papel aluminio. Asa los betabeles por unos 45 minutos o hasta que estén tiernos. Retíralos del horno, escúrrelos y permite que se enfríen.

Una vez que los betabeles se hayan enfriado, usa una mandolina o un cuchillo afilado para rebanarlos en rodajas muy finas.

Acomoda las finas rodajas sobre 2 a 3 platos para servir, cubriendo la superficie completa de cada plato. Rocía los betabeles con un poco de aceite de oliva y espolvorea un poco de sal de mar.

En un tazón mediano mezcla las hojas verdes, las hierbas y las flores con el jugo de limón, el aceite de oliva, y sal y pimienta al gusto. Coloca un manojito de hojas verdes en el centro de cada plato, sobre los betabeles, y sirve.

PESTO DE ESPINACA Y NUEZ PECANA

C *Cleanse:* limpieza

G *Gut:* intestino

V Vegano

Rinde: alrededor de 2 tazas

Tiempo de preparación: 10 minutos

El pesto es uno de esos productos alimenticios versátiles que siempre puedes usar, y hay muchas variaciones únicas y distintas del pesto de albahaca básico. Esta versión nos encanta. Úsala en ensaladas, como dip, sobre verduras asadas o con tallarines.

1 taza de nuez pecana cruda
2 dientes de ajo
De 4 a 5 tazas de espinaca *baby*
2 cucharaditas de romero fresco picado
La ralladura de un limón
Sal de mar al gusto
1 cucharadita de pimienta negra recién molida
½ taza de aceite de oliva extra virgen

Pulsa las nueces y el ajo en un procesador de alimentos hasta que estén picados toscamente. Agrega la espinaca y el romero y continúa procesando. Agrega la ralladura de limón, sal y pimienta; rocía el aceite de oliva mientras el procesador está activo hasta que el pesto alcance una consistencia uniforme y cremosa. Almacena en un recipiente hermético hasta por una semana. Un poco de aceite de oliva encima actuará como barrera para evitar que se oxide.

RAGOUT DE CALABAZA MOSCADA

C *Cleanse:* limpieza

G *Gut:* intestino

V Vegano*

Porciones: 2 a 4

Tiempo de preparación: 10 minutos

Tiempo de cocción: 30 minutos

Esta deliciosa y cremosa guarnición rápidamente se convertirá en un básico del otoño. Acompaña perfectamente a hongos silvestres, ejotes, cordero o pollo.

2 cucharadas de aceite de coco
½ taza de echalotes finamente picados
4 tazas de calabaza moscada pelada y en cubos
1 ½ tazas de caldo de pollo o de verduras
De 1 a 3 cucharaditas de sal de mar
Pimienta negra recién molida al gusto
1 cucharada de salvia fresca picada
2 cucharadas de mantequilla de coco

Calienta el aceite de coco en una olla de 2 litros a fuego medio-alto. Agrega los echalotes y saltéalos ligeramente hasta que estén transparentes, unos 2 a 3 minutos. Integra y revuelve la calabaza moscada y saltea otro minuto o dos. Agrega ¾ de taza del caldo y revuelve, dejando que la calabaza absorba todo el líquido antes de agregar más. Continúa cocinando y revolviendo frecuentemente para crear una consistencia cremosa como la del *risotto*. Agrega todo el caldo que sea necesario, pero no tanto que la calabaza se convierta en sopa.

Cuando la calabaza esté bien cocida, agrega sal, pimienta y salvia. Añade y revuelve la mantequilla de coco y deja que se derrita en la mezcla de calabaza. Sirve caliente.

* Si usas caldo de verduras.

PURÉ DULCE Y ESPECIADO DE CALABAZA Y MANZANA

C *Cleanse:* limpieza

V Vegano

Rinde: 1 tarta de 23 centímetros o de 4 a 6 raciones

Tiempo de preparación: 15 minutos

Tiempo de cocción: 20 minutos

¿Guarnición para un platillo salado? ¿Un refrigerio salado? ¿Un postre? Todas las anteriores. Ésta es una mezcla deliciosa de sabores, un platillo de otoño de lo más reconfortante. Elimina la pimienta de cayena y las nueces pecanas cuando lo sirvas a los pequeños.

1 calabaza moscada de 1.4 a 1.8 kg, pelada, sin semillas y en trozos
    de 2.5 centímetros
2 manzanas crujientes, sin corazón, en trozos de 2.5 centímetros
3 cucharadas de aceite de coco, derretido
1 espolvoreada de canela
1 pizca de cayena
2 espolvoreadas de sal de mar
2 cucharadas de néctar de coco
½ taza de nuez pecana, tostada y picada grueso

Precalienta el horno a 180° C.

Extiende de manera uniforme la calabaza y las manzanas en una cacerola apta para horno. Vierte y revuelve el aceite de coco, la canela, la cayena y la sal hasta que todo esté incorporado uniformemente. Hornea la mezcla alrededor de 20 minutos, hasta que la calabaza esté tierna cuando la piques con el tenedor.

Retira la mezcla del horno, después hazla puré en un procesador de alimentos con el néctar de coco hasta que esté suave y sedosa. Integra las nueces pecanas y sirve.

PERAS Y CHIRIVÍAS ASADAS

C *Cleanse:* limpieza
V Vegano

Porciones: 4

Tiempo de preparación: 10 minutos

Tiempo de cocción: 30 minutos

Éste es un refrigerio maravilloso, a la vez dulce y salado. Las peras y las chirivías son bellas y deliciosas. ¡Los niños las adoran!

4 chirivías grandes (alrededor de 1 kg)
2 peras medianas Bosc o Anjou
De 1 a 2 cucharadas de aceite de oliva extra virgen
1 cucharadita de tomillo fresco picado
1 cucharadita de sal de mar
¼ de cucharadita de pimienta negra recién molida

Precalienta el horno a 200 °C.

Pela las chirivías, después córtalas por la mitad a lo largo y luego en piezas de 5 centímetros. Corta las peras por la mitad, remueve los corazones, después córtalas en bastones más o menos del mismo tamaño que las chirivías. Mezcla las chirivías y las peras en un tazón grande con el aceite de oliva, el tomillo, sal y pimienta.

Esparce las chirivías y las peras sazonadas en un platón para hornear. Hornea unos 25 a 30 minutos, hasta que estén bien doradas, pero a medio proceso asegúrate de darles la vuelta, para que se doren de ambos lados.

JITOMATES ASADOS LENTAMENTE

G *Gut:* intestino

V Vegano

Rinde: 2 litros

Tiempo de preparación: 15 minutos

Tiempo de cocción: 3 horas

Cuando los jitomates ya pasaron su punto de madurez, ésta es la mejor receta que puedes hacer. Cuando se deshidratan o se asan por un largo tiempo a temperatura baja, su sabor se concentra, lo que da origen a un jitomate de sabor más dulce y más intenso. Ésta es una gran manera de disfrutar el sabor de los jitomates todo el año, en ensaladas, con pasta o en pizza.

De 1.3 a 2.3 kg de jitomates Roma, cortados a la mitad
Aceite de oliva extra virgen
Sal de mar
Pimienta negra recién molida
Algunas pizcas de 3 dedos (pulgar, índice y dedo medio pellizcando juntos)
   de tomillo seco
Algunas pizcas de 3 dedos de orégano seco

Precalienta el horno a 160 °C.

En un tazón grande rocía los jitomates con suficiente aceite de oliva para cubrirlos uniformemente. Espolvoréales un poco de sal, pimienta, tomillo y orégano; revuelve los jitomates para que se cubran uniformemente.

Coloca los jitomates con la piel hacia abajo en una charola para hornear grande. Hornea por 2 o 3 horas, o hasta que los jitomates se hayan encogido, generalmente a la mitad de su tamaño original o menos. Sácalos del horno y deja que se enfríen.

Puedes guardarlos tres a cuatro días en un recipiente hermético, refrigerados.

Acompañamientos: Usa estos jitomates en pizzas libres de gluten, tartas, ensaladas, con pasta o en platillos de huevo.

WRAPS ASIÁTICOS DE LECHUGA
Brent Kronk, miembro de la comunidad Clean

C *Cleanse:* limpieza

G *Gut:* intestino*

Porciones: 4

16 hojas de lechuga Boston o mantequilla
450 g de carne molida de pollo o pavo criado en pastizal
2 cucharadas de aceite de oliva extra virgen
1 cebolla morada mediana
1 diente de ajo picado muy finamente
1 cucharada de tamari sin trigo
1 cucharadita de jengibre recién rallado
1 cucharada de vinagre de vino de arroz
½ taza de salsa teriyaki (receta incluida abajo)
1 lata de 227 g de castañas de agua
1 manojo de cebollitas de cambray, picadas
2 cucharaditas de aceite de ajonjolí tostado

Para la salsa de teriyaki
⅓ de taza de vinagre balsámico
⅓ de taza de néctar de coco
1 cucharadita de jengibre recién rallado
¼ de cucharadita de pimienta negra recién molida
1 cucharadita de miso de arroz integral
1 cucharada de agua

Primero haz la salsa. En una sartén, combina el vinagre balsámico, el néctar de coco, el jengibre y la pimienta. Pon la mezcla a hervir, después baja el calor y hierve a fuego lento por 10 minutos. Retíralo del calor y permite que se enfríe antes de agregar el miso y el agua. Deja a un lado.

Enjuaga las hojas completas de lechuga y sécalas a mano, teniendo cuidado de no romperlas. Déjalas a un lado.

En una sartén mediana, dora el pollo o pavo con una cucharada de aceite de oliva, revolviendo ocasionalmente. Reduce el calor si la carne comienza a dorarse muy pronto y se oscurece demasiado. Cuando esté bien cocida, déjala reposar para que se enfríe.

En otra sartén, calienta la otra cucharada de aceite de oliva y saltea la cebolla, el ajo, el tamari, el jengibre y el vinagre, y agrega ½ taza de salsa teriyaki. Revuelve hasta que todo esté bien integrado y se ponga tierno y ligeramente dorado. Agrega las castañas de agua,

* Omite el néctar de coco.

las cebollitas de cambray, el aceite de ajonjolí y el pollo o pavo dorados. Sigue cocinando alrededor de 2 minutos.

Acomoda las hojas de lechuga alrededor de un platón, pon la mezcla del relleno al centro. Deja que cada quien se sirva el relleno sobre la hoja de lechuga para hacerla taquito. Sopea el taquito en lo que quedó de salsa teriyaki.

HOJAS VERDES AL AJILLO

C *Cleanse:* limpieza

G *Gut:* intestino

V Vegano

Porciones: 2

Tiempo de preparación: 10 minutos

Tiempo de cocción: 10 minutos

Esta receta es una forma estupenda de traer hojas verde oscuro a la dieta de tu familia, fortalecer tu sistema inmune y obtener una dosis de hierro y magnesio, además de antioxidantes en abundancia. ¡Amamos las verduras de hoja verde!

2 cucharadas de aceite de aguacate
1 cucharada de aceite de oliva
De 3 a 5 dientes de ajo, o más si lo prefieres, en rebanadas delgadas
6 tazas de hojas verdes picadas, como berza, acelgas y espinacas
Jugo de limón al gusto
Sal de mar y pimienta negra recién molida al gusto

En una sartén grande para saltear, calienta el aceite de aguacate y de oliva, luego agrega el ajo y saltéalo hasta que esté ligeramente tostado. Agrega las hojas verdes usando unas tenazas para saltearlas rápidamente. Luego añade algunas cucharadas de agua, tapa la sartén y deja que las hojas verdes se cuezan al vapor unos minutos. Cuando las hojas se suavicen, rocía el jugo de limón, y sal y pimienta al gusto. Sirve caliente.

DIP DE ALUBIAS, ROMERO Y AJO

C *Cleanse:* limpieza

V Vegano

Rinde: 1½ tazas

Tiempo de preparación: 10 minutos

Va perfectamente con una gran variedad de comidas y refrigerios, así que es otra receta que querrás preparar seguido y tener a la mano. Deliciosa con las galletas saladas crujientes (véase página 142) o con verduras.

2 tazas de alubias cocidas
1 porción del ajo asado lentamente (véase página 127)
El jugo de un limón
¼ de aceite de oliva extra virgen
1 ramita grande de romero fresco (como 2 cucharaditas una vez picado)
Sal de mar al gusto
¼ de cucharadita de pimienta negra recién molida

En el procesador de alimentos o la licuadora haz puré las alubias cocidas con el ajo asado, el jugo de limón y el aceite de oliva. Agrega el agua que sea necesaria para lograr la consistencia que deseas, después añade el romero, la sal y la pimienta y licua hasta que la mezcla esté uniforme.

Guarda el dip en un recipiente, refrigerado, por cuatro a cinco días.

GUACAMOLE VERDE Y *CLEAN*
Doctor Todd Lepine, experto en medicina funcional integrativa

C *Cleanse:* limpieza*
G *Gut:* intestino
V Vegano

Rinde: 235 ml
Tiempo de preparación: 15 minutos

Prepáralo cada que puedas. Los ingredientes orgánicos y frescos son los mejores. El guacamole va estupendamente con los tacos de pescado y los nachos, en ensaladas o como dip de totopos de maíz germinado, galletas saladas sin gluten o verduras. ¡Disfrútalo!

2 aguacates maduros medianos
El jugo fresco de un limón
De 2 a 3 cucharaditas de comino
Sal y pimienta al gusto
½ cebolla dulce (¡la cebolla Vidalia es la mejor!)
1 jitomate grande maduro
1 manojo grande de cilantro
3 dientes de ajo (más o menos, dependiendo de cuánto te guste el ajo)

En un tazón grande combina el aguacate, el jugo de limón, el comino, la sal y la pimienta. Usa un tenedor para machacar la mezcla, después integra la cebolla, el jitomate, el cilantro y el ajo. Puedes dejar el guacamole en trozos o más batido, como quieras. Permite que el guacamole repose unos momentos a temperatura ambiente para que los sabores se integren antes de servir.

Variaciones: Para hacer un guacamole más voluminoso, agrega algunas cucharadas de semilla cruda de cáñamo y zanahoria picada.

* Omite los jitomates.

SALSA DE JITOMATE

G *Gut:* intestino

V Vegano

Rinde: 1 litro aproximadamente

Tiempo de preparación: 15 minutos

¿Qué sería de los tacos y los nachos sin la salsa? Esta salsa fresca y sabrosa es el acompañante perfecto para los tacos de pescado (véase página 164) y va fantásticamente con el guacamole. Para obtener el mejor sabor, usa los ingredientes más frescos que puedas y jitomates en la cúspide de su madurez.

3 tazas de jitomate picado grueso
1 taza de cebolla morada picada
1 jalapeño o cualquier otro chile fresco
1 cucharada de ajo finamente picado
½ taza de cilantro fresco picado
¼ de taza de aceite de oliva extra virgen
El jugo de un limón
1½ cucharaditas de comino molido
1 cucharadita de sal de mar
¼ de cucharadita de pimienta negra recién molida

En un tazón grande, revuelve todos los ingredientes y deja que la mezcla repose una hora para permitir que los sabores se desarrollen.

EL MEJOR DIP | ADEREZO | SALSA DEL MUNDO
Licenciada Belinda Rachman, miembro de la comunidad Clean

C *Cleanse:* limpieza

G *Gut:* intestino

V Vegano

Rinde: 2 tazas

Tiempo de preparación: de 4 a 5 minutos

Este delicioso aderezo mejora cualquier ensalada, pero también funciona como salsa sobre verduras al vapor o como dip con verduras crudas o totopos sin gluten. ¡Con comida así de buena no me siento limitada en lo más mínimo!

½ taza de almendras crudas
2 dientes de ajo
3 cucharadas de levadura nutricional
½ cucharadita de comino molido
½ cucharadita de chile en polvo
¼ de cucharadita de semilla de cilantro molida
¼ de cucharadita de páprika
½ cucharadita de sal de mar
¾ taza más 2 cucharadas de agua
½ taza más 2 cucharadas de aceite de aguacate
¼ de taza más 2 cucharadas de jugo de limón recién exprimido
2 cucharaditas de aminos líquidos Bragg o tamari sin trigo

En una licuadora de alta potencia licua lentamente todos los ingredientes por 1 minuto. Sube la velocidad a alta y continúa licuando por otros 1 a 2 minutos o hasta que la mezcla esté uniforme y cremosa.

Guarda el aderezo en el refrigerador. Puede ser que se separe, pero cuando quieras usarlo, agítalo y estará como nuevo.

CHUTNEY DE MANZANA Y CEBOLLA

C *Cleanse:* limpieza

V Vegano

Rinde: alrededor de 1 taza

Tiempo de preparación: 5 minutos

Tiempo de cocción: 45 minutos

Dulce y salado, éste es el condimento perfecto para casi cualquier cosa que se te ocurra que necesite un "no sé qué" extra. Caliente o frío, fresco o guardado en el refrigerador unos días, es versátil y delicioso. ¡Este chutney también puede convertirse en un precioso regalo, en frascos pequeños!

2 manzanas para tarta firmes (como las Granny Smith), peladas, sin corazón y cortadas en cubos de 6 milímetros a 1 centímetro aproximadamente
1 cebolla mediana, cortada en cubos de 6 milímetros a 1 centímetro aproximadamente
1 taza de sidra de manzana o agua
¼ de taza de vinagre de sidra de manzana
¼ de taza de azúcar de palma de coco o miel
1 cucharada de tomillo fresco picado
Sal de mar y pimienta negra molida al gusto

En una sartén mediana, cuece a fuego lento las manzanas, las cebollas, la sidra de manzana o el agua, el vinagre, el azúcar o miel, y el tomillo a temperatura media, por 30 a 45 minutos, hasta que todo el líquido se absorba. Cuando la mezcla tenga una consistencia espesa, sazónala con un poco de sal y pimienta.

Refrigera el chutney en un recipiente hasta por una semana.

Acompañamientos: Sirve el chutney con el pollo asado crujiente (véase página 187), las hamburguesas de pollo al limón y hierbas (véase página 172) o el pastel salado de lentejas (véase página 244).

> **EXPERIENCIA:** *Clean* ha sido la decisión más poderosa que he tomado en la vida. He perdido 18 kilos y ahora tengo una sensación de dominio sobre la comida.

GALLETAS SALADAS CRUJIENTES

Ⓖ *Gut:* intestino
Vegetariano*

Rinde: 2 a 3 docenas
Tiempo de preparación: 20 a 30 minutos
Tiempo de cocción: 10 a 12 minutos

Cuando hacemos cambios saludables a nuestra dieta, a menudo lo que más extrañamos es el crujir de las botanas/papitas/totopos. Estas galletas saladas rápidamente reemplazarán esas opciones saladas y grasosas para convertirse en un sano componente de tu alacena.

3 tazas de harina de almendras
1 taza de semillas de girasol molidas
2 cucharadas de sazonador italiano
1 cucharadita de sal de mar
2 huevos criados en pastizal, batidos
1 cucharada de aceite de oliva extra virgen

Precalienta el horno a 180 °C.

En un tazón grande para mezclar, combina la harina de almendras, las semillas de girasol, el sazonador italiano y la sal. Integra y revuelve los huevos y el aceite de oliva, combina todo hasta que se forme una masa. Después usa las manos para formar una bola.

Extiende una hoja de papel encerado lo suficientemente grande para cubrir la charola para hornear. Coloca la masa en el papel, luego cúbrela con otro pedazo de papel encerado de igual tamaño. Usa un rodillo para extender la masa entre ambas hojas hasta que tenga unos 4 milímetros de espesor. Levanta la hoja superior. Con un cortador de masa o cuchillo corta la masa en cuadros de 2.5 centímetros.

Coloca otra hoja de papel encerado sobre la charola que meterás al horno y pasa los cuadros cortados a esta hoja. Hornea las galletas saladas de 10 a 12 minutos, hasta que estén crujientes y bien doradas.

Permite que se enfríen a temperatura ambiente antes de guardarlas en un recipiente. Se conservan una o dos semanas.

GALLETAS SALADAS DE ALMENDRA Y SEMILLAS DE AMAPOLA

C *Cleanse:* limpieza

V Vegano

Rinde: alrededor de 1 docena

Tiempo de preparación: 20 a 30 minutos

Tiempo de cocción: 10 a 12 minutos

Éstas saciarán tu antojo de galletas saladas y crujientes. Retacadas de proteínas, en vez de gluten y carbohidratos, son deliciosas solas, con sopa o con un dip untable.

1 taza de harina de almendras
½ taza de harina de alforfón
½ taza de harina de arroz integral
¼ de taza de semillas de chía
2 cucharadas de semillas de amapola
2 cucharaditas de sal de mar
2 cucharadas de aceite de oliva extra virgen
½ taza de agua

Precalienta el horno a 180 °C.

En un tazón grande para mezclar, combina la harina de almendras, la harina de alforfón, la harina de arroz integral, las semillas de chía, las de amapola y la sal. En un tazón pequeño, bate el aceite de oliva y el agua, luego viértelos sobre los ingredientes secos y mezcla. Revuelve la masa hasta que esté bien combinada, después usa tus manos para formar una bola.

Extiende una hoja de papel encerado lo suficientemente grande para cubrir la charola para hornear. Coloca la masa en el papel, luego cúbrela con otro pedazo de papel encerado de igual tamaño. Usa un rodillo para extender la masa entre ambas hojas hasta que tenga unos 4 milímetros de espesor. Levanta la hoja superior. Con un cortador de masa o cuchillo corta la masa en cuadros de 2.5 centímetros o déjala en una sola pieza.

Coloca otra hoja de papel encerado sobre la charola que meterás al horno y pasa los cuadros cortados a esta hoja. Hornea las galletas saladas por 10 a 12 minutos, hasta que estén crujientes y bien doradas.

Permite que se enfríen a temperatura ambiente antes de guardarlas en un recipiente. Se conservan una o dos semanas.

* Contiene huevo.

GALLETAS DE ROMERO

C *Cleanse:* limpieza
V Vegano

Rinde: alrededor de 1 docena
Tiempo de preparación: 20 minutos
Tiempo de cocción: 20 minutos

Perfectos para el desayuno cuando andas a la carrera, como refrigerio o para acompañar cualquier comida, estos panecillos son sabrosos y saladitos, libres de gluten y le encantan a toda la familia. ¡Conviértelos en postre agregando moras y crema de coco!

1 taza de harina de sorgo
1 taza de harina de arroz integral, más un poco más para enharinar
1 cucharada de polvo para hornear
1 cucharada de romero fresco picado
½ cucharadita de pimienta negra recién molida
2 cucharaditas de sal de mar
⅓ de taza de aceite de coco derretido
De ¾ a 1 taza de agua caliente

Precalienta el horno a 180 °C.

En un tazón para mezclar combina la harina de sorgo, la harina de arroz integral, el polvo para hornear, el romero, la pimienta y la sal. Vierte el agua caliente y el aceite derretido sobre los ingredientes secos y revuelve hasta que la mezcla esté totalmente combinada e integrada. Es mejor que la masa esté más bien húmeda, ya que si está muy seca, los panecillos se pueden desmoronar en el horno. Si la masa está muy seca, agrega más agua caliente hasta que esté ligeramente pegajosa.

Cubre una charola para hornear con papel encerado, después con una cuchara sirve la masa en 12 porciones iguales, para que las galletas se horneen de manera uniforme.

Hornea las galletas en la parrilla central de tu horno por 8 a 10 minutos, enseguida gira dentro del horno la charola y continúa horneándolas hasta que estén doradas y crujientes de forma pareja, otros 6 a 8 minutos. Retíralas del horno y permite que se enfríen por unos minutos antes de servirlos tibios.

También puedes dejar que se enfríen completamente y guardarlas en el refrigerador, en un recipiente, hasta por dos semanas.

MANTEQUILLA DE NUECES, ALMENDRAS Y NUEZ DE LA INDIA

Alison Burger, instructora de salud y entrenadora física

- **C** *Cleanse:* limpieza
- **G** *Gut:* intestino
- **V** Vegano*

A mí me gusta comer esta mantequilla de nueces y almendras como refrigerio sobre algo fresco y crujiente, como rebanadas de manzana o apio. También es fenomenal mezclada con yogur libre de lácteos o en un tazón de cereal o granola (piensa en un tazón acaí: moras, nueces, hojuelas de coco). También puede usarse para hornear productos sin gluten.

2 tazas de almendra cruda
2 tazas de nuez de la India cruda
½ taza nuez pecana cruda
¼ de cucharadita de vaina de vainilla en polvo o ½ vaina de vainilla cruda
1 cucharada de canela en polvo o al gusto
½ cucharadita de nuez moscada molida
½ cucharadita de sal de mar o al gusto
1 cucharada de polen de abeja (opcional)
De 3 a 4 cucharadas de aceite de coco
3 goteros de stevia líquida sabor avellana marca SweetLeaf

En un procesador de alimentos combina las almendras, las nueces de la India, las nueces pecanas, la vaina de vainilla en polvo, la canela, la nuez moscada, la sal, y si lo deseas, el polen de abeja. Procesa la mezcla a potencia alta hasta que todo esté combinado uniformemente. Se verá como polvo durante el primer minuto, pero continúa licuándolo hasta que comience a verse pegajoso, alrededor de 4 minutos. Para entonces es posible que necesites revolver o bajar la mezcla con una espátula, así que detén el procesador cada tantos minutos para hacerlo y mantener el licuado constante. Sigue procesando la mantequilla hasta que esté homogénea y se vea lisa.

Enseguida agrega el aceite de coco y la stevia. Si tu mantequilla ya está bastante cremosa, no necesitarás agregar tanto aceite de coco; si está un poco seca, agrega más. Es importante mencionar que usar nueces crudas formará una mantequilla más seca y usar nueces remojadas formará una más aceitosa. Usar nueces tostadas cambiará el sabor y formará una mantequilla mucho más aceitosa (además de reducir su beneficio nutricional).

Sigue procesando la mantequilla hasta que hayas logrado la consistencia deseada, después usa la espátula para meterla a un frasco y refrigera hasta tres o cuatro días.

* Omite el polen de abeja.

BARRAS CEREALILLA
Doctor Farshid Sam Rahbar y nutrióloga Annie McRae

Vegetariano*

Porciones: aproximadamente 24 barras de 3 por 5 centímetros

Tiempo de preparación: 10 minutos

Tiempo de cocción: 15 minutos

El nombre "cerealilla" se originó de la mezcla de los ingredientes: cereal y semilla. Cuando hayas preparado estas barras, hacerlas se volverá un hábito semanal. Esta receta es sencilla y rápida. Son especialmente buenas cuando necesitas un refrigerio lleno de energía antes de hacer ejercicio, para darte fuerza y resistencia. También son excelentes después del ejercicio como una recarga nutritiva que satisface y te da energía continua sin alterar tus niveles de azúcar en la sangre.

⅓ de taza de mantequilla de coco
1 cucharada de miel
3 huevos criados en pastizal
½ taza de hojuelas de quinoa
½ taza de arroz integral cocido
¼ de taza de semillas de girasol
¼ de taza de semillas de linaza quebradas o molidas
¼ de taza de semillas de ajonjolí
¼ de taza de coco rasurado sin endulzar
1 cucharada de canela en polvo (opcional)
De ¼ a ⅓ de taza de fruta seca (como pasas, sultanas, arándanos, cerezas, chabacanos
     y/o dátiles) o ½ taza de manzana pelada y finamente picada

Precalienta el horno a 150 °C.

En una sartén, derrite suavemente la mantequilla de coco a fuego lento. Retira la sartén del calor y revuelve mientras viertes la miel. Después integra y mezcla los huevos uno por uno. Deja la mezcla a un lado.

En un tazón grande mezcla las hojuelas de quinoa, el arroz, las semillas de girasol y las de linaza, el ajonjolí, el coco, la canela y la fruta seca o la manzana picada hasta que todo esté bien combinado. Vierte la mezcla de huevos e integra muy bien.

En un molde para hornear antiadherente o cubierto con papel encerado, esparce la masa de manera uniforme y presiónala hacia abajo. Hornéala por unos 15 minutos.

* Contiene huevo.

Deja que se enfríe y después corta barras de 3 por 5 centímetros. Guarda las barras en un recipiente en el refrigerador. Son fáciles de transportar. Llévalas contigo al trabajo o cuando vayas en el coche y necesites un refrigerio.

Variaciones: Si no tienes arroz cocido, aumenta las hojuelas de quinoa a 1 taza.

Quedan deliciosas si reemplazas la fruta seca con chispas de chocolate amargo y trozos de nuez o, mi versión favorita, con arándanos y nueces pecanas.

NUECES CRUJIENTES CON MEZQUITE Y MAPLE

C *Cleanse:* limpieza

V Vegano

Rinde: 450 g

Tiempo de preparación: 10 minutos

Tiempo de cocción: 30 minutos

En los viajes familiares, las caminatas largas o los días en los que andas de prisa, las recetas como ésta siempre ayudan a tener a la gente saciada y feliz, especialmente a los niños. Este delicioso refrigerio es una de las mejores decoraciones para cualquier tipo de ensalada o verduras asadas.

450 g de nuez de Castilla cruda
2 cucharadas de pinole de mezquite
1 cucharadita de vaina de vainilla en polvo o ½ cucharadita de extracto de vainilla
1 cucharadita de canela en polvo
1 cucharadita de pimienta gorda molida
½ cucharadita de clavo molido
½ cucharadita de sal de mar
½ taza de néctar de coco

Precalienta el horno a 180 °C.

Coloca las nueces de Castilla en un tazón grande y mézclalas con el pinole de mezquite, la vaina de vainilla en polvo o extracto, la canela, la pimienta gorda, el clavo, la sal y el néctar de coco, hasta que estén cubiertas de manera uniforme.

Esparce las nueces sobre un platón horneable cubierto con papel encerado y ásalas lentamente alrededor de 30 minutos. Revísalas cada 10 minutos para que no se quemen. Las nueces estarán listas cuando estén doradas y crujientes. Retíralas del horno y deja que se enfríen a temperatura ambiente.

Almacénalas en un recipiente hermético hasta por un mes.

El chef Frank comenta sobre hacer comida extra

Tener refrigerios saludables a la mano es una gran forma de evitar tomar decisiones menos que excelentes con respecto a la comida. Duplica o triplica las cantidades de algunas recetas para tener porciones extra a la mano por algunas semanas. Con las sopas, puedes congelar cualquier cantidad que no hayas usado en recipientes pequeños y recalentarla cuando estés muy ocupado para cocinar. Refrigerios como las galletas saladas o las nueces especiadas garantizan que siempre tendrás algo cerca para saciarte, en vez de agarrar cualquier alimento empaquetado y azucarado.

PESCADO

Desde el salmón y el mero hasta el robalo y los dedos de pescado, aquí encontrarás montones de opciones y recetas *clean* de pescado. El pescado es una fuente de proteína magra que sabe estupendamente, horneado o a la parrilla, como plato principal o agregado a sopas y ensaladas. Recomendamos comer pescados pequeños de agua fría, por dos razones: su alto contenido nutrimental y su bajo nivel de contaminantes. Definitivamente te invitamos a que conozcas Food & Water Watch (foodandwaterwatch.org) para recibir actualizaciones sobre el pescado sustentable en el lugar donde vives, para que puedas hacer sustituciones con el pescado silvestre y "aprobado" del momento.

PLATIJA AL HORNO CON AJO Y ACEITUNAS VERDES

ⓒ *Cleanse:* limpieza

ⓖ *Gut:* intestino

Porciones: 2

Tiempo de preparación: 15 minutos

Tiempo de cocción: 10 minutos

El ajo y las aceitunas le dan ese ligero golpe de sabor a la suavidad del pescado.

450 g filete de platija o de lenguado divididos en 2 porciones
2 cucharadas de aceite de oliva extra virgen
1 diente de ajo grande, finamente rebanado
1 cucharadita de alcaparras, picadas grueso
¼ de taza de aceitunas verdes deshuesadas y picadas
1 taza de caldo de pollo, caldo de verduras o agua
2 cucharadas de orégano fresco picado grueso
Sal de mar y pimienta negra molida al gusto

Precalienta el horno a 220 °C.

Acomoda los filetes de platija en una charola para hornear aceitada y deja a un lado.

Calienta el aceite de oliva en una sartén pequeña a fuego medio-alto. Cuando el aceite esté caliente, saltea el ajo hasta que esté bien dorado. Integra y revuelve las alcaparras y las aceitunas hasta que la mezcla esté combinada. Vierte el caldo o el agua y permite que se reduzca a la mitad antes de agregar el orégano, la sal y la pimienta.

Ahora vierte la salsa sobre el pescado y pásalo al horno. Hornea los filetes por unos 10 minutos o hasta que se desmenucen con facilidad con un tenedor o cuchillo.

Acompañamientos: Sirve este platillo con verduras de hoja verde oscuro salteadas con vinagre balsámico, verduras asadas, puré de papas o tubérculos.

LENGUADO CHAMUSCADO AL LIMÓN

ⓒ *Cleanse:* limpieza
ⓖ *Gut:* intestino

Porciones: 2

Tiempo de preparación: 15 minutos

Tiempo de cocción: 10 minutos

Es común acompañar el pescado con limón, pero lo chamuscado de este platillo lo vuelve ligeramente crujiente y extrarrico.

450 g de filete de lenguado
Aceite de oliva extra virgen
2 pizcas de sal de mar
Pimienta negra recién molida al gusto
De 4 a 6 ramitas de tomillo
1 limón en rebanadas muy delgadas

Precalienta el asador de tu horno.

Cubre con papel encerado un platón lo suficientemente grande para que quepa todo el pescado.

Rocía cada filete con un poco de aceite de oliva, después colócalos en el papel encerado. Trata de no encimarlos. Sazónalos con sal y pimienta, y enseguida esparce las ramitas de tomillo por encima.

Acomoda las rebanadas de limón sobre el tomillo y rocía todo con aceite de oliva.

Asa el pescado por unos 5 minutos. El asador le dará a los limones una linda chamuscada y les permitirá sacar sus jugos sobre el pescado. Sirve caliente.

El doctor Junger comenta sobre Food & Water Watch (Monitoreo de aguas y alimentos)

El pescado silvestre fresco es una gran fuente de ácidos esenciales omega 3, de proteínas fáciles de digerir y de cantidades considerables de vitamina D y selenio. Sin embargo, hay muchos factores qué tomar en cuenta al comprar pescado, desde la contaminación hasta la pesca excesiva. Food & Water Watch ha creado una guía invaluable de productos del mar que explica dónde se atrapó un pescado, cómo fue criado y si está contaminado. Conoce esta guía en foodandwaterwatch.org.

SALMÓN ESCALFADO CON COCO

Gwyneth Paltrow, actriz y fundadora de goop.com

C *Cleanse:* limpieza

G *Gut:* intestino

Porciones: 2

½ taza de caldo de pollo o verduras
2 tallos de zacate limón (los bulbos internos), picados finamente
1 taza de leche de coco
1 limón, el jugo
1 kg de piezas de salmón, sazonadas con sal y pimienta
Verduras de invierno de hoja verde oscuro, picadas finamente
De 1 a 2 filetes de anchoa
Sal y pimienta al gusto

Pon el caldo en una sartén grande y honda a fuego medio-alto. Cocina por unos minutos hasta que comience a hervir y agrega el zacate limón, cociéndolo por un minuto hasta que esté aromático. Baja a fuego medio, agrega la leche de coco y la mayoría del jugo de limón, coloca los filetes de salmón en el líquido con el lado de la piel hacia abajo. Tapa y escalfa por unos 10 minutos hasta que esté bien cocido. Pasa los filetes a un platón para servir, sobre las verduras de invierno de hoja verde.

Sigue cocinando el líquido más o menos otro minuto, hasta que espese, agregando las anchoas y machacándolas en la salsa con la parte de atrás de un cucharón de madera. Sazona la salsa con sal y pimienta al gusto y sírvela con una cuchara sobre las hojas verdes. Exprime el resto del limón sobre el salmón y sirve.

Nota: esta receta apareció originalmente en goop.com.

FLETÁN ASADO EN SARTÉN CON ENSALADA DE ALCACHOFAS Y APIO Y VINAGRETA DE LAVANDA

C *Cleanse:* limpieza

G *Gut:* intestino

Porciones: 2

Tiempo de preparación: 10 minutos

Tiempo de cocción: 15 minutos

Ésta es una combinación asombrosa de texturas y sabores. El fletán es uno de los pescados más exquisitos y a todos les encanta, así que ésta es una forma extra especial de impresionar a los invitados a cenar y mostrarles lo llena de sabor y espléndida que es la cocina *clean*.

2 filetes de fletán de 170 a 227 g
1 pizca de sal de mar
¼ de cucharadita de pimienta negra recién molida
2 cucharadas de aceite de aguacate
Algunas flores comestibles para adornar

Para la ensalada de alcachofas y apio
1 lata de corazones de alcachofa de 400 g, enjuagados y escurridos
El núcleo interno de un apio (con las hojas amarillas intactas), rebanado muy finamente en diagonal
¼ de taza de perejil fresco picado o ⅛ taza de perejil seco

Para la vinagreta de lavanda
¼ de aceite de oliva extra virgen
2½ cucharadas de jugo de limón
2 cucharaditas de capullos de lavanda, molidos con mortero y mazo
Sal de mar al gusto

Precalienta el horno a 180 °C.

Sazona los filetes con sal y pimienta.

Calienta una sartén apta para horno a fuego mediano-alto y agrega el aceite de aguacate. Cuando el aceite esté caliente (verás algo de humo) mete los filetes con el lado de la carne hacia abajo. Sella el pescado por 2 a 3 minutos, hasta que esté dorado; enseguida voltéalo y pasa la sartén al horno precalentado. Dependiendo del grosor de los filetes, hornearlos tomará solamente de 5 a 8 minutos.

Mientras tanto, en un tazón grande combina todos los ingredientes para la ensalada. En un tazón pequeño bate el aceite de oliva, el jugo de limón y los capullos de lavanda machacados, después vierte ¾ de la mezcla sobre la ensalada. Suavemente revuelve todo hasta que quede bien mezclado, luego sazona la ensalada con un poco de sal de mar.

Retira el fletán del horno y divide los filetes en dos platos para servir. Agrega la mitad de la ensalada a cada plato, después rocía el cuarto restante de la vinagreta sobre el pescado y alrededor del plato. Adorna con las flores comestibles.

ROBALO ASADO AL LIMÓN Y TOMILLO CON PICADILLO DE COLECITAS DE BRUSELAS

C *Cleanse:* limpieza

G *Gut:* intestino

Porciones: 4

Tiempo de preparación: 15 minutos

Tiempo de cocción: de 30 a 45 minutos

Con un espléndido método para cocinar el pescado recién capturado, usado tanto en Francia como en las fogatas de los campistas, este platillo está como en casa en cualquier lugar. Es maravilloso servirlo al centro de la mesa y dejar que cada persona use su tenedor para pelar la piel y sacar la carne. Hemos descubierto que comer de forma comunal acerca a la gente y da como resultado las mejores conversaciones. Sólo hay que estar pendientes de las espinas, pues no es nada divertido tragárselas.

1 robalo entero (más o menos de 2.7 kg), lavado y escamado

¼ de taza más una cucharada de aceite de oliva extra virgen

1 taza de hojas frescas de perejil (alrededor de 1 manojo)

1 cucharada copeteada de tomillo fresco picado

2 cebollitas de cambray

3 dientes de ajo

1 limón cortado en rodajas delgadas

1 taza de vino blanco seco orgánico

Para el picadillo

2 cucharadas de aceite de aguacate

1 cebolla grande en cubitos

225 g de hongos blancos picados grueso

450 g de colecitas de Bruselas, ralladas

2 cucharaditas de sal de mar

Precalienta el horno a 205 °C.

Enjuaga y seca el pescado. Después, con un cuchillo filoso, haz tres cortes diagonales y paralelos de 1 centímetro de profundidad a ambos lados del pescado.

Usa un procesador de alimentos para picar el perejil, el tomillo, las cebollitas de cambray y el ajo o pica todo con un cuchillo. Combina las hierbas picadas con suficiente aceite de oliva para hacer una pasta, después unta la pasta de hierbas y ajo por todo el exterior del pescado, metiendo un poco de la mezcla en cada uno de los cortes diagonales.

Pasa el pescado a un platón para hornear ligeramente aceitado y cúbrelo con las rodajas de limón; luego vierte encima el vino blanco. Hornea el robalo por 25 a 30 minutos, revisando cada 20 minutos para asegurarte de que no se cueza de más. Está listo cuando puedes despegar la carne de las espinas.

Mientras el pescado se cocina, haz el picadillo. Calienta el aceite de aguacate en una sartén grande a fuego medio-alto. Cuando el aceite esté caliente, saltea la cebolla por 2 a 3 minutos, revolviendo ocasionalmente hasta que esté transparente. Reduce el calor a fuego medio, después agrega los hongos y las colecitas de Bruselas, continúa salteando y revolviendo por 10 a 12 minutos (si la sartén comienza a secarse, agrega unas cuantas cucharadas de aceite). Cuando todas las verduras estén tiernas y el picadillo tenga un dorado oscuro, retíralo del fuego y sazónalo con sal, pero mantenlo caliente hasta que esté listo para servirse con el pescado.

Cuando el pescado esté completamente cocido, pásalo a un platón grande para servir y vacíale encima el líquido del fondo del platón. Sírvelo caliente con el picadillo.

ENSALADA DE SALMÓN AL ENELDO

C *Cleanse:* limpieza

G *Gut:* intestino

Porciones: 2

Tiempo de preparación: 10 minutos

Esta ensalada veraniega es perfecta para usar el salmón que sobró y se puede servir de una gran variedad de maneras. Disfrútala sobre hojas verdes, en unos huevos rellenos, sobre rebanadas de pepino o en un *panini* o *wrap*.

1 lata de 340 g de salmón silvestre
¼ de taza de cebolla morada picada
2 tallos de apio finamente picados
¼ de taza de eneldo fresco picado
2 cucharadas de jugo de limón
Sal de mar al gusto

Para la mayonesa
½ taza de nuez de la India cruda
½ taza de piñón crudo
½ taza de leche de coco sin endulzar
1 cucharadita de sal de mar

Escurre bien el salmón y ponlo en un tazón grande. Usa un tenedor para machacarlo, después integra y mezcla la cebolla, el apio y el eneldo.

En una licuadora haz puré todos los ingredientes de la mayonesa hasta que la mezcla quede ligera. Agrega toda la mayonesa necesaria para cubrir la ensalada de salmón, luego sazona un poco más con unos chorritos de jugo de limón y pon sal al gusto. Es fabulosa para comerse sola o sobre verduras de hoja verde.

BACALAO CON CHILES ASADOS Y CAYENA

Doctor Mark Hyman, presidente del Institute for Functional Medicine, fundador y director médico del Ultra Wellness Center

⊙ *Gut:* intestino

Tiempo de preparación: 20 minutos

Tiempo de cocción: 25 minutos

Los chiles que adornan este pescado aportan un bello color terroso y un toque de fuego. Escoger bacalao te protege del mercurio y de otras toxinas encontradas generalmente en peces predadores más grandes, como el pez espada o el blanquillo.

4 cucharaditas de aceite de oliva extra virgen
1 chile poblano mediano
½ jalapeño
1 diente de ajo
½ echalote picado
¼ de cucharadita de pimienta de cayena
½ cucharadita de sal de mar
4 filetes de bacalao de 170 g

Precalienta el horno a 180 °C.

Engrasa una charola para hornear con una cucharadita de aceite de oliva y déjala aparte.

Usa ½ cucharadita de aceite para frotar el chile poblano y el jalapeño, y ásalos directo sobre el fuego, en una parrilla o en un rostizador, hasta que la piel esté completamente chamuscada. Pon los chiles en un tazón que deberás cubrir ajustadamente con plástico autoadherente de cocina. Deja los chiles reposar por 5 minutos, luego destapa el tazón y pela y retira las cáscaras ennegrecidas, quitando también las semillas y los tallos.

En un procesador de alimentos, combina los chiles asados con las restantes 2½ cucharaditas de aceite de oliva, el ajo, el echalote, la cayena y la sal; haz puré la mezcla hasta que quede completamente homogénea.

Coloca el bacalao en la charola para hornear preparada y unta cada filete uniformemente con la mezcla de chiles asados. Hornea el pescado hasta que se desmenuce con facilidad al probarlo con un tenedor, de 20 a 25 minutos. Pasa los filetes a un platón y sirve.

Cualquier sobra de pescado puede guardarse por una noche, pero es mejor servirlo el mismo día.

El doctor Junger comenta sobre una comida perfecta

El bacalao de Mark Hyman es el balance perfecto entre elegancia culinaria y simplicidad cotidiana. Me encanta el golpe de sabor que el puré de chiles aporta al bacalao carnoso, jugoso y desmenuzado. Y tampoco está de más que obtengas proteína estabilizadora del azúcar en la sangre, grasa saludable para el corazón y fitonutrientes que aceleran el metabolismo, todo en una sencilla comida. Cuando quieras algo rápido y sabroso, pero enormemente nutritivo, prepara este platillo.

DEDITOS DE PESCADO CON SALSA TÁRTARA

Ⓖ *Gut:* intestino

Porciones: 2

Tiempo de preparación: 10 minutos

Tiempo de cocción: de 15 a 20 minutos

Aquí tenemos un platillo clásico de Nueva Inglaterra con un giro saludable. El empanizado sin gluten y el sano aceite de coco hacen de éste un platillo súper rico y amigable para los niños.

½ taza o más de harina de almendras
2 huevos criados en pastizal grandes, batidos
½ taza o más de harina de coco
2 cucharadas de sazonador de limón-pimienta
450 g de filetes de platija, cortados en tiras de 2 centímetros
¾ de taza de aceite de coco
Sal de mar y pimienta negra recién molida al gusto
1 limón en gajos

Para la salsa tártara
1 porción de crema agria (véase página 112) o mayonesa (véase página 104)
2 cucharadas de echalote picado
1 pepinillo encurtido al eneldo

Primero haz la salsa tártara. En un tazón mediano, revuelve de manera envolvente tu elección de crema agria o mayonesa con el echalote picado y el pepinillo. Deja la salsa a un lado.

Para empanizar el pescado, coloca la harina de almendras, los huevos batidos y la harina de coco en tres platos separados. Agrega el sazonador de limón-pimienta a la harina de coco, revolviendo para combinar. Cubre completamente un filete de pescado con la harina de almendra, luego sacude el exceso. Después sumerge el filete en el huevo, seguido por la mezcla de harina de coco. Suavemente dale palmaditas a la harina de coco para hundirla en el filete y colócalo a un lado (en una charola para hornear es genial y fácil de limpiar). Repite esto con todos los filetes.

Calienta aproximadamente la mitad del aceite de coco en una plancha grande. Cuando el aceite esté caliente, agrega el pescado (pero no llenes demasiado la sartén). Fríe los filetes hasta que estén bien dorados, volteándolos después de 3 minutos para que se cocinen alrededor de 3 minutos de cada lado.

Pon el pescado frito en una servilleta de papel para escurrir el exceso de aceite. Agrega a la sartén el aceite que sea necesario para cocinar todo el pescado. Sazona bien los filetes con sal y pimienta, y sirve caliente con los gajos de limón y la salsa tártara.

SOPA DE PESCADO Y COCO

C *Cleanse:* limpieza*
G *Gut:* intestino

Porciones: 2

Tiempo de preparación: 10 minutos

Tiempo de cocción: 15 minutos

Nos encanta un buen estofado de pescado; es fácil de hacer, reconfortante y delicioso. Éste se puede preparar con diferentes especies, dependiendo de lo que haya en tu mercado local (¡incluso puedes probarlo con pollo!). La salsa de pescado Red Boat es deliciosa y la única *clean* que hemos encontrado, así que es un gran elemento básico que querrás tener a la mano.

2 cucharadas de aceite de coco
1 cebolla pequeña en cubitos
1 zanahoria mediana picada grueso (alrededor de 1 taza)
1 cucharada de jengibre fresco rallado
2 dientes de ajo
2 chiles rojos tailandeses (opcional)
1 cucharada de salsa de pescado Red Boat
1 lata de leche de coco sin endulzar de 100 ml
1 taza de agua o caldo vegetal
680 g de salmón silvestre o de otra variedad silvestre, sin piel y sin espinas
1 limón en gajos
Hojas de cilantro para adornar

Calienta el aceite de coco en una olla grande a fuego medio-alto. Cuando el aceite esté caliente, agrega las cebollas y saltéalas, moviendo ocasionalmente hasta que estén transparentes, alrededor de 2 a 3 minutos. Agrega la zanahoria, el jengibre y el ajo, salteando por unos minutos más antes de agregar los chiles rojos opcionales, la salsa de pescado, la leche de coco y el agua o caldo. Cuando suelte el hervor, baja a temperatura media y enseguida agrega el pescado. Sigue cocinando de 10 a 12 minutos.

Sirve la sopa bien caliente y humeante con algunos gajos de limón y adornada con hojas de cilantro.

* Omite los chiles rojos.

PESCADO BLANCO ENVUELTO EN CALABACITA CON ACEITE DE CEBOLLÍN

C *Cleanse:* limpieza

G *Gut:* intestino

Porciones: 2

Tiempo de preparación: 30 minutos

Tiempo de cocción: 10 minutos

Ésta es una comida maravillosa por sí misma, o puedes cortarla en trozos más pequeños y servirla como si fueran callos de hacha envueltos en tocino, creando una versión más ligera de sabor del clásico canapé de mariscos envueltos.

1 calabacita verde grande
2 cucharadas de aceite de oliva extra virgen
La ralladura de un limón
2 cucharaditas de orégano fresco picado
2 pizcas de pimienta negra molida
1 cucharadita de sal de mar
2 filetes de pescado blanco, de 110 g a 230 g (fresco es mejor que congelado); algo
   como robalo, fletán o bacalao

Para el aceite de cebollín

1 manojo (alrededor de ½ taza picada) de cebollín fresco
½ taza de aceite de oliva extra virgen
¼ de cucharadita de sal de mar

Primero prepara el aceite de cebollín. En una licuadora o procesador de alimentos haz puré todos los ingredientes del aceite de cebollín hasta que la mezcla esté homogénea. Pásalo por un colador fino y guárdalo en un recipiente hermético en el refrigerador hasta que estés listo para usarlo.

Corta las puntas de la calabacita, después rebana ésta a lo largo lo más delgado que puedas, de unos 3 milímetros de grosor. Coloca las rebanadas en el tazón de vidrio o platón y cúbrelas con algunas cucharadas de aceite de oliva. Agrega la ralladura de limón, el orégano, la pimienta y la sal. Mezcla bien y permite que la calabacita se marine por 10 a 15 minutos.

Precalienta el horno a 180 °C.

Acomoda de tres a cuatro rebanadas de calabacita horizontalmente sobre una superficie de trabajo, cada una ligeramente encimada a la otra a todo lo largo. Coloca un filete en un extremo de las calabacitas; después enrolla hasta que el filete esté completamente envuelto en la calabacita. Repite los pasos para el segundo filete.

Coloca el pescado envuelto en un platón para hornear engrasado o en una sartén de hierro forjado, con los extremos de la calabaza metidos debajo para que no se levanten mientras el pescado se asa. Hornea de 8 a 10 minutos, después sirve caliente y rocía cada filete con algunas cucharadas de aceite de cebollín.

El chef Frank comenta sobre los aceites y vinagres de sabores

Los aceites y vinagres saborizados pueden agregar mucho a un platillo. También se ven hermosos en la alacena y se convierten en regalos maravillosos hechos en casa, además de ser una forma de usar las hierbas extras de la cosecha de verano. Al licuar o infusionar hierbas y especias a los aceites no solamente les agregas un hermoso color sino también les das un sabor profundo e intenso. A menudo infusiono chiles rojos frescos o dientes de ajo en el vinagre de sidra de manzana y los dejo varios meses. Puedes usar una infusión de éstas en una vinagreta o simplemente para aderezar un platillo.

BACALAO ESCALFADO CON FIDEOS SOBA Y SALSA PONZU

ⓒ *Cleanse:* limpieza

Porciones: 2

Tiempo de preparación: 20 minutos

Tiempo de cocción: de 5 a 6 minutos

Ésta es una deliciosa versión *clean* de un platillo tradicional asiático. La salsa es asombrosa y es muy probable que se la quieras poner a todo. Puede usarse tanto como aderezo de ensaladas como para fideos, así que prepara más de la que necesitas para este platillo. Créenos, vas a querer más.

2 porciones de bacalao de 110 a 230 g (robalo, fletán o merluza
    también funcionan bien)

Para la ensalada de fideos soba

1 paquete de fideos soba de 250 g de la marca King Soba
3 rábanos rojos finamente rebanados
¼ de taza de rábano daikon en juliana
1 zanahoria pequeña en juliana
Las hojas de 4 a 5 ramas de cilantro, picadas grueso
1 cucharada de semillas de ajonjolí negro crudo
2 cucharadas de aceite de ajonjolí tostado

Para el líquido de escalfar

4 tazas de agua
2 cucharadas de jengibre fresco en rebanadas
2 dientes de ajo finamente picados
2 hojas de laurel
1 tira de alga *kelp*
El jugo de un limón
2 cucharadas de vinagre de vino de arroz

Para la salsa ponzu

½ taza de tamari sin trigo
2 cucharadas de vinagre de vino de arroz
¼ de taza de agua
1½ cucharadas de jugo de limón

1 cucharada copeteada de jengibre fresco rallado
1 cebollita de cambray

Primero haz la ensalada. Cuece los fideos soba siguiendo las instrucciones del paquete, después enjuágalos bajo el chorro de agua fría para detener el proceso de cocción. Mezcla los fideos en un tazón grande con el rábano, el rábano daikon, la zanahoria, el cilantro, las semillas de ajonjolí y el aceite de ajonjolí. Deja la ensalada aparte.

En una olla combina todos los ingredientes líquidos para el escalfado y caliéntalos al punto anterior al de ebullición. Con cuidado, introduce el pescado al líquido y escalfa por unos 5 a 6 minutos. Vigílalo, pues cocer el pescado de más puede hacer que se desmorone.

Mientras el pescado se cocina, en un tazón pequeño bate juntos todos los ingredientes para la salsa ponzu.

Para servir, divide los fideos en dos tazones grandes y anchos. Coloca el pescado sobre cada porción de fideos, después rocía la salsa ponzu encima de todo.

TACOS DE PESCADO

C *Cleanse:* limpieza*

Porciones: 4

Tiempo de preparación: 20 minutos, más otros 20 a 30 minutos para marinar

Tiempo de cocción: 15 minutos

No hay nada como unos tacos de pescado. La suave tortilla de maíz alrededor de un pescado blanco perfectamente sazonado y preparado, un poco de picante y limón, con o sin la salsa de mango, es un éxito en cualquier época del año, pero especialmente para las cenas veraniegas.

¼ de taza de aceite de oliva extra virgen
El jugo de un limón
1 cucharada de chipotle en polvo
¼ de taza de hojas de cilantro frescas picadas
450 g de robalo o cualquier otro pez silvestre sustentable que consigas
8 tortillas de maíz o tortillas suaves de arroz integral germinado, calientes

Para la salsa de mango
1 mango maduro, pelado, sin hueso y cortado en cubos 1.5 centímetros
⅛ de taza de hojas frescas de cilantro picadas
2 cucharaditas de jengibre fresco rallado
El jugo y la ralladura de un limón
1 cucharada de salsa de pescado (Red Boat es una marca aprobada por *Clean*)
3 cucharadas de aceite de oliva extra virgen

Para adornar
De 2 a 3 tazas de col morada finamente rallada
Hojas de cilantro
Chiles rojos rebanados (opcional)

Para preparar el pescado, en un tazón bate juntos el aceite de oliva, el limón, el chipotle en polvo y el cilantro. Coloca el pescado en un refractario de vidrio y vierte la marinada encima. Deja que se marine de 20 a 30 minutos en el refrigerador.

Mientras el pescado se marina, en una licuadora haz puré todos los ingredientes para la salsa de mango hasta que la mezcla esté homogénea. Coloca la salsa en un tazón o en una botella apachurrable y déjala a un lado.

* Omite los chiles rojos.

Precalienta el horno a 190 °C.

Cuando el pescado esté listo, ásalo a la parrilla u hornéalo por 8 a 10 minutos, hasta que esté firme al tacto. Sácalo del horno y baja la temperatura a 95 °C. Envuelve las tortillas en papel aluminio y caliéntalas en el horno mientras desmenuzas el pescado con un tenedor.

Para servir, coloca dos tortillas calientes en cada plato. Divide el pescado entre las 8 tortillas y encima coloca la col rallada, las hojas de cilantro y los chiles rojos opcionales, después rocía todo con la salsa de mango.

SALMÓN ESPECIADO CON VINAGRETA DE MORA AZUL

ⓒ *Cleanse:* limpieza

ⓖ *Gut:* intestino*

Porciones: 2

Tiempo de preparación: 10 minutos

Tiempo de cocción: de 6 a 8 minutos

Éste es un platillo muy nórdico que usa juntos el salmón y la mora azul. Los colores son muy vivos y el sabor se derrite en tu boca con una perfección dulce y ligeramente ácida. Los habitantes del noreste y el noroeste de Estados Unidos amarán esta receta que utiliza ingredientes silvestres locales; la mejor manera de comer, en nuestra opinión.

2 porciones de salmón silvestre, de 170 a 230 g
2 cucharadas de aceite de coco

Para el adobo de especias

2 cucharaditas de semillas de hinojo
6 vainas de cardamomo
1 cucharada de semillas de cilantro
½ cucharadita de jengibre molido
½ cucharadita de sal de mar
1 pizca de pimienta negra recién molida

Vinagreta de mora azul

1 taza de moras azules silvestres, frescas o congeladas
2 cucharadas de aceite de oliva extra virgen
El jugo de ½ limón (alrededor de 1½ cucharadas)
1 cucharada de néctar de coco
3 cucharadas de agua
1 pizca de sal de mar

Precalienta el horno a 180 °C.

Primero prepara la vinagreta. En una licuadora haz puré todos los ingredientes para la vinagreta hasta que la mezcla esté homogénea. Si está demasiado espesa, agrega un poco de agua para adelgazarla. Sirve la vinagreta en un frasco y déjala a un lado.

En un tazón pequeño, combina todos los ingredientes para el adobo, después unta la mezcla generosamente a cada uno de los filetes de salmón. Sacude el exceso.

Calienta el aceite de coco en una sartén apta para horno a temperatura media-alta. Cuando el aceite esté caliente, introduce el salmón con las especias hacia abajo. Cocina por 2 a 3 minutos, hasta que la parte de abajo esté dorada. Voltea los filetes y pasa la sartén al horno por otros 4 a 5 minutos. Para mejor textura y sabor, deja el pescado término medio, o como tú lo prefieras.

Sirve el salmón rociado con la vinagreta.

* Omite el néctar de coco.

SALTEADO DE SALMÓN

ⓒ *Cleanse:* limpieza

ⓖ *Gut:* intestino*

Porciones: 2

Tiempo de preparación: de 20 a 25 minutos

Tiempo de cocción: 10 minutos

Este platillo es muy rápido de preparar cuando todos los ingredientes están listos. Agrégalo a fideos soba cocidos o sírvelo sobre quinoa o verduras de hoja verde mezcladas.

340 g de salmón silvestre fresco, cortado en trozos de 2.5 a 3 centímetros
2 cucharadas de aceite de ajonjolí
1 hongo shiitake grande, sin el tallo, en cubos
½ taza de rábano daikon, cortado en medias lunas delgadas
6 tazas de *bok choy* picado
2 cucharadas de cebollita de cambray picada
1 cucharadita de semillas de ajonjolí

Para la marinada
1 cucharada de jengibre fresco rallado
1 diente ajo grande picado finamente
¼ de taza de aceite de ajonjolí tostado
2 cucharadas de vinagre de vino de arroz
1 cucharada de mostaza de grano entero
¼ de taza de tamari sin trigo
1 cucharada de néctar de coco (opcional)

En un tazón bate todos los ingredientes de la marinada. Aparta la mitad en otro tazón y agrega el salmón a esa porción. Deja marinar de 15 a 20 minutos.

Cuando el salmón se haya marinado, calienta el aceite de ajonjolí en un wok grande o sartén para saltear, hasta que esté humeando, y agrega los hongos. Usa un cucharón de madera para revolver continuamente los hongos y evitar que se quemen. Cocina por unos 3 a 4 minutos antes de agregar el salmón e integrarlo con los hongos, después añade el rábano y el *bok choy*. Continúa salteando y mezclando por 1 o 2 minutos. Agrega la mitad restante de la marinada junto con la cebollita de cambray y las semillas de ajonjolí. Deja que el líquido se reduzca y espese, y sirve.

* Omite el néctar de coco.

MERLUZA CUBIERTA EN *HARISSA*

C *Cleanse:* limpieza*
G *Gut:* intestino

Porciones: 2
Tiempo de preparación: 30 minutos
Tiempo de cocción: de 10 a 12 minutos

Harissa es una pasta africana de especias y chiles que funciona bien con un sinnúmero de ingredientes. Al juntarla con un pescado blanco de sabor suave, obtenemos un platillo súper sabroso que se acompaña con la quinoa con apio y manzanas (véase página 218). Con la *harissa*, un poquito da para mucho, así que prueba mientras estés cocinando y guarda la pasta que sobre para usarla después.

450 g de merluza

Para la *harissa*

14 g de chile seco Nuevo México, ancho o chipotle (o cualquier chile rojo seco)
1 ½ tazas de zanahorias picadas
4 dientes de ajo picados
¼ de taza de hojas frescas de perejil
¼ de taza de hojas frescas de menta
De 2 a 3 cucharadas de aceite de oliva extra virgen
1 cucharada de jugo de limón
2 cucharaditas de sal de mar

Precalienta el horno a 180 °C.

Primero prepara la *harissa*. Coloca los chiles secos en un frasco, vacía agua caliente encima y déjalos reposar por 20 a 30 minutos. Escúrrelos y deja aparte el líquido en que los remojaste.

En una licuadora o procesador de alimentos haz puré los chiles, las zanahorias, el ajo, el perejil, la menta, el aceite de oliva, el jugo de limón y la sal hasta que se forme una pasta gruesa. Usa lo que necesites del líquido que apartaste de los chiles para adelgazar ligeramente la pasta.

Unta una ligera capa de *harissa* en la parte superior de la merluza, después colócala en un platón para hornear aceitado. Hornea el pescado por 10 a 12 minutos y sirve caliente.

Nota: la *harissa* que sobre se puede almacenar en un contendor hasta por un mes. Guárdala en un frasco con una capa de aceite de oliva encima para preservar su frescura.

* Omite los chiles frescos; los sazonadores secos están bien.

BACALAO AL HORNO

C *Cleanse:* limpieza
G *Gut:* intestino

Porciones: 4
Tiempo de preparación: 10 minutos
Tiempo de cocción: de 12 a 15 minutos

El sabor a mantequilla y la delicada textura del bacalao combinan perfectamente con las hierbas y el limón de este platillo. En días largos y atareados se puede preparar con anticipación y tener en el refrigerador; después de volver del trabajo o de la escuela lo metes al horno y en 15 minutos está en la mesa.

Unas 12 tazas de perejil fresco
½ taza de almendras crudas picadas grueso
La ralladura de un limón
1 diente de ajo grande
Sal de mar
Pimienta negra recién molida
1 cebolla morada mediana, cortada en rodajas de 6 milímetros
De 2 a 3 cucharadas de aceite de oliva extra virgen
4 filetes de bacalao de 170 a 227 g

Precalienta el horno a 205 °C.

Coloca el perejil, las almendras, la ralladura de limón y el ajo todos juntos en una tabla de picar. Con un cuchillo afilado pica los ingredientes hasta que estén bien combinados, aunque está bien dejar algunos trozos para agregar textura. Mezcla una pizca de sal y pimienta.

En un pequeño platón para hornear acomoda las rebanadas de cebolla. Rocíalas con aceite de oliva y espolvorea un poco de sal.

Rocía un poco de aceite sobre cada filete, después recubre cada uno con la mezcla de almendras y hierbas. Colócalos sobre la capa de cebolla morada, con el lado de las hierbas hacia arriba. Hornea el bacalao de 12 a 15 minutos, hasta que esté firme.

Sirve cada filete con una porción de las cebollas moradas y rocía cualquier residuo de aceite y jugos de la sartén sobre el pescado.

FIDEOS AL HORNO CON ATÚN

ⓒ *Cleanse:* limpieza

Porciones: 4 a 6

Tiempo de preparación: 10 minutos

Tiempo de cocción: 30 minutos

¡Comida reconfortante! Esto se cocina en menos de 30 minutos, así que es una opción perfecta para alimentar a una multitud hambrienta, sobre todo si tienes poco tiempo.

- 2 cucharadas de aceite de coco
- ½ taza de cebolla rebanada
- 2 tazas de hongos picados (de cualquier tipo)
- 3 tazas de leche de almendras sin endulzar
- 1 taza de cogollos de brócoli
- 1 taza de chícharos congelados
- 450 g de pasta de arroz
- 2 latas de atún albacora silvestre o salmón silvestre, de 170 a 230 g
- 2 cucharadas de raíz de kudzu en polvo, disueltas en ¼ de taza de agua
- 2 cucharadas de levadura nutricional
- 2 cucharadas copeteadas de miso oscuro (de preferencia sin soya)

Precalienta el horno a 180 °C.

Derrite el aceite de coco en una olla grande a fuego medio-alto. Saltea las cebollas y los hongos, moviendo ocasionalmente por 3 a 4 minutos. Agrega la leche de almendras y sube la temperatura hasta que empiece a hervir. Integra y revuelve el brócoli y los chícharos, y hierve a fuego lento por 5 minutos.

Mientras la salsa se cocina, pon a hervir 8 tazas de agua salada. Vierte la pasta de arroz y cocina los fideos hasta que estén suaves, luego escúrrelos.

Cuando el brócoli esté tierno, agrega el atún o el salmón y la raíz de kudzu a la mezcla. Sigue revolviendo constantemente mientras la salsa se espesa. Agrega la levadura nutricional y el miso, después retira la olla del calor.

Suavemente incorpora la pasta cocida a la mezcla de atún y verduras para cubrir los fideos. Vierte la mezcla en un platón para hornear y hornea por 20 minutos, usando los últimos minutos para acercarla al asador y dorar la parte superior.

AVES

La clave para crear excelentes platillos con aves es seleccionar carne de buena calidad. Primero hay que buscar las variedades libres de hormonas y de antibióticos, y, si podemos encontrarlas, las orgánicas o criadas en pastizal. Después hay que agregar muchas verduras para balancear nuestra comida. En esta sección encontrarás desde recetas rápidas de 15 minutos hasta platillos más festivos como el *ossobuco* de pollo para impresionar a tus amigos. El amplio espectro de platillos te dará muchas opciones *clean* y te facilitará comer *clean* a largo plazo.

HAMBURGUESAS DE POLLO AL LIMÓN Y HIERBAS CON ADEREZO MIL ISLAS

C *Cleanse:* limpieza*
G *Gut:* intestino

Porciones: 4

Tiempo de preparación: 20 minutos

Tiempo de cocción: 15 minutos

En realidad no hay otra palabra para estas hamburguesas excepto: ¡Mmm! Los sabores y la satisfacción de una comida que puedes tomar en tus manos son inigualables.

450 g de pechuga de pollo criado en pastizal, deshuesada y sin piel, cortada en trozos (o puedes usar carne molida de pollo o pavo criado en pastizal)
1 cebolla mediana en cubitos
1 diente de ajo picado muy finamente
¼ de taza de perejil fresco picado
2 cucharaditas de tomillo fresco picado
La ralladura y el jugo de un limón
Sal de mar al gusto
2 cucharadas de aceite de coco
4 bollos (de la marca Sami's Bakery) o cualquier otra opción libre de gluten
1 manojo de lechuga maché, espinaca *baby* o arúgula

Para el aderezo mil islas

1½ tazas de jitomate ciruela (unos 4)
½ taza de nuez de macadamia o nuez de la India, cruda
⅛ de taza de jugo de limón
⅛ de taza de aceite de oliva extra virgen
2 dientes de ajo
1 cucharadita de sal de mar
1 pepinillo encurtido al eneldo, picado finamente

Para adornar

2 cucharadas de aceite de coco
1 cebolla morada grande, cortada en rodajas

Primero prepara el aderezo. En una licuadora haz puré los jitomates, las nueces, el jugo de limón, el aceite de oliva, el ajo y la sal por 45 segundos, hasta que la mezcla esté espesa y cre-

* Omite los jitomates.

mosa. Pasa el contenido a un tazón e integra de forma envolvente el pepinillo picado. Deja a un lado. (Lo que sobre del aderezo se puede guardar en el refrigerador hasta por tres días.)

Para preparar la guarnición, calienta el aceite de coco en una sartén a fuego medio-alto. Saltea las cebollas hasta que estén ligeramente caramelizadas, después ponlas aparte.

Para las hamburguesas, en un procesador de alimentos haz puré el pollo, la cebolla y el ajo, hasta que todo esté bien combinado. Pásalo a un tazón grande y agrega el perejil, el tomillo, la ralladura y el jugo de limón, y la sal. Integra bien la mezcla con las manos y después forma 4 hamburguesas de igual tamaño.

En una sartén grande a fuego medio-alto derrite el aceite de coco y después pon las hamburguesas. Deja que se doren de un lado por varios minutos antes de voltearlas y dorarlas del otro. Si no vas a servirlas de inmediato, aquí puedes pasarlas a un horno caliente para que no se enfríen.

Cuando las hamburguesas estén listas, sirve cada una en un bollo y corónala con las verduras de hoja verde y la cebolla morada salteada, con el aderezo mil islas por un lado.

PAD THAI DE POLLO Y BRÓCOLI

Porciones: 2

Tiempo de preparación: de 10 a 15 minutos

Tiempo de cocción: 10 minutos

Este rápido platillo es la versión *clean* del *pad thai* tradicional. Ten todos los ingredientes preparados y listos antes de empezar a cocinar, pues se prepara en poco tiempo.

De 110 a 170 g de pechuga de pollo criado en pastizal, deshuesada y sin piel, cortada
  en tiras de 6 milímetros de ancho
1 paquete (227 g) de fideos de arroz de la marca King Soba
Aceite de aguacate u oliva

Para la marinada
2 cucharadas de salsa de pescado (la marca Red Boat está aprobada por *Clean*)
1 cucharada de azúcar de coco
1 chile rojo
1 cucharada de vinagre de vino de arroz

Para el pad thai
2 cucharadas de aceite de coco
2 dientes de ajo, rebanados muy finamente
1 cabeza de brócoli (alrededor de 2 tazas), cortada en cogollos pequeños
1 huevo criado en pastizal, batido

Para adornar
2 cebollitas de cambray, picadas
2 cucharadas de nuez de la India, tostada y picada grueso
1 limón en gajos

Coloca las tiras de pechuga en un refractario de vidrio o en un platón para hornear pequeño. Bate juntos todos los ingredientes de la marinada en otro tazón y vierte la mezcla sobre el pollo. Tapa el platón y déjalo en reposo por 15 a 20 minutos para que los sabores se integren.

Prepara los fideos de arroz siguiendo las instrucciones del paquete. Cuando los fideos estén bien cocidos, escúrrelos y enjuágalos con agua fría. Rocíales un toque de aceite de aguacate u oliva y déjalos a un lado.

Calienta un wok o una sartén grande y agrega el aceite de coco para el *pad thai*. Cuando el aceite esté caliente, saltea el ajo hasta que esté fragante. Escurre el pollo marinado y mézclalo sobre la sartén con los cogollos de brócoli. Saltea la mezcla rápidamente mientras sacudes la sartén y continúa hasta que el pollo esté completamente cocido. Vierte el huevo batido y con un cucharón de madera mezcla despacio el huevo con los otros ingredientes. Tan pronto como los pedacitos de huevo estén listos y bien cocidos, retira la sartén del calor.

En dos platones para servir, acomoda una porción de los fideos de arroz y encima la mezcla de pollo con brócoli, y adórnalo con las cebollitas de cambray, las nueces de la India tostadas y algunos gajos de limón.

POLLO HORNEADO A LA MOSTAZA

C *Cleanse:* limpieza

G *Gut:* intestino

Porciones: 2

Tiempo de preparación: 5 minutos

Tiempo de cocción: de 20 a 30 minutos

Una versión más sazonada de la receta fácil y deliciosa de pollo horneado. Cualquier mostaza funciona, pero la que más nos gusta es la de vinagre de sidra de manzana, disponible en tiendas naturistas.

2 piernas y muslos (separados) de pollo criado en pastizal
¼ de taza de aceite de oliva extra virgen
2 cucharadas de mostaza de grano entero
4 dientes de ajo
1 cucharadita de semillas de hinojo
1 cucharadita de vinagre de sidra de manzana
2 cucharaditas de sal de mar

Precalienta el horno a 204 °C.

En un tazón grande mezcla todos los ingredientes y deja que el pollo se marine por 15 minutos en el refrigerador. Pasa el pollo a una charola para hornear y con una chuchara baña el pollo con la marinada que haya sobrado. Hornéalo por 20 a 30 minutos o hasta que se forme una bella corteza café sobre la carne. Sirve caliente.

CURRY DE COCO
Doctora Amy Myers, fundadora y directora de Austin UltraHealth

C *Cleanse:* limpieza*
V Vegano**

Porciones: 4

Ésta es una de mis recetas favoritas de todos los tiempos, a la cual recurro siempre. Este platillo me recuerda el tiempo que pasé en la India; sus sabores son muy complejos, atractivos y reconfortantes para el alma. El curry de coco es maravilloso para compartir con la familia o para servir en una cena con amigos; mi parte favorita de hacer esta receta es comer las sobras en la comida del día siguiente.

1 cucharada de aceite de oliva extra virgen
2 dientes de ajo picados
1 cebolla mediana en cubitos
½ cucharada de cúrcuma molida
½ cucharada de comino molido
½ cucharada de perejil molido
½ cucharadita de cebolla en polvo
1 camote amarillo, pelado y cortado en cubos de 1.25 centímetros
2 tallos de apio picados
½ taza de cebollitas de cambray picadas
1 taza de agua
1 cucharadita de sal de mar
1 pechuga de pollo criado en pastizal, cocida y cortada en pedazos del tamaño de un bocado
1 lata de leche de coco sin endulzar de 400 ml
Arroz integral cocido
La pulpa de una aguacate maduro rebanado

Calienta una sartén grande a fuego medio. Recúbrela con aceite de oliva y cuando esté caliente saltea el ajo hasta que esté ligeramente dorado. Agrega la cebolla y más aceite si es necesario. Tapa y cuece las cebollas hasta que estén transparentes. Agrega la cúrcuma, el comino, el perejil y la cebolla en polvo. Mezcla y cubre las cebollas y el ajo. Después agrega el camote amarillo, el apio, las cebollitas de cambray, el agua y la sal. Deja todo cocer a fuego lento hasta que el camote esté suave. Integra y revuelve el pollo cocido y la leche de coco, dejando que hierva suavemente para mezclar los sabores.

Sirve sobre arroz integral cocido y adorna con rebanadas de aguacate.

Variaciones: Para hacer una versión libre de cereales, sirve sin arroz.

* Omite el camote amarillo.
** Omite el pollo.

POLLO A FUEGO LENTO CON HINOJO Y HONGOS SILVESTRES

G *Cleanse:* limpieza*

G *Gut:* intestino

Porciones: 2

Tiempo de preparación: 5 minutos

Tiempo de cocción: de 20 a 30 minutos

Este platillo es súper fácil de hacer y de perfeccionar cada vez que se prepara. Los ingredientes pueden variar pero esta versión es definitivamente la favorita y una que debes probar. Tiene una perfecta combinación de sabores y el pollo queda de lo más jugoso y tierno cuando se cocina de esta manera.

1 pollo criado en pastizal, entero, en partes

Sal de mar y pimienta negra fresca al gusto

2 cucharadas de aceite de aguacate

1 cebolla mediana cortada en trozos grandes

115 g de hongos silvestres frescos cortados de forma gruesa

1 bulbo de hinojo, sin la punta ni la base áspera, cortado en trozos grandes

3 dientes de ajo machacados

1 taza de vino blanco seco orgánico

1 litro de caldo de pollo o agua

1 hojita de laurel

2 pimientos rojos medianos, sin semillas y cortados en trozos grandes

2 cucharadas de tomillo fresco picado

2 cucharadas de raíz de kudzu en polvo

½ limón

Corta la pechuga de pollo en trozos grandes y separa las patas y los muslos. Sazona generosamente la carne con sal y pimienta hasta cubrirla por completo.

Calienta una cacerola de hierro fundido a fuego medio-alto. Agrega el aceite de aguacate y cuando esté caliente introduce el pollo. Sella todos los costados del pollo hasta que estén bien dorados; después retira el pollo de la cacerola y colócalo a un lado.

Si la cacerola se ve seca, agrega un poco más de aceite; después introduce la cebolla, los hongos y el hinojo. Saltea la mezcla moviendo ocasionalmente por 2 a 3 minutos antes de agregar el ajo. Cuando todo esté fragante, coloca el pollo en la cacerola y vierte el vino. Permite que el vino se reduzca a la mitad antes de agregar 4 tazas de caldo de pollo o agua y la hoja de laurel. Cuando suelte el hervor, tapa la cacerola, baja la flama a fuego medio y deja

* Reemplaza los pimientos por calabaza de verano o calabacita verde.

que hierva lentamente. Después de 10 minutos agrega los pimientos rojos y continúa hirviendo a fuego lento por otros 15 a 20 minutos adicionales. Agrega un chorrito más de líquido si parece que se evapora muy rápido.

Para terminar, revuelve el tomillo, la raíz de kudzu en polvo, un limón exprimido y algunas pizcas más de sal. Sírvelo sobre quinoa, mijo o arroz integral.

Nota: si compras un pollo entero, puedes hacer un caldo de pollo el día anterior a la preparación de este platillo y usar ese caldo como líquido para cocinar.

POLLO EN COSTRA DE AJO

Ⓖ *Gut:* intestino

Porciones: 2

Tiempo de preparación: 10 minutos

Tiempo de cocción: 8 a 10 minutos

Hicimos una versión de esta receta en el blog de *Clean* y fue un éxito instantáneo. Los niños se vuelven locos con este platillo y estaríamos sorprendidos si dejaran algo; pero si así ocurre, úsalo en la ensalada al día siguiente.

1 huevo criado en pastizal
2 cucharadas de leche de coco o almendra sin endulzar
1 taza de harina de almendras
1 cucharadita de ajo en polvo
1 cucharadita de páprika o chile en polvo
1 cucharadita de sal de mar
1 pechuga grande, o 2 pequeñas, de pollo criado en pastizal, deshuesada y sin piel
¼ de taza más 3 cucharadas de aceite de oliva extra virgen
1 cucharada de vinagre de sidra de manzana
5 dientes de ajo, machacados
1 cucharada de pimienta negra recién molida
Hojas de cilantro frescas para adornar (opcional)

Precalienta el horno a 220 °C.

Forra una charola para hornear con papel horneable (o prepárate para tallar mucho esa charola cuando acabes).

En un tazón pequeño, bate el huevo y la leche de coco o de almendra.

En una bolsa de plástico grande combina la harina de almendras, el ajo en polvo, la páprika o el chile en polvo y la sal. Una a una, sumerge cada pieza de pollo en la mezcla de huevo y leche; enseguida ponla en la bolsa de plástico y sacude cada pieza hasta que esté bien cubierta. Coloca las piezas en la charola para hornear. Cuando hayas cubierto todas las piezas, rocíalas con ¼ de taza de aceite de oliva y hornéalas por 8 a 10 minutos.

Mientras tanto, en un tazón pequeño mezcla 3 cucharadas de aceite de oliva con el vinagre, el ajo y la pimienta. Déjalo reposar para que los sabores se combinen. Ésta es la salsa que servirás con el pollo.

Cuando el pollo esté listo, retíralo del horno y acomódalo en un platón hondo para servir. Rocía la salsa de ajo y pimienta sobre las piezas, moviéndolas para que se cubran bien, después salpícalas con perejil si así lo deseas.

No te sorprenda ver que no dejaron nada; pero si por casualidad quedó algo, el pollo y la salsa saben igual de deliciosos fríos, en un *wrap* o en ensaladas.

LA PECHUGA DE POLLO MÁS PERFECTA

C *Cleanse:* limpieza
G *Gut:* intestino

Porciones: 2
Tiempo de preparación: 5 minutos
Tiempo de cocción: de 15 a 20 minutos

Este pollo es muy simple pero es perfecto, además de ser parte de muchas recetas *clean*. Sólo recuerda: la suma total del sabor y los beneficios a la salud de cualquier pedazo de carne o producto animal depende de cómo haya sido criado y de lo que comía. Elige pollos criados en pastizal. Y no olvides dar gracias por cada animal que da su vida para nutrir nuestros cuerpos.

2 pechugas de pollo criado en pastizal, de 110 a 230 g con piel
1 cucharadita de sal de mar
¼ de cucharadita de pimienta negra recién molida
2 cucharadas de aceite de aguacate

Precalienta el horno a 180 °C.

Sazona cada pechuga de pollo generosamente por ambos lados con sal y pimienta.

Calienta el aceite de aguacate en una sartén apta para horno a fuego medio-alto. Cuando el aceite esté caliente, introduce las pechugas de pollo con la piel hacia abajo. Deja que la piel suelte su propia grasa y que se dore bien; si comienza a humear demasiado, baja la flama a fuego medio. Cocina el pollo en la estufa de 8 a 10 minutos, hasta que notes que las pechugas están a medio cocer, después voltea cada una y pasa la sartén al horno por otros 4 a 6 minutos más.

Retira la sartén del horno y deja que el pollo se enfríe sobre una tabla de picar por 2 minutos. Usa un cuchillo afilado para hacer rebanadas delgadas, en sentido contrario a la fibra del músculo. ¡Y sírvelo!

PECHUGA DE PAVO EN MARINADA THAI

ⓒ *Cleanse:* limpieza

Porciones: 4

Tiempo de preparación: 30 minutos mínimo o la noche anterior (para marinar)

Tiempo de cocción: 30 minutos

El sazón tailandés hace que todo sea delicioso. El pavo estilo thai no es una combinación común, pero es fantástica.

De 680 a 900 g de pechuga de pavo criado en pastizal, en rebanadas
   de 1.5 a 2 centímetros de ancho, en dirección contraria a la fibra del músculo
½ porción de la salsa thai (véase página 101)
El jugo de un limón
¼ de taza de cilantro picado
De 2 a 3 cucharadas de aceite de aguacate, para cocinar
1 manojo de cebollitas cambray

Acomoda las rebanadas de pavo en un platón para hornear y vierte la salsa thai encima. Usa las manos o unas pinzas para mezclar el pavo y la marinada. Déjalo reposar mínimo 30 minutos o en el refrigerador hasta 8 horas (durante la noche).

Cuando el pavo esté listo, prepara la parrilla o calienta una sartén de fondo grueso. Recubre la parrilla con el aceite usando una brocha o agrega unas cuantas cucharadas de aceite a la sartén. Cocina el pavo de 3 a 4 minutos de un lado antes de voltearlo y seguir cocinando del otro hasta que cada pieza esté firme al tacto, unos 30 minutos. Usa una brocha o un rociador de salsas para cubrir continuamente la carne con más marinada.

Mientras el pavo se cocina, asa o saltea las cebollitas de cambray hasta que estén ligeramente chamuscadas (si estás usando la parrilla) y suaves. Déjalas aparte.

Cuando el pavo esté completamente cocido, deja que la carne repose unos minutos antes de rebanarla. Corona con cilantro picado y jugo de limón. Sirve las rebanadas sobre verduras de hoja verde o con tus verduras favoritas.

PECHUGA DE PATO CON CHUTNEY DE ARÁNDANO Y PERA

ⓒ *Cleanse:* limpieza

Porciones: 2

Tiempo de preparación: 10 minutos

Tiempo de cocción: 30 minutos

Ésta es una comida maravillosa para las fiestas, preciosa al centro de la mesa y tan sabrosa que hace agua la boca. Las salsas ligeramente dulces van perfectamente con el pato. También puedes usar pollo o pavo si no consigues pato en tu localidad.

2 pechugas de pato criado en pastizal, de 110 a 170 g, deshuesadas (con piel)
1 pizca de sal
¼ de cucharadita de pimienta negra recién molida

Para el chutney
4 tazas de arándanos frescos
450 g de pera madura, de cualquier variedad, pelada, sin corazón
    y picada grueso
½ cucharadita de romero fresco picado
1 raja de canela
½ cucharadita de extracto de vainilla
1 taza de agua
¼ de taza o más de néctar de coco o miel cruda (cuando no estés haciendo la limpieza
    clean)

Precalienta el horno a 180 °C.

Primero haz el chutney. En una sartén profunda y de fondo grueso calienta los arándanos, las peras, el romero, la raja de canela, la vainilla y el agua a fuego medio hasta que el agua comience a hervir y los arándanos se empiecen a deshacer. Continúa hirviendo a fuego lento unos 15 a 20 minutos, revolviendo frecuentemente. Si el chutney se pone muy espeso, agrega un poco de agua, ¼ de taza a la vez.

Una vez que los arándanos y las peras estén bien cocidos, y los sabores se hayan desplegado, integra y revuelve el néctar de coco o miel al gusto. Cuece sólo unos minutos más; después pasa el chutney a un tazón para servir y déjalo reposar.

Mientras se guisa el chutney, usa un cuchillo afilado para hacer incisiones en las pechugas de pato. Haz cuatro o cinco cortes de 5 milímetros de profundidad a lo largo de cada pechuga.

Coloca una sartén grande apta para horno a fuego medio-alto; cuando esté caliente, pon las pechugas con el lado grasoso hacia abajo. Permite que la grasa se suelte y la piel se torne crujiente, alrededor de 5 minutos. Con cuidado voltea cada pechuga y cuécela otros 1 a 2 minutos antes de pasar la sartén al horno. Cocina de 3 a 4 minutos, después retira la sartén del horno y deja que el pato repose en la tabla para cortar un minuto. Córtalo en rebanadas delgadas a un ángulo de 45 grados.

Acomoda en abanico las rebanadas de pato divididas en dos platos para servir y adorna cada uno con una porción de chutney. Sazona el pato con una pizca de sal y pimienta negra recién molida.

Acompañamientos: Sírvelo con el picadillo de tubérculos (véase página 72).

OSSOBUCO DE POLLO

Ⓖ *Gut:* intestino

Porciones: 2

Tiempo de preparación: 20 minutos

Tiempo de cocción: 1 hora

Un *ossobuco* perfecto se debe caer del hueso sin usar el cuchillo. Es una forma fácil de impresionar a tus invitados, ya que ellos no sabrán que en realidad no fue un complicado y difícil proceso. Tu secreto sobre lo sencillo que fue en realidad está a salvo con nosotros.

De 4 a 6 muslos de pollo criado en pastizal (deshuesados o con hueso)
Sal de mar y pimienta negra recién molida al gusto
2 cucharadas de aceite de aguacate
1 cebolla grande, en cubos
1 zanahoria, en cubos
2 tallos de apio, en cubos
4 dientes de ajo machacados
1 cucharada de pasta de jitomate
½ taza de hojas de perejil liso
4 ramitas de tomillo fresco
1 hoja de laurel
1 taza de vino blanco seco
1 taza de agua

Precalienta el horno a 160 °C.

Sazona los muslos de pollo con sal y pimienta.

Calienta una cacerola de hierro fundido de 6 litros a fuego medio-alto. Agrega el aceite de aguacate y cuando esté caliente dora los muslos por 4 minutos de cada lado. Cuando todos los muslos estén dorados, sácalos de la cacerola y déjalos a un lado.

En la misma cacerola echa y mezcla la cebolla, la zanahoria y el apio, raspando del fondo los pedacitos de pollo que pudieran haber quedado, hasta que las verduras estén suaves, alrededor de 10 minutos. Integra y revuelve el ajo, cocina por otro minuto y enseguida agrega la pasta de jitomate y cuece por otros 2 a 3 minutos.

Amarra el perejil y el tomillo con hilo de cocina, formando un ramillete; agrégalo a la cacerola junto con los muslos de pollo dorados, la hoja de laurel, el vino blanco y el agua. Cuando suelte un suave hervor, tapa la cazuela y métela al horno. Hornea otros 45 minutos.

Sirve el pollo sobre arroz integral y verduras de hoja verde salteadas con cucharadas del líquido en que se coció.

POLLO AL CURRY DE COCO CON ENSALADA DE PEPINO Y MANGO

C *Cleanse:* limpieza*

Porciones: 2

Tiempo de preparación: 10 minutos

Tiempo de cocción: 15 minutos

La fría dulzura corta lo picante de esta ensalada tipo salsa, que será una combinación ganadora en cualquier estación u ocasión.

½ taza de coco rallado sin endulzar
2 cucharadas de curry en polvo
2 cucharaditas de sal de mar
¼ de taza de leche de coco sin endulzar
2 pechugas de pollo criado en pastizal de 110 a 170 g
2 cucharadas de aceite de coco
1 limón cortado en gajos

Para la ensalada
1 mango maduro, pelado, sin hueso, cortado en trozos grandes
1 pepino mediano, pelado, en rodajas de 3 milímetros
¼ de cebolla morada rebanada finamente
1 chile rojo picado muy finamente
2 cucharadas de menta fresca picada grueso
Una espolvoreada de sal
El jugo de un limón

Precalienta el horno a 180 °C.

Combina el coco, el curry en polvo y la sal en un tazón pequeño. Deja la mezcla reposar aparte. Vierte la leche de coco en otro tazón pequeño. Una a una, sumerge las pechugas de pollo en la leche de coco, cubriéndolas uniformemente y sacudiendo cualquier exceso. Después húndelas en la mezcla de curry y coco, presionando la cobertura sobre el pollo de manera uniforme.

Calienta una sartén grande apta para horno a fuego medio-alto. Agrega el aceite de coco y cuando el aceite esté caliente con cuidado introduce el pollo a la sartén. Fríe las pechugas unos 2 a 3 minutos hasta que estén ligeramente doradas de un lado; después voltéalas y pasa la sartén al horno otros 5 minutos.

Mientras el pollo se hornea, en un tazón mediano mezcla todos los ingredientes para la ensalada de mango hasta que todo esté bien combinado. Deja el tazón a un lado.

Saca el pollo del horno y exprímele encima un poco de jugo de limón. Deja que las pechugas reposen unos minutos antes de rebanarlas y servirlas con una buena porción de la ensalada de mango.

* Omite el chile rojo.

POLLO DESHEBRADO

C *Cleanse:* limpieza*

G *Gut:* intestino

Porciones: 2 a 4

Tiempo de preparación: 5 minutos

Tiempo de cocción: 25 minutos

Usa esta receta como base para ensaladas de pollo, sándwiches de carne deshebrada, *wraps*, sopa de pollo y tacos.

4 tazas de agua
2 pechugas de pollo criado en pastizal, de 110 a 170 g, sin piel y deshuesadas
1 cucharada de cebolla en polvo
2 dientes de ajo
½ taza de puré de jitomate (fresco o de lata)
1 hoja de laurel
1 cucharadita de tomillo seco
1 cucharadita de sal de mar

Coloca todos los ingredientes en una olla mediana a fuego medio-alto y tápala. Cuando suelte el hervor, baja a fuego medio y hierve lentamente por 20 minutos. Quita la tapa y deja que el pollo se enfríe, después deshébralo con los dedos.

* Sustituye el jitomate con ¼ de taza de vinagre de sidra de manzana.

El chef Frank comenta sobre usar especias

¡Amo usar especias! Agregan un sabor profundo, son medicinales y ayudan a que los ingredientes se unan. Cuando las especias se muelen, comienzan a oxidarse y pierden su sabor. Con algunas excepciones, a mí me gusta comprar especias enteras y molerlas al momento. Hacerlo dará un sabor mucho más complejo y agregará mucho a tus comidas. Puedes usar un mortero o un molinillo de café para triturar porciones pequeñas. Si quieres el máximo sabor, tuesta las especias en una sartén totalmente seca antes de molerlas, para que liberen sus aceites esenciales.

POLLO ASADO CRUJIENTE

ⓒ *Cleanse:* limpieza

ⓖ *Gut:* intestino

Porciones: 4 a 6

Tiempo de preparación: 5 minutos

Tiempo de cocción: 1 hora y 10 minutos

Ésta es una comida maravillosamente reconfortante y sensual. La comida es más rica cuando mezcla sabores y texturas. Este pollo es un clásico que satisface los antojos y ofrece una inyección de propiedades inmunitarias. La carne es más fácil de digerir cuando se cocina en una grasa entera y saturada, así que no te preocupes. Nuestros cuerpos necesitan un poco de colesterol y grasas saludables para estar bien cargados de combustible, y para promover el funcionamiento óptimo del cerebro.

1 pollo entero criado en pastizal

1 cucharada de sal de mar

½ cucharadita de pimienta negra recién molida

De 2 a 3 cucharadas de aceite de coco (u otra grasa saturada, como manteca de cerdo o grasa de pato)

La ralladura de un limón

2 cucharadas de tomillo fresco picado

Una hora antes de cocinar saca el pollo del refrigerador. Se cocina de manera más uniforme si está casi a temperatura ambiente.

Precalienta el horno a 220 °C.

En un tazón pequeño combina la sal, la pimienta, el aceite de coco, la ralladura de limón y el tomillo. Usa una brocha o tus manos para untar la mezcla sobre la piel del pollo, llenando todos los recovecos y las grietas.

Coloca el pollo sazonado en una sartén de hierro forjado o en una charola para hornear, y cuece por 20 minutos, después baja la temperatura a 165 °C y sigue horneando otros 45 minutos.

Hay dos formas de saber si tu pollo ya está listo. Puedes picar la parte baja del muslo con un cuchillo filoso. Si el líquido sale transparente y no rosa, está listo. O puedes torcerle una pata. Si se zafa del resto del pollo, está listo. Saca el pollo del horno y déjalo reposar por 5 minutos antes de rebanarlo. No olvides guardar los huesos para hacer caldo de pollo (véase página 250).

POLLO CON BERZA Y ACEITUNAS

C *Cleanse:* limpieza
G *Gut:* intestino

Porciones: 1
Tiempo de preparación: 10 minutos
Tiempo de cocción: 20 minutos

Fácil y rápida, ésta es una cena de campeonato para una noche entre semana, cuando tengas poco tiempo, y lo que sobre sabrá delicioso sobre verduras de hoja verde mezcladas al día siguiente. También es una maravillosa cena de fin de semana o cuando tengas invitados.

1 pechuga de pollo criado en pastizal, deshuesada y sin piel, de 110 a 170 g, cortada en tiras
De ½ a 1 cucharada de sal de mar
1 cucharada de aceite de coco
2 dientes de ajo, machacados
1 echalote grande rebanado en rodajas finas
2 cucharaditas de alcaparras
1 racimo de berza, sin tallos y picada grueso
½ limón (para el jugo)
¼ de taza de aceitunas deshuesadas y picadas grueso
Aceite de oliva extra virgen

Sazona ligeramente las tiras de pollo con sal y déjalas a un lado.

Derrite el aceite de coco en una sartén para saltear a fuego medio-alto (tener la sartén bien caliente evitará que el pollo se pegue). Introduce las piezas de pechuga de pollo y cocínalas por 1 minuto, después voltéalas. Agrega el ajo, el echalote y las alcaparras y revuelve todo con cuidado. Cuece la mezcla de 1 a 2 minutos más; enseguida introduce la berza y exprime un poco de limón encima de todo. Revuelve rápidamente toda la sartén y cúbrela. Deja que la mezcla se cueza al vapor hasta que la berza se ablande, otros 2 a 3 minutos. Integra las aceitunas, rocía un poco de aceite de oliva y agrega otra pizca de sal. Sirve caliente.

POLLO CON LIMONES ENCURTIDOS Y ESPECIAS AROMÁTICAS

ⓒ *Cleanse:* limpieza

ⓖ *Gut:* intestino

Porciones: 4

Tiempo de preparación: 15 minutos

Tiempo de cocción: 1 hora

Este platillo tiene una presentación hermosa y elegante y un aroma sensacional. Es una gran manera de consentirte con algo especial y hacer que toda tu casa huela increíblemente rico.

¼ de taza de aceite de coco
4 piernas enteras (pata y muslo) de pollo criado en pastizal
2 cucharaditas de sal de mar
Pimienta negra recién molida
2 cebollas amarillas grandes, rebanadas
1½ cucharadas de cilantro molido
2 cucharaditas de jengibre molido
1 cucharadita de cúrcuma molida
6 a 8 hebras de azafrán
1 taza de caldo de pollo
2 cucharadas de mantequilla de coco
2 cucharaditas de cilantro fresco picado muy finamente
1 limón en conserva entero, cortado en tiras delgadas (disponible en tiendas especializadas o en la cadena Whole Foods Market)

Precalienta el horno a 180 °C.

Calienta el aceite de coco en una cacerola de hierro forjado de 7 u 8 litros a fuego medio-alto. Sazona las piernas de pollo con sal y pimienta, después cocínalas en la cacerola, volteándolas ocasionalmente hasta que ambos lados estén dorados, unos 10 a 12 minutos. Pasa el pollo a un plato.

Saltea las cebollas en la cacerola con los jugos sobrantes del pollo por 5 a 6 minutos, moviendo ocasionalmente hasta que estén bien doradas. Agrega el cilantro en polvo, el jengibre, la cúrcuma y el azafrán, salteando hasta que todo esté fragante.

Regresa las piernas de pollo a la cacerola y agrega el caldo. Al soltar el hervor, pasa la cazuela al horno. Hornea el pollo tapado hasta que esté suave, de 30 a 40 minutos. Integra y mezcla la mantequilla de coco, el cilantro y las tiras de limón, y hornéalo de nuevo, tapado, 5 minutos más. Sirve el pollo sobre arroz integral al vapor, mijo o quinoa.

COLIFLOR ASADA Y SALCHICHA DE POLLO AL HORNO

Janet Goldman Weinberg, miembro de la comunidad Clean

G *Gut:* intestino   **Porciones:** 4, como platillo principal

La coliflor, estrella de este platillo, es la compañera perfecta de tu estilo de vida *clean*. Es fácil de digerir, es baja en azúcar y es una excelente fuente de nutrición, con saludables dosis de vitaminas C, K y B. Además está cargada de antioxidantes, que apoyan el sistema de desintoxicación natural del cuerpo. Sirve esta receta como platillo principal y tendrás abundantes verduras, proteínas y grasas saludables.

1 coliflor mediana (alrededor de 900 g)

4 dientes de ajo, machacados

2 cucharadas de aceite de oliva extra virgen, más otro poco para la charola de hornear

230 g de salchicha italiana orgánica de pollo crudo, libre de nitratos y de azúcar, sin la cubierta

1 cebolla mediana en cubitos

Las hojas de 2 ramitas de tomillo fresco

1 lata de jitomates enteros orgánicos de 830 ml, escurrida, y el líquido guardado aparte (el líquido guardado se puede omitir para que sepa menos a jitomate)

Sal de mar y pimienta negra recién molida al gusto

⅔ de taza de harina de almendras

¼ de taza de levadura nutricional o queso de nuez de la India (véase página 111); puedes usar queso parmesano si no estás llevando a cabo el Programa de Limpieza *Clean*

Precalienta el horno a 180 °C.

Cubre una charola para hornear de 20 por 30 centímetros ligeramente con aceite de oliva.

Corta la coliflor en cuartos. Quita las hojas y el tallo; con un corte angular retira el centro de cada cuarto. Pica los cuartos en cogollos tamaño bocado, de unos 2.5 centímetros cada uno, después corta los cogollos a la mitad o en cuatro para dejar áreas planas que puedan dorarse en el horno.

En un tazón grande revuelve las piezas de coliflor con la mitad del ajo machacado y una cucharada de aceite de oliva. Esparce la coliflor sazonada en una charola para hornear y hornea las piezas, volteándolas frecuentemente por 15 minutos o hasta que adquieran un tono café uniforme. Saca del horno y deja a un lado.

Calienta la cucharada de aceite de oliva restante en una sartén para saltear de 25 centímetros a fuego medio-alto. Cuando la sartén esté bien caliente, agrega la salchicha. Usa una cuchara para deshacer la carne y cocínala por 8 a 12 minutos o hasta que la salchicha esté bien cocida y empiece a ponerse crujiente. La salchicha se va a pegar, así que cuando la saltees usa la cuchara para raspar la sartén. Esto le dará al platillo un sabor fabuloso.

Baja la flama a media-baja y agrega la cebolla, la mitad restante del ajo y el tomillo. Saltea la mezcla por unos 5 minutos, moviendo frecuentemente, y sigue raspando cualquier pedacito pegado en el fondo de la sartén.

Machaca los jitomates e introdúcelos a la sartén. Revuelve bien y después agrega la salsa de jitomate, si así lo deseas, y saltea por 5 minutos más. Apaga el fuego y prueba la salsa. Ponle sal y pimienta al gusto y agrega revolviendo la coliflor y la salchicha.

En la charola para hornear preparada, distribuye uniformemente la mezcla de coliflor y salchicha. En un tazón pequeño combina la harina de almendras y la levadura nutricional (o el queso parmesano o de nuez de la India) y esparce esto sobre la coliflor y la salchicha.

Coloca la charola para hornear en el centro del horno y hornea el guisado por 25 minutos o hasta que la parte superior se haya puesto café y la salchicha esté burbujeando. Saca del horno y deja reposar 5 minutos antes de servir.

POLLO A FUEGO LENTO

C *Cleanse:* limpieza

G *Gut:* intestino

Porciones: 2

Tiempo de preparación: 10 minutos

Tiempo de cocción: 3 o 4 horas

Éste es otro platillo que no da problemas, con proteína extra y un sabor increíble. Mételo a una olla de cocción lenta, vete a hacer algo divertido y al regresar te estará esperando una comida caliente que huele delicioso.

2 zanahorias, picadas grueso

3 tallos de apio, picados grueso

1 cebolla, picada grueso

1 pollo criado en pastizal, entero

3 cucharadas de aceite de oliva extra virgen

1 limón cortado por la mitad, y su ralladura

2 cucharadas de sazonador de limón-pimienta

1 cucharada de sal de mar

1 cabeza de ajo, pelada y con todos los dientes machacados

3 ramitas de tomillo fresco

Pon la olla de cocción lenta a temperatura alta, y después agrega las zanahorias, el apio y la cebolla.

Cubre la piel del pollo con aceite de oliva, después frótalo con la ralladura de limón y la sal. Rellena la cavidad del pollo con las mitades del limón, el ajo machacado y el tomillo.

Cuece el pollo en la olla eléctrica por 3 o 4 horas. Cuando esté listo, usa un tenedor para desmenuzar la carne.

CARNES

Estos platillos de carne han sido creados para ser *clean*, sustanciosos y ricos en nutrientes. Si bien la carne no es el tipo de alimento principal de una dieta *clean*, tampoco es nada que temer. En general, recomendamos reducir tu ingesta total de carne y agregar más frutas y verduras. Cuando prepares estos deliciosos platillos procura usar productos animales libres de hormonas y antibióticos, orgánicos, alimentados con pasto o criados en pastizal.

BERENJENA RELLENA DE CORDERO Y HONGOS SILVESTRES

Ⓖ *Gut:* intestino

Porciones: 4 a 6

Tiempo de preparación: 30 minutos

Tiempo de cocción: 20 minutos

Este platillo está espléndidamente sazonado y goza de un atractivo universal. Incluso a quienes no les fascinan los hongos o las berenjenas, querrán probar esta receta.

2 berenjenas del mismo tamaño, hasta de 400 g cada una
Aceite de oliva extra virgen
1 cucharada de sal de mar, más unas pizcas adicionales para el relleno
Pimienta negra recién molida al gusto
2 o más cucharadas de aceite de aguacate
3 tazas de hongos picados grueso
230 g de cordero criado en pastizal, molido
1 taza de cebolla en cubitos
2 dientes de ajo
2 cucharadas de orégano fresco picado
2 cucharadas de menta fresca picada
1 cucharadita de cilantro molido
½ cucharadita de comino molido
2 cucharaditas de páprika
½ cucharadita de canela molida
¼ de cucharadita de pimienta gorda molida
1 taza de caldo de pollo o agua
1 cucharada de raíz de kudzu, disuelta en 2 cucharadas de agua
Un chorrito de jugo de limón

Precalienta el horno a 200 °C.

Corta las berenjenas por la mitad a lo largo. Con una cuchara saca la carne, dejando más o menos una cuarta parte de la pulpa para que la berenjena mantenga su estructura mientras se hornea. Aparta la pulpa que les sacaste.

Coloca las berenjenas huecas en una charola para hornear aceitada. Rocíalas con aceite de oliva y espolvoréalas con sal y pimienta. Hornéalas por 15 minutos, apenas lo suficiente para suavizar la pulpa restante. Retira el plato del horno y colócalo a un lado.

Reduce la temperatura del horno a 180 °C.

Calienta una sartén grande para saltear a fuego medio-alto. Agrega el aceite de aguacate y cuando esté caliente saltea los hongos por 3 a 4 minutos. Pasa los hongos a un tazón con una cuchara y déjalos aparte por el momento.

Pica grueso una taza de la pulpa de berenjena que apartaste y saltéala en la misma sartén hasta que esté ligeramente dorada (necesitarás añadir un poco más de aceite de aguacate a la sartén). Después agrega la berenjena a los hongos cocinados.

Pon unas cucharadas más de aceite a la sartén y dora el cordero con la cebolla, el ajo, el orégano, la menta, el cilantro, el comino, la páprika, la canela y la pimienta gorda. Mueve la mezcla continuamente para evitar que las especias se quemen. Cuando el cordero esté a medio cocer, regresa los hongos y la pulpa de berenjena a la sartén. Vierte el caldo de pollo o el agua y deja que suelte un suave hervor. Permite que el relleno se siga cocinando unos minutos y enseguida agrega la raíz de kudzu disuelta. Añade unas pizcas de sal y un chorrito de jugo de limón. Para este momento, el líquido debe haberse reducido y espesado un poco. Retira la sartén del fuego.

Con una cuchara, rellena las berenjenas ahuecadas y hornéalas por 20 minutos. Sírvelas con tu chutney favorito.

KEBABS MARROQUÍES DE CORDERO

C *Cleanse:* limpieza

G *Gut:* intestino*

Rinde: alrededor de 12 kebabs

Tiempo de preparación: 20 minutos, más otros 30 minutos para marinar

Tiempo de cocción: 15 minutos

Para esta receta se utilizan muchos ingredientes pero todos se combinan muy fácilmente. Pruébala cuando quieras una comida con mucho sazón, acompañada de guarniciones, o como entrada en una cena con amigos. Busca carne local, de pastoreo y no alimentada con granos. De dónde proviene tu comida es de suma importancia, y cómo fueron tratados los animales que consumimos es algo que todos deberíamos considerar en cada comida.

Necesitarás de 10 a 15 brochetas de madera para esta receta, remojadas en agua por 30 minutos o más.

1 kg de pierna de cordero criado en pastizal, deshuesada y cortada en piezas de 2.5 centímetros
Sal de mar al gusto
De 3 a 4 cucharadas de aceite de oliva extra virgen
1 cebolla morada grande, cortada a la mitad y luego en gajos (córtala de manera que la raíz sea parte de cada gajo)
2 manzanas Granny Smith, cortadas en trozos grandes

Para el adobo de especias
2 cucharaditas de páprika
½ cucharadita de comino molido
2 cucharaditas de cilantro seco molido
1 cucharadita de cardamomo molido
2 cucharaditas de canela en polvo
½ cucharadita de nuez moscada recién molida

Para la salsa tzatziki
1 taza de semillas de girasol crudas, remojadas por 2 horas en 4 tazas de agua, escurridas y enjuagadas
2 cucharadas de aceite de oliva extra virgen
3 cucharadas de jugo de limón
De 2 a 3 cucharaditas de sal de mar

* Sustituye las manzanas por pimientos u otras verduras

¼ de taza de perejil fresco picado grueso
¼ de taza de cilantro fresco picado
1 taza de pepino picado muy finamente

En un tazón pequeño combina todos los ingredientes para el adobo de especias. Coloca los trozos de cordero en un tazón aparte y vierte suficiente cantidad de la mezcla de especias para cubrir totalmente las piezas. Espolvorea sal al gusto y rocía el aceite de oliva. Cubre y deja que el cordero se marine 30 minutos o más.

Ensarta 3 o 4 pedazos de cordero junto con los gajos de cebolla morada y los trozos de manzana. Prepara tantas brochetas como sea necesario para utilizar todo el cordero, la cebolla y las manzanas; deberían ser alrededor de 12.

Prepara una parrilla o una plancha con mango y asa las brochetas de 3 a 4 minutos de un lado, después voltéalos y cuece otros minutos más.

Mientras el cordero se asa, prepara la salsa tzatziki. En una licuadora haz puré las semillas de girasol, el aceite de oliva, el jugo de limón y la sal hasta que la salsa esté cremosa, alrededor de 30 segundos. Usa un poco de agua si necesitas adelgazar la salsa, aunque debe tener un buen espesor. Pasa el puré de semillas de girasol a un tazón y mezcla de manera envolvente el perejil, el cilantro y el pepino.

Cuando el cordero esté cocido, coloca las brochetas en un platón para servir con el tazón de la salsa tzatziki al centro.

PIERNAS DE CORDERO ESTOFADAS

ⓒ *Cleanse:* limpieza*
ⓖ *Gut:* intestino

Porciones: 2

Tiempo de preparación: 25 minutos

Tiempo de cocción: de 3 a 4 horas

Como siempre, escoge la carne sabiamente. Comer carne de animales criados en pastizal y de granjas locales, alimentados con pasto y al aire libre, no solamente asegura que respetemos el ciclo de la vida y que tomemos la gran responsabilidad de ubicarnos en nuestro lugar en la cadena alimenticia; también garantiza que la comida sea más sana para ti, con más proteína aprovechable y el mejor contenido posible de grasas.

2 piernas de cordero criado en pastizal
2 cucharaditas de semillas de hinojo molido
Sal de mar al gusto
De ¼ a ½ cucharadita de pimienta negra molida
De 2 a 4 cucharadas de aceite de coco
2 zanahorias en cubos
3 ramas de apio en cubos
1 cebolla grande en cubos
4 dientes de ajo machacados
2 cucharadas de pasta de jitomate
1 taza de vino tinto orgánico
1 hoja de laurel
1 cucharada de romero fresco picado
1 raja de canela de 5 centímetros
1 litro de caldo de pollo o agua

Precalienta el horno a 165 °C.

Sazona las piernas de cordero con las semillas de hinojo recién molidas y una generosa cantidad de sal y pimienta.

Calienta una cacerola de hierro fundido de 6 litros (o cualquier olla profunda apta para horno) a fuego alto. Agrega el aceite de coco y cuando esté caliente introduce las piernas de cordero. Dóralas muy bien por todos los costados, después retíralas de la olla y colócalas aparte.

Agrega unas cucharadas más de aceite a la misma olla, después saltea en ella las zanahorias, el apio, la cebolla y el ajo por 8 a 10 minutos, moviendo ocasionalmente para evitar

* Omite la pasta de jitomate.

que se queme. Integra y revuelve la pasta de jitomate y cocina por unos minutos más. Vierte el vino, raspa el fondo de la cacerola y permite que la mezcla se reduzca a la mitad.

Regresa la piernas a la cacerola y agrega la hoja de laurel, el romero, la raja de canela y el caldo de pollo o agua. Pon sal y pimienta al gusto. Cuando suelte el hervor, apaga el fuego, tapa la olla y métela al horno.

Hornea la olla tapada de 3 a 4 horas. En ese punto, las piernas de cordero deben estar tan tiernas que la carne se caiga del hueso, listas para comerse.

Para crear una salsa, cuela el líquido sobrante, ponlo en una olla aparte y deja que suelte el hervor. Permite que el sabroso caldo se reduzca hasta que esté suficientemente espeso para pegarse al cucharón.

ARROZ FRITO CAMBRIDGE

Doctor Paul Jaminet y doctora Shou-Ching Jaminet, autores
de Perfect Health Diet

Porciones: 6 a 8

Tiempo de preparación: 15 minutos para juntar y picar los ingredientes, si usas sobras de días anteriores

Tiempo de cocción: 15 minutos

El arroz frito es un platillo clásico de China y la principal forma en que los chinos recalientan las sobras de días anteriores. Existen muchísimas recetas de arroz frito en China; la más famosa y popular es el arroz frito Yangzhou, que lleva barbacoa de puerco, camarones y huevo revuelto. Cuando ajustamos esta receta para utilizar ingredientes respaldados por el libro *Perfect Health Diet* (2012), la bautizamos en honor de nuestro hogar: Cambridge, Massachusetts.

El mejor arroz frito es el que se prepara con sobras de arroz blanco, así tendrá un día (o tres) de haberse cocido y después secado. Incluye cualquier sobra de carne o verduras que haya en tu refrigerador; es lo que hacen los chinos. Sé creativo con los sabores. ¡El arroz frito se puede hacer con ingredientes distintos cada vez que se prepara!

   2 cucharadas de aceite de oliva extra virgen
   1 taza de cebollitas de cambray en cubos
   1 taza de hongos shiitake en cubos
   1 taza de zanahorias ralladas
   1 taza de chícharos chinos frescos
   1 taza de camarones cocidos en cubos
   6 cucharadas de aceite de coco
   6 huevos criados en pastizal
   4 tazas de arroz blanco de grano largo, previamente cocido
   ½ taza de sobras de carne de res o cordero molida (si vas a usar res o cordero crudos, primero dora la carne en el wok)
   Sal de mar, pimienta negra recién molida y cúrcuma molida al gusto

El truco para un muy buen arroz frito es "freír" (de verdad, calentar y recubrir de aceite) los ingredientes de manera separada, para conseguir una buena dispersión del aceite por todo el arroz y la comida.

Necesitarás un wok grande para freír y platos o tazones para contener los ingredientes que vayas cocinando. Puedes freír todo a fuego medio.

Calienta el aceite de oliva en el wok, después saltea las cebollitas de cambray y ponlas aparte. Luego saltea los hongos shiitake, enseguida las zanahorias y los chícharos chinos. Saltea los camarones al final.

Agrega dos cucharadas de aceite de coco a una sartén pequeña para saltear, ya caliente, y revuelve los huevos. Añade las cebollitas de cambray mientras los huevos se cuecen. Cuando los huevos estén firmes pero no secos, también ponlos aparte.

Vierte las 4 cucharadas restantes de aceite de coco y el arroz blanco al wok. Muévelo hasta que esté uniformemente cubierto y haya absorbido el aceite. Ahora agrega todos los ingredientes previamente cocinados —las verduras, los camarones, los huevos y la carne— y revuelve para combinar todo muy bien. Ponle sal, pimienta y cúrcuma al gusto. ¡Y eso es todo!

Pasa la mezcla a un platón grande para servir y disfrútalo mientras está caliente.

CHULETAS DE CORDERO GLASEADAS CON GRANADA

Porciones: 2

Tiempo de preparación: 5 minutos

Tiempo de cocción: 10 minutos

Ingrediente secreto de una de las salsas más dulces pero también agrias, la melaza de granada es maravillosa y es uno de esos condimentos a los que recurrirás una y otra vez, especialmente para deleitar e impresionar.

6 chuletas de cordero criado en pastizal
De 1 a 2 cucharadas de aceite de oliva extra virgen
1 cucharada de semillas de cilantro molidas
2 cucharaditas de sal de mar
¼ de cucharadita de pimienta negra recién molida
¼ de taza de melaza de granada
2 cucharadas de hoja fresca de menta en juliana

Coloca las chuletas de cordero en un plato poco profundo. Cúbrelas con aceite de oliva y sazónalas generosamente con las semillas de cilantro, la sal y la pimienta.

Calienta una plancha o una sartén a fuego alto. Cuando esté muy caliente, sella las chuletas de cordero de un lado de 2 a 3 minutos antes de voltearlas y asarlas del otro lado por 2 a 3 minutos más. En cuanto saques las chuletas de la plancha, barnízalas con una brocha o rocíalas con la melaza de granada y espolvoréales la menta fresca.

Acompañamientos: Sirve con el puré dulce y especiado de calabaza y manzana (véase página 132).

LOMO DE CORDERO ASADO AL PESTO DE MENTA

C *Cleanse:* limpieza

G *Gut:* intestino

Porciones: 2

Tiempo de preparación: 15 minutos

Tiempo de cocción: 10 minuto

La menta es un acompañamiento clásico y maravilloso para el cordero. Definitivamente, si puedes, consigue menta fresca. Vas a querer usar el pesto una y otra vez, así que tal vez quieras hacer una tanda grande.

450 g de chuletas de lomo de cordero criado en pastizal
2 cucharadas de aceite de oliva extra virgen
1 cucharada de sal de mar
2 cucharadas de orégano fresco picado

Para el pesto de menta
2 dientes de ajo
¼ de taza de pistaches crudos
2 tazas de menta fresca
½ taza de perejil liso fresco
¼ de taza de aceite de oliva extra virgen
1 cucharadita de sal de mar
½ cucharadita de pimienta negra recién molida

Coloca las chuletas en un platón para hornear. Rocíalas con el aceite de oliva y sazónalas con sal y orégano. Usa las manos para combinar muy bien los ingredientes. Permite que las chuletas se marinen a temperatura ambiente por 10 minutos.

Mientras el cordero se marina, prepara el pesto. En un procesador de alimentos, pica el ajo y los pistaches hasta que estén en trocitos gruesos. Agrega la menta y el perejil y también procésalos grueso, después deja que la máquina siga trabajando mientras agregas lentamente el aceite de oliva en un chorro constante. Continúa procesando hasta que obtengas el espesor deseado; enseguida sazona el pesto con sal y pimienta, y deja aparte.

En una parrilla o sartén sella las chuletas de cordero a temperatura alta de 2 a 3 minutos por lado. Así quedarán término medio, o puedes cocerlas más si lo prefieres.

Sirve cada chuleta de cordero con una cucharada de pesto.

Acompañamientos: Disfruta este platillo con peras y chirivías asadas (véase página 133).

FIDEOS DE CALABACITA Y COCO CON ALBÓNDIGAS ESPECIADAS

⊙ *Cleanse:* limpieza*
⊙ *Gut:* intestino

Porciones: 2 a 3

Tiempo de preparación: 15 minutos

Tiempo de cocción: 30 minutos

Este platillo de albóndigas y fideos está asombrosamente sazonado y es fácil de preparar con toda la familia. A los niños les encantará hacer las bolitas de carne y crear los fideos de verduras.

De 2 a 3 cucharadas de aceite de coco
½ taza de cebolla picada
2 dientes de ajo
2 cucharadas de zacate limón picado muy finamente
1 chile rojo picado muy finamente (opcional)
1 lata de leche de coco sin endulzar (400 ml)
¼ de taza de agua
1 cabeza de brócoli cortada en pequeños cogollos (alrededor de 2 tazas)
De 340 a 450 g de calabacita verde, con las puntas cortadas y rebanada a lo largo con un pelador o mandolina para hacer fideos estilo *pappardelle*
Sal de mar al gusto
½ taza de cilantro fresco picado
1 limón cortado en gajos

Para las albóndigas especiadas
450 g de cordero criado en pastizal, molido
1 cucharada de jengibre fresco picado
2 cebollitas de cambray cortadas tan delgadas como papel
1 cucharadita de cúrcuma molida
1 cucharada de tamari sin trigo
1 cucharada salsa de pescado (la marca Red Boat está aprobada por *Clean*)
1 cucharada de jugo de limón

Primero prepara las albóndigas. En un tazón grande combina todos los ingredientes para ellas y mézclalas muy bien con las manos o con un cucharón de madera. Mójate las manos y después forma bolas de tamaño uniforme. Yo generalmente las hago del tamaño de una pelota de golf.

* Omite el chile rojo.

Calienta una cazuela de hierro fundido de 4 litros a fuego alto. Derrite el aceite de coco; cuando esté bien caliente, agrega las albóndigas. Cocínalas de 30 a 45 segundos de cada lado, hasta que estén lindamente doradas. Cuando estén a medio dorar, haz espacio al centro de la cazuela e introduce las cebollas, el ajo, el zacate limón y el chile rojo opcional. Fríe esta mezcla de 1 a 2 minutos, después regresa las albóndigas al centro de la olla y agrega la leche de coco y el agua. Tapa la cazuela y deja que hierva a fuego lento unos 5 minutos antes de agregar el brócoli. En pocos minutos el brócoli debe estar tierno y la leche de coco reducida y comenzando a espesarse. Con cuidado incorpora los fideos de calabacita y deja que se cuezan en el líquido. Cuece justo hasta que la calabacita se ponga tierna. Añade sal al gusto.

Adorna con el cilantro y sirve con un chorrito de limón.

FIDEOS RAMEN CON RES AL JENGIBRE

Porciones: 4

Tiempo de preparación: 15 minutos

Tiempo de cocción: 15 minutos

Rápida y fácil, ésta es una alternativa saludable y llena de nutrientes a los fideos ramen empaquetados. Tiene un toque de jengibre que ayuda a la digestión y a la circulación. Verás que todos lo devoran y piden más.

De 2 a 3 cucharadas de aceite de aguacate

De 2 a 3 cucharadas de aceite de ajonjolí tostado

340 g de centro de pierna de res criada en pastizal, en rebanadas
   delgadas (alrededor de 5 milímetros de ancho), cortada en contra
   de las fibras del músculo

2 cucharadas de jengibre fresco rallado

2 dientes de ajo machacados

1 litro de caldo de verduras o de res

2 cucharadas de vinagre de vino de arroz

1 paquete (227 g) de fideos ramen de la marca King Soba

1 taza de rábano daikon, finamente rebanado

1 manojo de cebollitas de cambray, con lo blanco y lo verde finamente rebanado

De 1 a 2 cucharaditas de hojuelas de chile rojo (opcional)

Calienta un wok grande a fuego alto. Agrega una cucharada de cada uno de los aceites de aguacate y de ajonjolí. Trabajando en 3 tandas pequeñas (no llenes demasiado la sartén), cocina la res con un tercio del jengibre y un tercio del ajo por 2 o 3 minutos. Coloca la mezcla aparte y continúa, agregando otra cucharada de cada uno de los aceites y otro tercio del ajo y del jengibre, hasta que hayas cocinado toda la carne de res.

Mientras cocinas la carne, calienta el caldo de verduras o de pollo con el vinagre en una olla a fuego medio. Agrega los fideos ramen al caldo caliente y cuécelos sólo hasta que estén suaves.

Divide los fideos en cuatro tazones para servir e integra y revuelve la mezcla con la carne de res. Adorna cada tazón con las rebanadas de cebollita de cambray, con el rábano y con las hojuelas opcionales de chile rojo.

ESPAGUETI CON ALBÓNDIGAS EN SALSA MARINARA DE TREINTA MINUTOS

Porciones: 4

Tiempo de preparación: 15 minutos

Tiempo de cocción: 45 minutos

No comer gluten no significa que no puedas disfrutar un clásico plato de espagueti con albóndigas. Satisface tus antojos de pasta con esta receta y créenos: te alegrarás de haberlo hecho.

450 g de espagueti libre de gluten

Para la salsa marinara

2 cucharadas de aceite de aguacate, y un poco más para las albóndigas

1 cebolla pequeña, picada grueso

2 dientes de ajo machacados

2 cucharaditas de sazonador italiano

1 taza de vino tinto

1 lata de 800 g de jitomates enteros pelados, licuados hasta hacerlos puré

1¾ de tazas de agua

Para las albóndigas

450 g de res alimentada con pasto

¼ de taza de cebolla picada muy finamente

1 huevo criado en pastizal

1 cucharada de semillas de chía molidas

2 cucharadas de harina de almendras

¼ de taza de perejil fresco picado

2 cucharaditas de sal de mar

¼ de cucharadita de pimienta negra recién molida

Precalienta el horno a 180 °C.

Primero prepara la salsa marinara. Calienta una cacerola de hierro fundido a fuego medio alto. Agrega 2 cucharadas de aceite de aguacate y cuando esté caliente saltea la cebolla hasta acitronarla, por unos 3 o hasta 4 minutos. Incorpora el ajo, mezcla para combinar y saltea esta mezcla hasta que esté fragante. Agrega el sazonador italiano seguido por el vino y reduce la mezcla a la mitad. Vierte el puré de jitomate y el agua, después baja la flama y deja que la salsa hierva a fuego lento por 20 minutos, revolviendo ocasionalmente y dejando que se condense y espese.

Mientras la salsa se espesa, en un tazón grande mezcla todos los ingredientes para las albóndigas hasta que estén bien combinados. Usando las manos, forma bolas uniformes del tamaño de una pelota de golf y ponlas aparte. Calienta otras cucharadas de aceite de aguacate en una sartén para saltear apta para horno. Cuando el aceite esté caliente introduce las albóndigas y dóralas 2 minutos de cada lado antes de transferir la sartén al horno. Cocínalas por unos 10 minutos más.

Pon a hervir 3 litros de agua. En ella cuece el espagueti hasta que esté tierno, después escurre la pasta y revuélvela con las albóndigas y la salsa. Sirve de inmediato.

HAMBURGUESAS DE BÚFALO A LAS HIERBAS

Ⓒ *Cleanse:* limpieza*
Ⓖ *Gut:* intestino

Porciones: 4

Tiempo de preparación: 5 minutos

Tiempo de cocción: 10 minutos

Si no puedes encontrar carne de búfalo ni de ningún otro animal de caza, usa carne de res alimentada con pasto para que sea una hamburguesa igual de sabrosa. Esta mezcla de hierbas no es de los sabores tradicionales para hamburguesas, pero es absolutamente increíble.

450 g de búfalo molido
½ taza de hierbas frescas mezcladas, como perejil, salvia, tomillo, y romero, picadas grueso
1 cucharadita de sal de mar
1 huevo criado en pastizal

En un tazón grande mezcla muy bien todos los ingredientes hasta que estén totalmente combinados. Divide la mezcla en 4 tortitas del mismo tamaño. Puedes hacerlas a la parrilla, al horno o selladas en una sartén, como más te gusten las hamburguesas.

* Omite el huevo.

El chef Frank comenta sobre el uso de hierbas

Las hierbas juegan un papel importante en mi cocina. Cuando están recién cortadas y picadas, levantan cualquier platillo. Si estás reduciendo la cantidad de sal que consumes, la mejor manera de aumentar el sabor es usando hierbas. En general, yo uso hierbas secas para procedimientos de cocción largos, como sopas, estofados o cualquier cosa en una olla eléctrica de cocción lenta. Las hierbas frescas saben mejor cuando se agregan en el último momento, justo antes de servir, para obtener todos los sabores y los aromas en el platillo. Si una receta indica usar hierbas frescas y únicamente tienes secas, utiliza la mitad de las solicitadas. Cuando licues hierbas frescas en un aderezo o en una sopa, trata de no batirlas de más, ya que eso puede provocar que tu platillo quede muy amargo.

A mí me gusta cambiar las hierbas que uso de acuerdo con las estaciones. En el verano utilizo mucha albahaca, cilantro, perejil y menta. Cuando el clima se torna más frío, cambio y uso mucha salvia, romero y tomillo. Diviértete cultivando tus propias hierbas en casa; es una maravillosa forma de traer alimentos medicinales y culinarios al corazón de tu hogar.

PASTEL DE CARNE ESTILO *SHEPHERD'S PIE*

C *Cleanse:* limpieza

Porciones: 4

Tiempo de preparación: 15 minutos

Tiempo de cocción: 1 hora (incluyendo el tiempo para rostizar)

Hay pocas cosas tan buenas como hincarle el diente a una comida calientita y reconfortante cuando hace frío afuera. Este platillo es la comida caliente perfecta para el invierno si estás haciendo un programa de limpieza, y una estupenda cena en cualquier época del año. Te hemos traído esta receta clásicamente deliciosa, pero siéntete libre de hacer cualquier variación que se te ocurra. La carne de venado o de res alimentada con pasto sabe increíble en este platillo; también puedes agregarle más verduras y hacerlo completamente vegetariano si lo deseas. La granada esparcida encima le da un toque súper antioxidante, perfecto para la temporada de frío; también ayuda a aliviar los dolores musculares, así que es una comida fantástica para después de pasar todo el día afuera, trabajando o jugando, o para después de haber salido a correr un buen rato en el frío.

Para el puré de verduras y tubérculos

2 chirivías medianas, peladas y cortadas en trozos grandes

1 raíz de apio grande, pelada y cortada en trozos grandes

2 cucharadas de aceite de coco

½ taza de leche de almendras sin endulzar

Sal de mar al gusto

¼ de cucharadita de pimienta blanca molida

Para el relleno

2 cucharadas de aceite de coco

450 g de cordero criado en pastizal, molido

1 zanahoria grande, picada en pedazos pequeños

1 cebolla grande, picada en pedazos medianos

2 tallos de apio, picados en pedazos medianos

1 cucharada de sazonador mediterráneo o 2 cucharaditas de orégano,
    2 cucharaditas de cebolla en polvo y una cucharadita de tomillo seco

3 cucharadas de harina de mijo o arroz integral

2 tazas de caldo de pollo o de verduras

Sal de mar al gusto

Precalienta el horno a 190 °C.

Para hacer el puré de verduras y tubérculos, coloca las chirivías y la raíz de apio en una olla mediana. Agrega 2.5 centímetros de agua, cubre la olla y cocina las verduras a fuego alto hasta que estén tiernas al picarlas con un tenedor. Escúrrelas muy bien.

Coloca las verduras escurridas de nuevo en la olla. Rocíalas con el aceite de coco y usando un machacador de mano hazlas puré hasta que la mezcla esté suave y uniforme. Agrega la leche de almendras y sazona con la sal y la pimienta blanca. Tapa la olla y colócala aparte.

Enseguida, prepara el relleno. Calienta una sartén grande para saltear con el aceite de coco. Cuando el aceite esté caliente, sella el cordero hasta que quede totalmente dorado, moviendo frecuentemente; después introduce la zanahoria, la cebolla y el apio, revolviendo para combinarlos. Cocina la mezcla hasta que todo esté suave. Espolvorea el sazonador mediterráneo y la harina, y continúa moviendo para evitar que se queme. Después de unos minutos agrega el caldo. Lentamente hierve todo hasta que se espese de manera gradual; entonces sazónalo con sal y retira la sartén del fuego.

Vierte el relleno de cordero y las verduras sobre un refractario o molde para tartas (cualquier forma funciona bien: redondo, ovalado, cuadrado o rectangular), esparciéndolo de manera uniforme. Con una espátula, pon una capa del puré de verduras y tubérculos sobre toda la superficie del relleno. Hornea el pastel por 20 minutos, hasta que todo esté bien caliente y ligeramente dorado por encima. Sirve caliente.

VERDURAS

La calidad de nuestra salud tiene mucho que ver con la cantidad de comida vegetal en nuestra dieta. Un rasgo común de los pueblos más longevos de la tierra es su tendencia a comer más plantas. La rica diversidad de verduras en su dieta les proporciona los fitonutrientes y los antioxidantes necesarios para ayudar a reducir la inflamación, el estrés oxidativo y el daño por radicales libres. Por eso hemos puesto mucha atención en crear comidas con base en verduras repletas de nutrientes y que saben estupendamente ricas.

TORTITAS DE ESPINACA
Peggy y Megan Curry, cofundadoras de Curry Girls Kitchen

ⓒ *Cleanse:* limpieza*

ⓖ *Gut:* intestino**

Las tortitas de espinaca son estupendas como comida sustanciosa o como tentempié para llevar. Nuestra manera favorita de comerlas es sobre una cama de verduras de hoja verde mixtas con especias y verduras asadas. Cubre cada tortita con una cucharada de *hummus* de pimiento rojo y rebanadas de aguacate. También son deliciosas si las sirves sobre un bollo o desmoronadas dentro de un *wrap*.

> 4 cucharaditas de aceite de oliva extra virgen
> De ½ a 1 taza de hongos shiitake finamente picados
> 1 cebolla picada en cubitos, o un puerro (sólo la parte verde) finamente picado
> De 2 a 3 dientes de ajo, picados
> 1 manojo de espinaca fresca o congelada
> 2 cebollitas, finamente picadas
> 1 huevo o 3 cucharadas de semillas de chía, molidas y remojadas
>   en ¼ de taza de agua por 15 minutos
> De ½ a 1 taza de quinoa cocida o arroz integral
> ¼ de taza de semillas de girasol crudas, tostadas y molidas
> ¼ de taza de queso pecorino o romano rallado (opcional)
> ¼ de taza de feta de oveja o cabra, desmoronado (opcional)
> 1 cucharadita de condimento italiano
> Sal de mar y pimienta negra recién molida, al gusto
> De 2 a 3 cucharadas de aceite de coco

En una sartén mediana calienta 2 cucharaditas del aceite de oliva; después saltea en ella los hongos, la cebolla o el puerro, y el ajo. Pasa la mezcla a un recipiente mediano y deja a un lado.

En la misma sartén calienta las 2 cucharaditas sobrantes de aceite de oliva y agrega la espinaca. Cubre y cocina la espinaca al vapor de 1 a 2 minutos, hasta que las hojas se ablanden, y después cuélala, exprimiéndola contra el borde del colador para retirar el exceso de líquido. Pica la espinaca cocida y agrégala a la mezcla de hongos, cebolla y ajo. Pon las cebollitas, el huevo o las semillas de chía remojadas, la quinoa o el arroz, las semillas de girasol molidas, los quesos opcionales, el condimento italiano, la sal y la pimienta, y combina todo bien. La mezcla deberá formar la tortita sin desmoronarse.

* Sin huevo ni lácteos.
** Sin arroz integral.

En la misma sartén agrega el aceite de coco a fuego medio hasta que esté caliente. Forma tortitas con la mezcla de espinacas y saltea cada tortita hasta que se dore de ambos lados, unos 5 minutos de cada lado.

Sirve las tortitas calientes como una comida o a temperatura ambiente sobre una ensalada.

Nota: la mezcla para las tortitas se puede preparar un día antes y refrigerar. Las tortitas también se pueden hornear por 30 minutos en vez de freírlas en sartén, si lo prefieres. Si deseas guardar las tortitas cocidas, envuelve cada una en papel encerado y guárdalas en el congelador en una bolsa especial para congelar.

FIDEOS DE AJONJOLÍ

G *Cleanse:* limpieza
V Vegano

Porciones: 2

Tiempo de preparación: 20 minutos

Tiempo de cocción: 15 minutos

Este platillo tibio de fideos con un toque de nuez combina el sabor mordaz del jengibre con el sabor terroso del aceite de ajonjolí tostado. Disfrútalo solo o acompañado de cordero, pescado o pollo.

1 paquete de fideos de arroz King Soba
1 zanahoria mediana, rallada
½ taza de col morada en juliana
½ taza de cilantro picado grueso
2 cucharadas de ajonjolí crudo

Para la vinagreta
¼ de taza de aceite de ajonjolí tostado
1 cucharada de vinagre de arroz
2 cucharadas de tamari sin trigo
1 chile rojo (opcional)
2 dientes de ajo
1 trozo de jengibre de 2.5 centímetros, rallado

Ten todas las verduras preparadas y el aderezo mezclado antes de cocer los fideos de arroz, para que éstos sigan calientes cuando mezcles todo.

En una licuadora, o en un tazón pequeño, licua o bate todos los ingredientes del aderezo. Ponlo a un lado.

Cuece los fideos de arroz siguiendo las instrucciones del paquete, luego escúrrelos bien y pásalos a un tazón más grande. Mezcla los fideos calientes con la zanahoria, la col, el cilantro y el ajonjolí, y adereza la ensalada con suficiente vinagreta para cubrir todo bien. Sirve de inmediato.

LENTEJAS EN SOFRITO DOMINICANO
Zoe Saldana, actriz

El sofrito suele ser lo primero que se echa a la olla cuando hacemos sopas, cocidos, frijoles y arroces. Se puede usar de inmediato o guardarse en el refrigerador para después.

Para el sofrito
2 cebollas rojas, peladas y picadas
2 pimientos verdes grandes, sin semilla y picados
1 cabeza de ajo, pelado y molido
1 frasco (113 g) de pimientos picados, escurridos
1 lata (236 ml) de salsa de tomate
½ taza de orégano seco
½ taza de tomillo seco
1 cucharada de vinagre de sidra de manzana
1 cucharada de achiote en polvo

Para las lentejas
½ taza de aceite de oliva
1 diente de ajo
2 cucharadas de jugo de limón
1 cucharada de sofrito. ¡O más, si quieres darle más sabor!
1 pimiento rojo chico, sin semilla y picado
1 pimiento verde chico, sin semilla y picado
1 cebolla blanca chica, picada
1 cucharada de vinagre de sidra de manzana
1 paquete de ½ kilo de lentejas cafés secas, enjuagadas y escurridas

Primero prepara el sofrito. Pica y mezcla todos los ingredientes con un procesador de alimentos o una licuadora. Coloca la mezcla en un frasco de vidrio con la tapa bien apretada. Refrigera hasta por dos semanas.

Coloca las lentejas en una olla grande con suficiente agua para cubrirlas por varios centímetros. Pon a hervir y cuece las lentejas hasta que estén suaves, unos 15 minutos. Escurre y enjuaga con agua fría en un colador para enfriarlas. Déjalas reposar unos minutos para que se escurran bien.

En una sartén grande, saltea el aceite de oliva y el ajo. Espera a que éste se dore, ¡pero no lo quemes! Agrega el jugo de limón y el sofrito, y saltea un minuto. Pon el pimiento rojo, el pimiento verde y la cebolla, y saltea hasta que se cocine a tu antojo. Agrega el vinagre y las lentejas, y mezcla todo de 2 a 4 minutos. *Voilà!*

Este platillo se puede comer frío o caliente, a cualquier hora del día o de la noche. Las lentejas saben mejor mientras más reposan. Yo siempre les pongo un poquito de aceite de oliva encima cuando me sirvo un tazón. A veces también les agrego un poco de chile en polvo para darles más sabor.

Puedes sustituir el aceite de oliva por aceite de coco o de almendra, y también sustituir los pimientos por la verdura que quieras. Mi mamá a veces les pone chayote porque es mi verdura favorita. *Bon appétit!*

QUINOA CON APIO Y MANZANAS

Ⓒ *Cleanse:* limpieza

Ⓥ Vegano

Porciones: 2

Tiempo de preparación: 20 minutos

Tiempo de cocción: 15 minutos

Ésta es una guarnición deliciosa y el platillo ideal para llevar a una reunión, ya que se transporta bien y se conserva sin tener que recalentarlo. También puedes utilizarla durante la semana, esparcida sobre ensaladas. Es una maravillosa receta para preparar con antelación y utilizar por varios días.

1 ½ tazas de quinoa
3 tazas de agua
4 palitos de apio, en rebanadas delgadas
2 manzanas medianas crujientes, picadas en cubitos
¼ de taza de aceite de oliva extra virgen
De 2 a 3 cucharadas de vinagre de sidra de manzana
3 cebollitas, en rebanadas delgadas
Sal de mar y pimienta negra recién molida al gusto

Calienta la quinoa y el agua en una cazuela pequeña y tapada. Hierve a fuego lento por 15 minutos, retira la olla del fuego y deja reposar 5 minutos. Destapa la olla y deja que la quinoa llegue a temperatura ambiente. O, para acelerar el proceso, extiende la quinoa sobre un plato refractario y refrigérala por 20 minutos.

Cuando la quinoa se haya enfriado, pásala a un recipiente grande y agrega el apio, las manzanas, el aceite de oliva, el vinagre y las cebollitas, mientras mezclas. Condimenta generosamente con sal y pimienta, y sirve.

SABROSAS VERDURAS RELLENAS

Ⓖ *Gut:* intestino

Rinde: 3 a 4 tazas de relleno

Tiempo de preparación: toda la noche, más 30 minutos

Un hermoso complemento para cualquier comida, estas verduras lucen bonitas en la mesa y se pueden ajustar fácilmente a las preferencias de cada miembro de la familia. Es divertido dejar a los niños rellenar las suyas.

Verduras para rellenar

Pimiento rojo, sin tallo ni semillas, cortado a la mitad

Pepino, cortado a lo largo, sin las semillas.

Jitomates *saladette* en mitades, sin semillas ni pulpa

Hojas de lechuga romana o mantequilla

Para el relleno

1 taza de almendras crudas, remojadas en agua de 6 a 8 horas, escurridas y bien enjuagadas

1 taza de semillas de girasol crudas, remojadas por 2 horas, escurridas y bien enjuagadas

2 chalotes, picados en trozos

2 dientes de ajo, picados finamente

½ taza de tomates secos, remojados hasta ablandarlos (unos 20 minutos)

1 pimiento rojo grande, picado en dados finos

2 palitos de apio, picados en dados finos

¼ de taza de aceite de oliva extra virgen

Jugo de un limón amarillo

½ taza de perejil fresco picado

1 cucharada de tomillo fresco picado

½ cucharadita de chile chipotle en polvo

Sal de mar al gusto

Muele las almendras en un procesador de alimentos hasta obtener un molido grueso y ponlas en un recipiente grande. Licua las semillas de girasol, los chalotes y el ajo hasta que apenas comiencen a desbaratarse; después agrégalos a las almendras. Procesa los tomates secos hasta que estén bien licuados y agrégalos también a la mezcla de almendras.

Mezcla en el recipiente los pimientos rojos, el apio, el aceite de oliva y el jugo de limón amarillo; después incorpora el perejil, el tomillo y el chipotle. Condimenta el relleno con sal al gusto. El relleno deberá desmoronarse pero quedar jugoso. Rellena tu selección favorita de verduras crudas y sirve.

MANICOTTI DE CALABACITAS

G *Gut:* intestino

V Vegano

Porciones: 2

Tiempo de preparación: toda la noche, más una hora

Ésta es una versión *clean* de un favorito italiano. ¡Te sorprenderá saber que es queso de nuez de la India y no ricotta! Es el platillo perfecto para alimentar a un grupo grande y una estupenda comida para el verano, pues implica un esfuerzo mínimo de cocina.

3 calabacitas verdes grandes (alrededor de 900 g)
De 2 a 3 cucharadas de aceite de oliva extra virgen
Sal de mar y pimienta negra recién molida, al gusto
1 tanda del queso de nuez de la India (véase página 111)
½ taza de hierbas frescas picadas, como albahaca, tomillo, perejil y romero

Para la salsa de tomate

1 pimiento rojo, sin semillas y cortado en cuartos
4 tomates *saladette*, en cuartos
½ taza de tomates secos, remojados en 2 tazas de agua tibia por 30 minutos, colándolos después y reservando el líquido
½ taza de nuez de la India cruda
½ taza de semillas de cáñamo crudas
¼ de taza de aceite de oliva extra virgen
2 dientes de ajo
1 cucharada de condimento italiano
½ cucharadita de sal

Si prefieres que los *manicotti* estén tibios, precalienta el horno a 120 °C.

Primero prepara la salsa de tomate. En una licuadora, licua todos los ingredientes de la salsa hasta que la mezcla esté espesa y cremosa. Utiliza parte del líquido reservado en el que remojaste los tomates secos para obtener una consistencia de salsa. Ésta queda mejor si la preparas el mismo día que cocinas el platillo, aunque la puedes hacer con un día de antelación y refrigerarla hasta por 4 días.

Usa una mandolina o un cuchillo largo y filoso para rebanar las calabacitas a lo largo en tiras de ½ centímetro de grosor. Aderiza las tiras en un recipiente grande con 2 cucharadas de aceite de oliva y una pizca de sal y pimienta. Déjalas marinar por cinco minutos.

En un recipiente aparte incorpora las hierbas frescas al queso de nuez de la India preparado, y apártalo.

Para preparar los *manicotti*, extiende 2 o 3 tiras de calabacita marinada sobre una superficie de trabajo, encimándolas ligeramente a lo largo. Unta una cantidad generosa de mezcla de queso en una punta. Enrolla las tiras de calabacita como si fuera sushi, hasta formar un rollo de *manicotti*. Procede de la misma manera hasta que hayas utilizado todas las calabacitas y el queso.

Divide los *manicotti* entre dos platos para servir o, si prefieres hornearlos, colócalos en un plato refractario. Cúbrelos con salsa de tomate y sírvelos como están, u hornéalos de 15 a 20 minutos antes de servirlos.

SUSHI *CLEAN*

ⓒ *Cleanse:* limpieza

Ⓥ Vegano*

Porciones: 4

Tiempo de preparación: 45 minutos

Tiempo de cocción: 30 minutos

En lugar de utilizar arroz blanco, este sushi se prepara con arroz integral y otros granos repletos de proteína. Si quieres, puedes agregar pescado tipo sushi (sashimi) o salmón cocido. Hay un sinfín de posibilidades; el único límite es tu imaginación. Te damos lo básico para que puedas hacer tuya esta receta.

Nota: para este platillo necesitarás un mantelito de bambú para enrollar el sushi. No es esencial pero sí es tradicional, y en verdad ayuda a que los rollos queden parejos y simétricos.

De 4 a 6 espárragos
1 cabeza de brócoli, cortado en pequeños cogollos
1 zanahoria grande, cortada en tiras delgadas
La pulpa de 2 aguacates maduros, en rebanadas
10 hojas de nori
Wasabi preparado
Tamari sin trigo, como dip

Para el arroz de sushi
¼ de taza de quinoa
¼ de taza de mijo
¼ de taza de amaranto
¼ de taza de arroz integral de grano corto

Para el aderezo
⅛ de taza de vinagre de ciruela ume
2 cucharaditas de néctar de coco o miel cruda (si no estás siguiendo el programa de limpieza)
Sal de mar al gusto

Primero prepara el arroz para el sushi. Combina la quinoa, el mijo, el amaranto y el arroz integral en una olla con 2 tazas de agua. Cuando suelte el hervor, tápala y ponla a fuego lento por unos 20 minutos. Revisa el líquido, pues quizá necesites agregar alrededor de ¼ de

* Si no se le agrega pescado y se usa néctar de coco.

taza más de agua. Una vez que estén cocidos los granos y que hayan absorbido casi toda el agua, pon la olla a un lado y deja reposar por 5 minutos.

Mientras los granos se cuecen, bate todos los ingredientes del aderezo en un recipiente pequeño. Después de que se enfríen un poco los granos, agrega el aderezo, mezclando cuidadosamente, y combina bien la mezcla. Traslada el arroz aderezado a una bandeja para hornear forrada de papel encerado y colócala en el refrigerador por 15 minutos.

Pon a hervir agua salada en una olla a fuego lento, en ella blanquea el espárrago y los cogollos de brócoli hasta que estén apenas tiernos, de 1 a 3 minutos, y después sumérgelos en agua fría para detener la cocción de inmediato. Deja las verduras a un lado.

Para hacer los rollos de sushi, coloca una hoja de nori sobre el mantel de bambú. Asegúrate de que los pliegues de las hojas de nori se alineen en la misma dirección que las tiras de bambú del tapete; las dos deben correr en dirección horizontal. Con las manos humedecidas para evitar que se pegue el arroz, distribuye con ligereza ½ taza de la mezcla enfriada de arroz y granos sobre la mitad inferior de la hoja de nori. La clave es no presionar la mezcla con demasiada fuerza sobre la hoja de nori, sino colocarla encima con ligereza. Distribuye un poco de espárrago, brócoli, zanahoria y aguacate en una fila pareja a lo largo de esta capa intermedia de granos.

Comenzando desde abajo, enrolla el nori en dirección contraria a ti, haciendo un rollo lo más apretado posible. Cuando estés por terminarlo, humedece con el dedo el borde completo de la hoja de nori con agua y después completa el rollo, sellando el nori sobre sí mismo.

Una vez que estén completos todos los rollos, corta cada uno en 6 trozos y sírvelos con wasabi, tamari y cualquier otro condimento que desees.

FIDEOS DE ARROZ MEDITERRÁNEOS

ⓒ *Cleanse:* limpieza*

ⓥ Vegano

Porciones: 2

Tiempo de preparación: 20 minutos

Tiempo de cocción: 15 minutos

Al equipo *clean* nos encantan los fideos King Soba y fácilmente podríamos encontrarles cien usos distintos. Ésta es una deliciosa versión con sabor mediterráneo del tazón de fideos, fácil y rápida, y perfecta para esas comidas que tienes que servir lo antes posible.

1 paquete de fideos de arroz King Soba
De 2 a 3 cucharadas de aceite de oliva extra virgen
¼ de kilo de ejotes frescos, con las puntas cortadas
Unos 10 jitomates cherry, en mitades
¼ de taza de aceituna sin hueso
De 8 a 10 hojas de albahaca fresca, partidas
La cáscara y el jugo de un limón
De 1 a 2 cucharaditas de sal de mar
Pimienta negra recién molida

Cuece los fideos siguiendo las instrucciones del paquete, luego enjuágalos con agua fría y escúrrelos bien. En un tazón mediano, mezcla los fideos con el aceite de oliva.

Mientras se cuecen, pon a hervir cuatro tazas de agua con sal. Ten un tazón de agua con hielo a la mano. Escalda los ejotes en el agua hirviendo hasta que estén tiernos y de un verde brillante, unos 2 minutos; luego sácalos del agua caliente y sumérgelos de inmediato en el agua helada para que no se sigan cociendo. Escúrrelos y corta cada ejote en tercios.

Revuelve ejotes, tomates, aceitunas, albahaca, cáscara y jugo de limón, sal y pimienta en el tazón de fideos. Condimenta al gusto y sirve.

Variaciones: Para la versión *clean*, sustituye los tomates por bulbo de hinojo finamente rebanado o calabacita verde salteada.

* Con una de las variantes.

Fideos de arroz mediterráneos, p. 224

Hamburguesas de pollo al limón y hierbas con aderezo mil islas, p. 172

Sopa de huevo vertido, p. 262

El *gumbo* de Maw Maw, p. 264

Fideos de calabacita y coco con albóndigas especiadas, p. 204

Merluza cubierta en *harissa*, p. 168

Sopa de pescado y coco, p. 159

Mijo con verduras del sur de la frontera, p. 225

MIJO CON VERDURAS DEL SUR DE LA FRONTERA

C *Cleanse:* limpieza*

V Vegano

Porciones: 2

Tiempo de preparación: 10 minutos

Tiempo de cocción: 30 minutos

Picante y repleto de proteínas, es estupendo solo, pero no dudes en agregarle pollo, servirlo sobre verduras de hoja oscura o meterlo en un *wrap*.

2 cucharadas de aceite de coco
1 cebolla mediana, picada en cubitos
½ taza de zanahoria, picada en cubitos
1 palito de apio, picado en cubitos
1 taza de cogollos de coliflor
½ taza de pimiento rojo o amarillo picado
1 diente de ajo, finamente picado
½ taza de mijo
½ taza de amaranto
2 tazas de caldo de verduras o agua
1½ cucharadas de condimento mexicano
2 cucharaditas de sal de mar
¼ de taza de cilantro fresco picado en trozos
La pulpa de un aguacate maduro, en trozos
1 chile rojo, finamente picado (opcional)

Calienta una cazuela de hierro fundido de tamaño mediano-grande (con capacidad al menos para 8 tazas) a fuego medio-alto. Agrega el aceite de coco y después saltea la cebolla de 2 a 3 minutos, moviendo ocasionalmente. Cuando la cebolla esté traslúcida, agrega la zanahoria, el apio, la coliflor, el pimiento rojo y el ajo. Sigue salteando unos cuantos minutos más antes de agregar el mijo y el amaranto. Revuelve los granos, dejándolos tostar ligeramente en la cazuela. Después de 2 a 3 minutos, agrega el caldo o agua y el condimento mexicano, mientras revuelves. Cubre la cazuela, baja el fuego a medio y deja que la mezcla se cocine sobre la estufa de 12 a 15 minutos. Casi todo el líquido deberá absorberse; si no lo ha hecho, déjalo cocer unos cuantos minutos más. Cuando esté listo, apaga el fuego y deja reposar 5 minutos.

Agrega la sal, revolviendo, y divide la mezcla en dos platos hondos para servir. Decora cada recipiente con hojas de cilantro, aguacate y chile rojo opcional.

Variaciones: Para una versión *clean* amigable, omite el chile rojo y sustituye los pimientos rojos por calabacines o calabacitas.

* Con la variación.

QUINOA CON PALMITOS A LA GRIEGA

Ⓒ *Cleanse:* limpieza*

Ⓖ *Gut:* intestino

Ⓥ Vegano

Porciones: 2

Tiempo de preparación: 15 minutos

Tiempo de cocción: 20 minutos

Adoramos nuestros platillos de quinoa, ya que son una excelente manera de obtener proteína rápida y sin carne. Los palmitos y las aceitunas Kalamata te ofrecen una consistencia maravillosa, y el platillo entero tiene un sabor increíble. Y, además, te satisface sin ser pesado.

1 taza de quinoa

2 tazas de agua

1 lata (400 ml) de palmitos, escurridos, enjuagados y cortados en rebanadas de 5 milímetros de grosor

½ taza de cebolla morada picada en daditos

1 tomate grande y maduro, picado en trozos

½ taza de aceitunas Kalamata picadas

1 diente de ajo, finamente picado

2 cucharadas de orégano fresco picado

¼ de taza de aceite de oliva extra virgen

2 cucharadas de vinagre de vino tinto

De 2 a 3 cucharaditas de sal de mar

En una olla mediana combina la quinoa y el agua. Cubre y calienta hasta que hierva, después baja el fuego y deja que burbujee 15 minutos. Retira la olla del fuego y deja que repose, cubierta, durante 5 minutos más. Destápala y deja que la quinoa se enfríe hasta que quede a temperatura ambiente.

En un recipiente grande combina los palmitos, la cebolla, el tomate, las aceitunas, el ajo, el orégano, el aceite de oliva, el vinagre y la sal. Cuando la quinoa se haya enfriado lo suficiente, agrégala a la mezcla de verduras, revuelve, y sírvela.

* Omitir el tomate.

COLIFLOR ASADA CON ADEREZO DE PISTACHE

C *Cleanse:* limpieza

G *Gut:* intestino

V Vegano

Porciones: 2

Tiempo de preparación: 10 minutos

Tiempo de cocción: 20 minutos

La coliflor asada es un platillo que no todos han probado, pero una vez que lo hacen se vuelven adictos de por vida. Este aderezo también es algo que vas a querer hacer y tener a la mano todo el tiempo. Seguramente se volverá uno de tus aderezos favoritos para ensalada, por mucho.

1 coliflor, cortada en pequeños cogollos (unas 4 tazas)

1 cebolla morada pequeña, rebanada en rodajas de 5 milímetros de grosor

¼ de taza de aceite de oliva extra virgen

1 pizca de sal de mar

2 cucharaditas de curry en polvo

Para el aderezo

½ taza de pistaches crudos

1½ cucharadas de vinagre de jerez

¼ de taza de hojas de cilantro fresco empacadas holgadamente, y un poco más para adornar

¼ de taza de aceite de oliva extra virgen

¼ de taza de agua

Sal de mar al gusto

Precalienta el horno a 190° C.

En un recipiente grande aderezo la coliflor y la cebolla morada con el aceite de oliva, la sal y el curry en polvo. Extiende la mezcla sobre un plato para horno y asa las verduras de 15 a 20 minutos, o hasta que la coliflor esté tierna al ensartarla con un tenedor y ligeramente dorada.

Mientras se asa la coliflor, calienta una sartén de fondo grueso a fuego medio-alto. Agrega los pistaches y tuéstalos en la sartén seca, agitándola con frecuencia hasta que los pistaches estén bien dorados. Traslada los pistaches a una licuadora o procesador de alimentos y agrega el vinagre, el cilantro, el aceite de oliva, el agua y la sal. Muele la mezcla, dejándola con trozos, y luego viértela en una fuente pequeña.

Cuando la coliflor esté lista, retírala del horno y trasládala a un plato para servir. Decora con cilantro. En lo personal, me gusta remojar la coliflor en la salsa, pero también puedes rociarla encima o mezclar todo en un tazón grande antes de servir.

CHILES RELLENOS DE HONGOS, CAMOTE Y CREMA DE NUEZ DE LA INDIA AL CHIPOTLE

Mary Karlin, miembro de la comunidad Clean

Ⓥ Vegano

Porciones: 4 a 8, según el tamaño de los chiles

Lo que tomo en cuenta cuando creo los componentes para los ingredientes de una receta son los sabores limpios y complementarios, que resaltan. Los ingredientes orgánicos y de temporada (en lo posible) proporcionan una nutrición y un sabor óptimos. Éstos son los criterios básicos para mis menús diarios y también los que enseño a otros en mis libros y mis cursos de cocina.

En lugar de freírlos, estos chiles quedan deliciosos asados a la parrilla para obtener un sabor ahumado. Si no tienes parrilla, ásalos en el horno a 190° C por 30 minutos. Puedes sustituir la mitad de la papa o la papa completa con quinoa roja o tricolor cocida, si prefieres.

8 chiles poblanos grandes
½ cucharadita de sal de mar, y un poco más para los camotes o batatas
2 camotes o batatas grandes, pelados, cocidos y hechos puré
1 ½ cucharaditas de pasta de achiote (o algún tipo de pasta de curry o chile, si no encuentras la de achiote), desmoronada
La ralladura de un limón
3 cucharadas de aceite de oliva extra virgen, y un poco más para recubrir
1 cebolla blanca pequeña, picada en cubitos
4 dientes de ajo, finamente picados
225 g de hongos shiitake, sin tallo, picados en trozos
¼ de taza de mirin o vino blanco seco
¼ de taza de cilantro fresco picado en trozos

Para la crema de nuez de la India al chipotle
1 taza de nueces de la India u otras nueces crudas, remojadas y escurridas
1 cucharadita de hojuelas de levadura nutricional
½ cucharadita de chile chipotle en polvo (opcional)
½ cucharadita de sal de mar
¼ de taza de agua
¼ de taza de leche de coco o de alguna otra nuez

Primero prepara la crema. Licua todos los ingredientes de la crema hasta que quede una mezcla homogénea. Agrega hasta ¼ de taza adicional, si prefieres una consistencia más líquida. La crema se puede guardar en el refrigerador hasta por una semana.

Para preparar los chiles, corta una abertura de 3 pulgadas de largo en la orilla de cada chile poblano para poder rellenarlos. Retira la parte blanca y la mayoría de las semillas y echa un poco de sal adentro. Repite con todos los chiles, y déjalos en una charola para hornear.

En un recipiente grande combina el puré de camote, la pasta de achiote y la ralladura de limón. Pon sal y pimienta al gusto y deja aparte.

Calienta 3 cucharadas del aceite de oliva en una sartén grande a fuego medio. Saltea las cebollas hasta que estén traslúcidas, después agrega el ajo y los hongos, y sigue salteando durante 5 minutos más. Agrega el mirin o el vino blanco, y sigue cocinando la mezcla hasta que los hongos estén blandos y se haya absorbido todo el líquido. Retira la sartén del fuego y agrega el cilantro, revolviendo.

Precalienta el horno a 230 °C. Si no, precalienta una parrilla de hierro colado sobre la estufa, con el lado estriado hacia arriba, o usa una parrilla para exteriores siguiendo las instrucciones del fabricante.

Con una cuchara, rellena cada chile poblano a la mitad con la mezcla de camote (alrededor de ¼ de taza o más por chile), y después con una cucharada generosa de la mezcla de hongos; empújala dentro del chile para rellenarlo bien.

Vuelve a colocar los chiles rellenos en la bandeja para hornear y con una brocha ligeramente recubre cada uno con aceite de oliva para cocinarlos en el horno, o coloca los chiles en la parrilla preparada. Voltea los chiles ocasionalmente mientras los asas, hasta que la piel esté ampollada y ligeramente carbonizada. Si los estás asando a la parrilla, pásalos a fuego indirecto para terminar. Cocina los chiles hasta que estén blandos, unos 10 minutos más.

Trasládalos a una fuente para servirlos mientras todavía están calientes. Sirve un chile relleno por persona, rociándolo con la crema.

PIZZA *CLEAN* SICILIANA DE BROOKLYN DE VINCENT ARPINO

Howie Greene, miembro de la comunidad Clean

Ⓖ *Gut:* intestino

Porciones: aproximadamente 2

Tiempo de preparación: 15 minutos

Tiempo de cocción: de 25 a 30 minutos

1½ tazas de harina de almendra

½ taza de harina de coco

1 cucharadita de bicarbonato de sodio

½ cucharadita de sal de mar

2 huevos de rancho

2 cucharadas de aceite de oliva extra virgen, y un poco más para formar
  la base de la pizza

1 taza de concentrado de tomate o salsa de tomate orgánico
  (yo utilizo la marca Sclafani, pero cualquier marca con ingredientes
  clean funciona, o prepara la tuya)

Hojas frescas o secas de albahaca y orégano al gusto

Queso vegano mozzarella Daiya, queso bronco (si no estás siguiendo el programa
  de limpieza) o queso de nuez casero

Opciones para agregar: espinaca, champiñones, aceituna, cebolla, tomate, salchicha
  de pollo, anchoas, etcétera.

Precalienta el horno a 220 °C.

En un recipiente grande, combina la harina de almendra, la harina de coco, el bicarbonato de sodio y la sal. En un recipiente pequeño, bate los huevos y después incorpóralos a los ingredientes secos. Agrega el aceite de oliva y el agua lentamente. Amasa la mezcla con las manos, formando una bola grande. Déjala a un lado 10 minutos.

Forra una charola para hornear con papel encerado y cubre el papel ligeramente con aceite de oliva o aceite de coco en aerosol. También cubre tus manos con un poco de aceite de oliva. También con las manos, extiende la masa sobre el papel encerado para formar un rectángulo de alrededor de 5 milímetros de grosor (¡no uses el rodillo!). Hornea durante 9 minutos.

Retira la charola del horno y déjala enfriar por 5 minutos. Después toma el papel encerado con ambas manos, y con cuidado desliza la base de la pizza fuera de la charola para hornear. Forra la charola para hornear con un trozo nuevo de papel encerado y, otra vez con cuidado, voltea la base de la pizza sobre el trozo fresco de papel encerado.

Con un cucharón distribuye la salsa de tomate sobre la base. Espolvorea la pizza con albahaca y orégano y el queso de tu preferencia. Hornéala por 3 minutos. Gira la charola

180 grados en el horno, para que la base se hornee de manera uniforme, y hornéala durante otros 3 minutos.

Saca la charola del horno y agrega cualquier ingrediente adicional que desees. Rocía la pizza con aceite de oliva y vuelve a meterla al horno 12 minutos más.

Retírala del horno, déjala enfriar 3 minutos y después rebana con una rodela para pizzas. ¡A disfrutar!

EXPERIENCIA: El Programa de Limpieza *Clean* y el Programa *Clean* para el Intestino cambiaron mi vida y las vidas de muchos más en mi mundo. Me enseñaron a mejorar mi salud y mi bienestar, y me devolvieron años de energía y de productividad perdidos. Luzco y me siento años más joven y gracias a *Clean* he podido transmitir muchas grandes ideas, lecciones y recetas a la gente que me rodea. ¡Gracias al doctor Junger y al equipo de *Clean*!

PUTTANESCA DE CALABACÍN

G *Gut:* intestino

Rinde: 900 ml

Tiempo de preparación: 10 minutos

Tiempo de cocción: 45 minutos

Tradicionalmente, la *puttanesca* es un platillo salado y acidulado que se originó en Italia, con un pasado lleno de historias y muchas teorías sobre su nombre. Hicimos este platillo un poco más *clean*, evitando agregar sal adicional y aprovechando las anchoas, las alcaparras y las aceitunas Kalamata en salmuera. Sigue siendo una comida muy fácil de hacer, sobre todo si ya tienes la salsa lista. Prepara la salsa con antelación y congélala para esta comida, o si vas a utilizar una salsa envasada de alta calidad, simplemente caliéntala y pasa directamente a hacer los fideos de calabacín.

- 2 calabacines o calabazas de verano grandes (unos 900 g en total)
- ¼ de taza de aceite de oliva extra virgen
- 1 taza de cebolla finamente picada
- 6 dientes de ajo, finamente picados
- 2 cucharadas de concentrado de tomate
- 1.4 litros de tomates enteros pelados de lata, troceados con las manos, (reserva el jugo)
- 1 taza de aceitunas Kalamata bien apretadas, sin hueso y en mitades
- 2 cucharadas de alcaparras
- ½ cucharadita de albahaca seca
- ½ cucharadita de hojuelas de chile rojo picante
- 2 cucharadas de filetes de anchoa picados (unos 8 filetes)

Utiliza un rallador de verduras en espiral o pelapapas para rebanar la calabaza en "fideos" de 5 milímetros de grosor. Ponlos aparte.

Calienta el aceite de oliva en una sartén grande a fuego medio-alto. Cuando el aceite esté caliente, saltea las cebollas de 2 a 3 minutos, moviendo ocasionalmente hasta que estén traslúcidas. Agrega el ajo y sofríe; mueve con frecuencia hasta que la mezcla esté aromática. Agrega el concentrado de tomate, revuelve, y sigue cocinando sin dejar de mezclar por 2 minutos más. Agrega los tomates con su jugo, y también las aceitunas, las alcaparras, la albahaca, las hojuelas de chile y los filetes de anchoa opcionales. Baja el fuego a medio y deja que la salsa burbujee de 30 a 40 minutos, hasta que se reduzca y espese.

Cuando la salsa tenga la consistencia que desees, incorpora los fideos de calabacín y cocínalos hasta que apenas se hayan calentado. Sirve de inmediato.

CONFETI DE VERDURAS CON SALSA PICANTE

ⓒ *Cleanse:* limpieza

ⓖ *Gut:* intestino

ⓥ Vegano

Porciones: 2

Tiempo de preparación: 20 minutos

Tiempo de cocción: 10 a 15 minutos

Este confeti es rápido, divertido y sabroso. A los niños les encantará ayudar con esta comida de colores brillantes y la salsa seudotailandesa de cacahuates.

1 cucharada de aceite de coco
1 brócoli, cortado en cogollos
2 cucharaditas de jengibre fresco recién rallado
3 dientes de ajo, pelados y picados finamente
3 zanahorias medianas, peladas y cortadas en juliana
2 calabazas de verano, peladas y cortadas en juliana
Alrededor de un taza (115 g) de chícharo japonés, cortado transversalmente en tiras delgadas
2 cebollitas, en rebanadas delgadas, para adornar
Hojas de cilantro fresco para adornar

Para la salsa

½ taza de mantequilla de almendra sin sal
1 cucharada de jengibre fresco picado finamente
1 cucharada de miso (en general usamos garbanzo South River, pero cualquier marca está bien)
2 dientes de ajo, finamente picados
1 cucharadita de chile en polvo, o al gusto
2 cucharaditas de cilantro molido
1 ¼ tazas de leche de coco sin endulzar

Primero prepara la salsa. Licua todos los ingredientes de la salsa hasta que la mezcla esté homogénea y cremosa. Pruébala y sazona al gusto. Deja aparte la salsa.

Calienta un wok grande o sartén para saltear a fuego medio-alto. Derrite el aceite de coco y después agrega los cogollos de brócoli, revolviendo. Saltéalos por unos minutos, al terminar agrega jengibre y ajo, y revuelve. Cocina la mezcla hasta que esté aromática y añade luego las zanahorias, las calabazas y los chícharos japoneses, cociendo todo hasta que se caliente por completo.

Vierte la mitad de la salsa en la sartén, revolviendo la mezcla con suavidad con un par de pinzas o con dos cucharas para servir. Cuando la mezcla esté bien cubierta, retírala del fuego y divídela entre dos platos para servir. Decora cada plato con las cebollitas y las hojas de cilantro. Si sobra salsa, se puede guardar en el refrigerador hasta por una semana.

ARROZ SALVAJE CON SABORES DEL MEDIO ORIENTE

C *Cleanse:* limpieza*
V Vegano

Porciones: 2

Tiempo de preparación: 24 horas para remojar, más 10 minutos

Tiempo de cocción: 20 minutos

Con sabores desquiciantemente exquisitos y el calcio adicional de las semillas de ajonjolí, ésta es otra comida repleta de proteínas para darte energía mientras te mantienes ligero y versátil. El arroz salvaje es fácil de digerir, ya que técnicamente no es un grano sino un pasto marino.

- 1 taza de arroz salvaje, remojado en 3 tazas de agua durante 24 horas, escurrido y bien enjuagado
- 1 manojo de perejil liso, picado grueso, alrededor de ½ taza
- 2 chalotes, rebanados en rodajas delgadas
- 1 cucharadita de comino molido
- 3 cucharadas de semillas de ajonjolí crudas
- De 10 a 12 tomates cherry, en mitades
- 2 cucharadas de jugo de limón amarillo
- ¼ de taza de aceite de oliva extra virgen
- Sal de mar al gusto

Coloca el arroz salvaje recién enjuagado en un recipiente pequeño, cúbrelo con agua (2 partes de agua por 1 parte de arroz) y cocínalo hasta que esté suave y esponjoso. Destapa y deja que se enfríe a temperatura ambiente.

Cuando el arroz se haya enfriado, combínalo en un recipiente grande con el perejil, los chalotes, el comino, las semillas de ajonjolí, los tomates, el jugo de limón amarillo y el aceite de oliva hasta que todo esté bien cubierto. Sazona el platillo con sal al gusto y sírvelo a temperatura ambiente.

* Omite el tomate.

KITCHARI CLEAN

C *Cleanse:* limpieza

V Vegano

Porciones: 4

Tiempo de preparación: 15 minutos

Tiempo de cocción: 45 minutos

Un platillo tradicional de purificación y sanación de la tradición ayurvédica. Es maravillosamente especiado y antiinflamatorio e impulsa la circulación. No dudes en usar *ghee* (mantequilla clarificada) en lugar del aceite de coco, o junto con éste, para una versión más tradicional.

3 cucharadas de aceite de coco

2 cucharaditas de semilla de mostaza amarilla

2 cucharaditas de semilla de comino

2 cucharaditas de semilla de hinojo

1½ tazas de garbanzos *chana dahl* (se encuentran en la mayoría de las secciones internacionales de los supermercados)

6 o más tazas de agua

1 cebolla amarilla grande, picada en cubitos

1 taza de zanahorias picadas

1 taza de arroz basmati integral

1 cucharadita de cúrcuma molida

2 cucharaditas de sal de mar, o al gusto

¼ de cilantro fresco picado en trozos

Calienta 2 cucharadas del aceite de coco en una cazuela grande a fuego medio-alto. Agrega las semillas de mostaza, las semillas de comino y las semillas de hinojo, y mézclalas de manera continua hasta que se doren ligeramente y comiencen a reventar. Agrega el *chana dahl* junto con el agua y calienta la olla hasta que hierva. Reduce el fuego a medio, tapa la olla y deja hervir la mezcla a fuego lento hasta que el agua se haya reducido a la mitad, unos 15 minutos. Mientras se cocina el *dahl*, en una sartén aparte calienta la cucharada sobrante de aceite de coco y saltea la cebolla y las zanahorias hasta que estén tiernas, y agrégalas a la olla de *chana dahl* junto con el arroz y la cúrcuma. Revuelve para combinar todo y sigue hirviendo la mezcla a fuego lento hasta que tanto el arroz como el *dahl* estén tiernos, agregando más agua a medida que sea necesario. Sigue hirviendo a fuego lento hasta que se absorba toda el agua y todo se haya cocido por completo. Agrega sal al gusto y espolvorea con cilantro picado antes de servir.

NAPOLEÓN DE VERDURAS

G *Gut:* intestino

V Vegano

Porciones: 2

Tiempo de preparación: 20 minutos

Tiempo de cocción: 30 minutos

Esto resulta en una hermosa torre de verduras. El plato vale completamente el esfuerzo que exige su preparación, pero conviértelo en un divertido evento familiar con niños lo suficientemente grandes como para blandir un cuchillo. El esfuerzo será tan hermoso como las torres terminadas.

1 bulbo de hinojo
1 cebolla mediana
2 hongos portobello
1 calabacín grande
1 berenjena mediana (de 220 a 280 g)
1 calabaza de verano grande (hasta 450 g)
Aceite de oliva extra virgen, sal de mar y pimienta negra recién
    molida al gusto

Para la vinagreta de jitomate y albahaca
1 jitomate maduro grande
2 dientes de ajo, picados finamente
2 cucharadas de chalote finamente picado
2 cucharadas de vinagre de vino tinto
¼ de taza de hojas de albahaca fresca troceadas
1 cucharadita de hojas de orégano fresco picado
¼ de taza de aceite de oliva extra virgen
1 pizca de sal de mar

Primero prepara todas las verduras. Corta el hinojo y la cebolla a la mitad, dejando los corazones intactos; después corta ambas mitades en gajos, dejado una sección del corazón en cada rebanada para que los trozos sigan unidos. Retira los tallos de los portobello y con una cuchara quita las laminillas. Corta la calabacita a la mitad por lo largo, después rebánala en medias rodajas de 5 milímetros de grosor. Rebana la berenjena y la calabaza de verano en rodajas de 5 milímetros a 1 centímetro.

Combina las verduras en un plato refractario o extiéndelas sobre una charola para hornear. Rocía aceite de oliva sobre todas las verduras y espolvorea sal y pimienta. Déjalas marinar unos 10 minutos.

Puedes cocer las verduras a la parrilla, asarlas en un horno a 175 °C, o saltearlas en una sartén de fondo grueso con aceite de coco hasta que estén tiernas.

Mientras las verduras se cuecen, prepara la vinagreta. Corta el jitomate a la mitad, después pásalo sobre un rallador de caja hasta que sólo quede la piel; deséchala. En un recipiente pequeño combina el jitomate con el ajo picado, el chalote, la albahaca y el orégano. En otro recipiente pequeño, bate juntos el aceite, la vinagreta y la sal, luego combínalos con la mezcla de jitomate. Deja aparte la vinagreta.

Construye una pila sobre cada plato para servir, amontonando las verduras una encima de la otra. Puede tomar un rato encontrar las piezas que se acomoden, ¡pero es como armar un rompecabezas! Rocía la vinagreta sobre cada torre antes de servir.

VERDURAS ASADAS CON *HUMMUS* SEDOSO

ⓒ *Cleanse:* limpieza

ⓥ Vegano

Porciones: 4

Tiempo de preparación: 15 minutos

Tiempo de cocción: 30 a 40 minutos

Ésta es una mezcla reconfortante y súper sencilla. Sólo pica las verduras, sazónalas rápidamente y colócalas en el horno. Mezclar la salsa es igual de sencillo, y la comida final es muy satisfactoria y placentera para toda la familia. Ajústala para cada estación con las verduras que tengas a la mano.

> 1.3 kg de verduras de raíz, como betabel, zanahorias, chirivías y colinabo, cortados en
>   trozos grandes y uniformes
> 4 cucharaditas de sal de mar
> ½ taza de aceite de oliva extra virgen, y un poco más para cubrir las verduras
> 3 tazas de garbanzos cocidos (2 latas de 450 ml)
> 2 cucharaditas de comino molido
> De 2 a 3 dientes de ajo
> ¼ de taza de tahini
> 3 cucharadas de jugo de limón
> 2 cucharaditas de sal de mar
> De ½ a ¾ de taza de agua
> ½ taza de perejil fresco picado

Precalienta el horno a 175° C.

En un recipiente grande, adereza las verduras de raíz con 2 cucharaditas de sal y suficiente aceite de oliva para cubrir todo. Coloca las verduras en una charola para hornear y ásalas hasta que estén ligeramente doradas y tiernas, unos 30 a 40 minutos.

Mientras se hornean las verduras, prepara el *hummus*. En un procesador de alimentos, licua los garbanzos, el comino y el ajo hasta que los garbanzos se peguen al borde del recipiente. Usa una espátula para raspar bien los bordes y dejarlos limpios.

Agrega el tahini, el jugo de limón amarillo, la sal y la ½ taza de aceite de oliva, luego vuelve a licuar mientras echas el agua en un chorrito hasta obtener una consistencia espesa y uniforme.

Pasa el *hummus* al centro de una fuente grande. Cuando termines de asar las verduras, acomódalas alrededor. Decora con perejil y sirve.

COL ASADA CON CREMA AGRIA DE CHIPOTLE Y ALCARAVEA

C *Cleanse:* limpieza

G *Gut:* intestino

V Vegano

Porciones: 2

Tiempo de preparación: 15 minutos

Tiempo de cocción: 25 minutos

La col cocida es fácil de digerir y tiene muchos beneficios para la salud. Realmente es sabrosa si la asas con un ligero golpe picante y una salsa cremosa.

1 col verde (900 g o menos)
2 cucharadas de aceite de oliva extra virgen
Sal de mar
½ cucharadita de chile chipotle en polvo (opcional)
Crema agria (véase página 112)
1 cucharadita de semillas de alcaravea recién molidas

Precalienta el horno a 205° C.

Retira las hojas externas de la col; después córtala en gajos, haciendo tu mejor esfuerzo por incluir el corazón en cada gajo. Acomoda los gajos de col en una charola para hornear ligeramente engrasada. Espolvorea cada gajo con sal y con un toque de chipotle en polvo si lo deseas. Colócalos en el horno y ásalos hasta que los bordes estén crujientes. Según el tamaño y el grosor de la col, esto puede tomar de 15 a 25 minutos.

Mientras tanto, prepara la receta de la crema agria, agregando las semillas de alcaravea. Coloca la crema agria en un recipiente pequeño para servir y deja aparte.

Retira la col del horno y pásala a una fuente. Sirve cucharadas de crema sobre la col o sumerge los gajos de col en el tazón de crema agria al comer.

El chef Frank comenta sobre las verduras de raíz

Soy un gran aficionado de las verduras de raíz, no sólo por su gran sabor sino también porque son muy versátiles. Puedes asarlas, hacerlas puré o agregarlas a las sopas. Como algunas de las raíces pueden ser algo dulces, funcionan bien tanto en recetas dulces como saladas.

TOSTADAS MEXICANAS

C *Cleanse:* limpieza*
V Vegano

Porciones: 4
Tiempo de preparación: toda la noche
Tiempo de cocción: 1 hora

Aunque esta receta es un poco complicada, los resultados finales bien valen el esfuerzo. La salsa de jitomate, la crema agria y los frijoles pintos pueden prepararse con antelación.

1 taza de frijoles pintos secos o una lata (443 ml)
1 cucharada de vinagre de sidra de manzana (opcional)
½ tanda de crema agria (véase página 112)
Hasta ½ taza de aceite de aguacate (también funciona el aceite de coco)
1 taza de cebollas picadas finamente
1 cucharadita de ajo en polvo
2 cucharaditas de comino molido
1 cucharadita de páprika
¼ de cucharadita de canela molida
2 cucharaditas de sal de mar
2 calabacines o calabazas de verano, en rodajas delgadas (de 600 a 900 g)
4 tortillas de arroz integral
2 corazones de lechuga romana, picada (unas 4 tazas)
La pulpa de 2 a 3 aguacates maduros, rebanados

Si estás usando frijoles pintos secos, prepáralos primero. Remójalos en 4 tazas de agua con una cucharada de vinagre de sidra toda la noche (de 8 a 12 horas). Escúrrelos, enjuágalos bien y cocínalos en otras 4 tazas de agua hasta que estén muy tiernos, unos 20 minutos. Escúrrelos y deja aparte.

Prepara las recetas de la salsa de jitomate (véase la página 139) y la crema agria (véase la página 112) con anticipación o mientras se cuecen los frijoles.

Calienta de 2 a 3 cucharadas de aceite de aguacate en una sartén grande a fuego medio. Agrega las cebollas y saltéalas hasta que estén traslúcidas, unos 3 a 4 minutos. Agrega los frijoles cocidos, revolviendo, junto con el ajo en polvo, el comino, la páprika, la canela y la sal, además de ¼ de taza de agua. Mezcla bien para combinarlo todo. Cuando la mezcla se haya calentado por completo, usa un pisapapas para aplastar los frijoles. Me gusta que tengan un poco de textura, pero déjalos tan uniformes como desees. Sigue revolviendo para evitar que se quemen; después déjalos a un lado y mantenlos calientes en el horno o encima de la estufa.

* Omite la salsa.

En una sartén mediana, saltea los calabacines o las calabazas de verano en 1 o 2 cucharadas del aceite de aguacate sobrante, hasta que estén ligeramente dorados y tiernos. Resérvalos.

Acomoda las tortillas en un horno precalentado de 200 °C o en una sartén con un poco de aceite de coco para que queden crujientes.

Coloca una tortilla crujiente en cada plato y después úntala con aproximadamente una cuarta parte de los frijoles refritos. Cúbrela con parte de la lechuga romana picada, unas cuantas rebanadas de aguacate, un poco de calabacín o calabaza de verano salteados, y unas cuantas cucharadas de salsa. Rocía cada tostada con la crema agria y sirve.

CALABAZA CABELLO DE ÁNGEL ASADA CON PESTO OTOÑAL

C *Cleanse:* limpieza

G *Gut:* intestino

V Vegano

Porciones: 2

Tiempo de preparación: 15 minutos

Tiempo de cocción: de 45 minutos a 1 hora

Éste es el platillo otoñal por excelencia. A medida que se enfría el clima, las calabazas se vuelven más dulces y buscamos maneras de usar lo último que queda de las cosechas de verduras de hoja verde oscura. Esta comida deliciosa combina las dos a la perfección.

1 calabaza cabello de ángel
1 taza de pepitas de calabaza crudas
De 2 a 3 tazas de espinaca fresca (un manojo grande)
3 dientes de ajo
½ cucharadita de sal de mar
¼ de taza de aceite de pepita de calabaza o extra virgen de oliva

Precalienta el horno a 175 °C.

Coloca la calabaza cabello de ángel en un plato refractario y hornéala hasta que esté tierna, más o menos de 45 minutos a 1 hora.

Mientras se cocina la calabaza, tuesta las pepitas de calabaza (o utilízalas crudas, si quieres). Deja que las semillas se calienten y se asen suavemente. Una vez que te llegue el aroma de las pepitas de calabaza, baja el fuego y agítalas gradualmente para permitir que se asen de manera uniforme. Algunas semillas reventarán de manera parecida a las palomitas; eso significa que ya casi terminas.

Sigue hasta que las semillas estén bien doradas, cuidando no quemarlas, después colócalas en un recipiente y déjalas enfriar a temperatura ambiente.

Una vez que se hayan enfriado, prepara el pesto. Yo lo hago con un mortero, pero puedes usar un procesador de alimentos o una licuadora. Procesa las pepitas de calabaza, la espinaca, el ajo y la sal hasta formar una pasta grumosa con la mezcla. Después rocía el aceite de semilla de calabaza o aceite de oliva hasta que la mezcla se vuelva untable. Deja el pesto a un lado.

Cuando la calabaza esté tierna, retírala del horno y déjala enfriar lo suficiente como para poder manejarla con las manos. Corta la calabaza a la mitad y retira las semillas. Saca la pulpa, que parece fideos, y colócala en un recipiente grande. Agrega un poco de pesto, revolviendo lo suficiente como para cubrir la calabaza de manera uniforme. Sazónala con más sal al gusto y sirve.

GUISADO DE NABO ASADO CON CREMA DE NUEZ Y SALVIA

G *Cleanse:* limpieza

G *Gut:* intestino

G Vegano

Porciones: 4, como guarnición

Tiempo de preparación: 15 minutos

Tiempo de cocción: de 45 minutos a 1 hora

Este platillo es una manera deliciosa de servir una verdura de raíz que no se usa lo suficiente. Es perfecta para el otoño o el invierno acompañado de una rebanada de pollo asado, o sola: una comida reconfortante y sana.

600 g de nabos, pelados y con los extremos cortados
1 cucharada de aceite de coco
1 cebolla mediana, en rebanadas delgadas
2 cucharadas (3 a 4 dientes) de ajo picado finamente
1 manojo de col rizada, sin los tallos, las hojas picadas en trozos

Para la crema de nuez y salvia
2 tazas de nuez de Castilla, tostada
3 cucharadas de vinagre de sidra de manzana
¼ de taza de aceite de oliva extra virgen
½ taza de agua
2 cucharaditas de sal de mar
¼ de cucharadita de pimienta negra recién molida
4 hojas de salvia fresca

Con una mandolina o un cuchillo filoso rebana los nabos en rodajas delgadas. Si el nabo está grande, corta cada rebanada a la mitad para que todas queden más o menos del mismo tamaño. Déjalas a un lado.

Calienta el aceite de coco en una sartén para saltear a fuego medio-alto. Saltea la cebolla de 3 a 4 minutos, revolviendo ocasionalmente, después agrega el ajo y sigue salteando hasta que la mezcla esté fragante. Agrega la col rizada, unas 2 cucharadas de agua y una pizca de sal, revolviendo todo rápidamente hasta que la col rizada se marchite. Reserva las verduras.

Para hacer la crema de nuez, licua las nueces, el vinagre, el aceite de oliva, el agua, la sal y la pimienta hasta que la mezcla tenga una consistencia uniforme y cremosa. Agrega la salvia, mezclando hasta que apenas se incorpore. Reserva la crema.

En un plato refractario de 15 por 15 centímetros, o en una olla de hierro colado de 15 centímetros, extiende 2 cucharadas de la crema de nuez y salvia sobre el fondo. Cubre la crema con una capa delgada de nabos. Extiende otra capa de 2 a 3 cucharadas de crema. Cubre con una capa de alrededor de ¼ de taza de la mezcla de col rizada. Repite las capas alternadas hasta que alcances la parte superior de la olla, o hasta que utilices todos tus ingredientes, terminando con una capa de la crema de nuez y salvia.

Hornea el guisado de 45 minutos a una hora, hasta que los nabos se rebanen fácilmente con un cuchillo. Sirve de inmediato.

PASTEL SALADO DE LENTEJAS

C *Cleanse:* Limpieza*
V Vegano

Porciones: 4

Tiempo de preparación: 30 minutos

Tiempo de cocción: 1 hora

Este platillo sustancioso dejará satisfechos a todos esos amigos y miembros de la familia que buscan carne en cada comida. Puedes planear con antelación y prepararlo el día antes de servirlo. Es posible colocar la mezcla en un molde para pan forrado de papel encerado y guardarlo hasta por dos días, hasta que estés listo para hornearlo.

1 taza de arroz integral o salvaje
1 taza de lentejas verdes
Hasta ¼ de taza de aceite de aguacate
1 cebolla pequeña, picada en cubitos pequeños
2 palitos de apio, picado en cubitos pequeños
1 zanahoria mediana, picada en cubitos pequeños
1 taza de hongos, picados en cubitos pequeños
½ taza de hierbas frescas picadas, como perejil, romero, cebollín, salvia y tomillo
1 cucharada de sal de mar, o al gusto
Pimienta negra recién molida al gusto
¼ de taza de semillas de chía
¼ de taza de levadura nutricional
Salsa de jitomate o *barbecue* de tu selección

Coloca el arroz en un cazo pequeño y agrega 2 tazas de agua. Tápalo, cuando suelte el hervor baja el fuego y deja hervir a fuego lento por 12 a 15 minutos, o hasta que casi toda el agua se haya absorbido. Retira del fuego y déjalo cubierto por 10 minutos más. Extiende el arroz sobre un plato refractario para que se enfríe.

Coloca las lentejas en un cazo pequeño con 2½ tazas de agua. Cubre el cazo y calienta la mezcla hasta que hierva, después baja el fuego y deja hervir a fuego lento hasta que las lentejas estén tiernas, de 15 a 20 minutos. Escurre el exceso de agua y deja enfriar las lentejas, destapadas, hasta que estén a temperatura ambiente.

Mientras se cocinan las lentejas y el arroz, prepara tus verduras. Calienta el aceite en una sartén grande para saltear, a fuego medio-alto. Saltea la cebolla, el apio, la zanahoria y los hongos hasta que estén tiernos. Si tu sartén no es lo suficientemente grande, es posible que tengas que hacerlo en tandas. Cuando se hayan cocido todas las verduras, déjalas enfriar también para que queden a temperatura ambiente.

*Omitir salsa de jitomate o *barbecue*.

Precalienta el horno a 180° C.

En un procesador de alimentos, coloca una taza copeada de lentejas cocidas, una de arroz y una de verduras. Combínalas hasta que la mezcla comience a formar una bola y se vuelva pegajosa. Usa una espátula de hule para limpiar los bordes mientras licuas.

Coloca la mezcla procesada en un recipiente grande y agrega lo que sobra de las lentejas cocidas, el arroz y las verduras, y también añade las hierbas frescas, la sal, la pimienta, las semillas de chía y la levadura nutricional, revolviendo. Quizá necesites usar tus manos para esta parte. Una vez que la mezcla se incorpore de forma uniforme, pruébala y ajusta los condimentos.

Sirve la mezcla en un plato refractario ligeramente engrasado y usa tus manos para formar una hogaza de unos 6.5 centímetros de altura. Rocía la salsa de jitomate o *barbecue* encima del pastel, después hornéalo por unos 30 minutos. La parte exterior debe quedar ligeramente crujiente.

Retira del horno y sirve de inmediato.

RISOTTO DE HONGOS

C *Cleanse:* limpieza

V Vegano*

Porciones: 2

Tiempo de preparación: 10 minutos

Tiempo de cocción: de 30 a 45 minutos

Cremoso y reconfortante, este platillo clásico y untuoso bien vale su tiempo de preparación. Quedarse parado frente a una cazuela caliente, revolviendo de manera constante, es algo increíblemente meditativo y una gran oportunidad para conversar con un ser amado o ponerse al día con un *podcast* informativo o nutritivo para el alma.

2 cucharadas de aceite de aguacate, y un poco más para los hongos
½ taza de cebolla picada finamente
2 dientes de ajo
1 taza de arroz integral de grano corto
120 ml de vino tinto
Hasta 900 ml de caldo de verduras o agua que mantengas caliente en un cazo pequeño en la estufa
4 tazas (alrededor de 220 g) de hongos frescos picados (cualquier variedad que prefieras), cortados en trozos pequeños
De 1 a 2 cucharadas de levadura nutricional
1 ramito de romero fresco, finamente picado
Sal de mar al gusto
2 cucharaditas de aceite de oliva o una cucharadita de aceite de trufa (si no te opones a los lácteos, prueba con mantequilla de vacas alimentadas con pasto, como un risotto tradicional)

Derrite 2 cucharadas del aceite de aguacate en una olla de 2 litros a fuego medio-alto. Saltea la cebolla y el ajo hasta que queden traslúcidos, unos 2 minutos, después reduce el fuego a medio y agrega el arroz, revolviendo. Saltea la mezcla por 2 minutos más. Esto tuesta el arroz y le da un maravilloso sabor a nueces.

Vierte el vino tinto dentro y déjalo reducir a la mitad antes de agregar 1½ tazas de caldo. Remueve la mezcla a menudo y permite que el arroz absorba la mayoría del líquido antes de agregar más. Sigue cocinando y revolviendo el arroz, poniendo el líquido en aumentos de ½ taza, sin olvidar revolver con frecuencia.

Mientras se cocina el arroz, prepara los champiñones. En una sartén mediana a fuego medio-alto, saltea los hongos en aceite de aguacate hasta que estén ligeramente dorados. Resérvalos.

Cuando el arroz se sienta casi completamente cocido, en ese momento la mezcla deberá lucir espesa y cremosa. Agrega los hongos salteados, la levadura nutricional, el romero y la sal. Termina con el aceite de oliva o de trufa y sirve de inmediato.

* Omite la mantequilla.

FILETES DE PORTOBELLO CON PURÉ DE RAÍZ DE APIO

ⓒ *Cleanse:* limpieza

ⓖ *Gut:* intestino

ⓥ Vegano

Porciones: 2

Tiempo de preparación: toda la noche, más 15 minutos el día de servirlo

Tiempo de cocina: 1 hora

Éste es un popurrí de sabores campiranos, sustanciosos y elegantes que complacen no sólo a los vegetarianos que buscan algo más "carnoso" en su comida, sino también a los amantes de la carne. Perfecto para complacer a todos.

½ tanda de marinada de mostaza y romero (véase página 107)
2 hongos portobello grandes

Para el puré de raíz de apio
900 gr de raíz de apio
2 cucharadas de rábano picante preparado
3 cucharadas de mantequilla de coco
2 cucharaditas de sal de mar
De ¼ a ½ taza de leche de almendras sin endulzar
2 cebollitas de cambray, en rebanadas delgadas

Precalienta el horno a 175° C.

Prepara la marinada la noche anterior, o varias horas antes, y resérvala.

Quítale los tallos a los hongos, después usa un tenedor para retirar las laminillas. Para hacerlo, raspa suavemente en dirección de las laminillas, como a 3 milímetros de profundidad. Coloca los hongos con la parte superior hacia abajo en un plato refractario y vierte la marinada encima. Déjalos marinar por lo menos 20 minutos o hasta 8 horas.

Mientras los hongos se marinan, coloca la raíz entera de apio en un plato refractario de vidrio con alrededor de 6 milímetros de agua en el fondo. Cubre el plato con papel aluminio y asa la raíz en el horno de 45 minutos a una hora. Retira el papel aluminio y deja enfriar la raíz hasta que la puedas manipular con las manos.

Usa un cuchillo para pelar la piel de la raíz de apio, después pícala en trozos gruesos y colócalos en un procesador de alimentos. Licúalos con el rábano picante y con la mantequilla de coco, y agrega suficiente leche de almendras para que la mezcla llegue a una textura y una consistencia parecidas a las de un puré de papa. Condimenta con sal de mar, después incorpora las cebollitas picadas. Reserva y mantén caliente.

Coloca los hongos en un plato refractario y hornea hasta que estén tiernos, de 10 a 12 minutos.

Rebana los hongos, después colócalos encima de las pilas de puré de raíz de apio. Disfruta con verduras de hoja verde al ajillo o espárragos asados.

RISOTTO DE CHÍCHAROS Y ESPÁRRAGOS A LA MENTA

C *Cleanse:* limpieza

V Vegano*

Porciones: 2

Tiempo de preparación: 10 minutos

Tiempo de cocción: 30 minutos

Este platillo de inspiración primaveral es perfecto como entrada o guarnición. El truco con cualquier *risotto* es revolver de manera constante para permitir que el arroz se vuelva cremoso una vez que termine de cocinarse. Éste es, sin duda, un platillo que requiere mucho amor y mucha atención, pero tus esfuerzos serán bien recibidos.

1 cucharada de aceite de coco
½ taza de cebolla picada en cubitos pequeños
1 taza de arroz integral de grano corto
240 ml de Chardonnay orgánico
Alrededor de un litro de caldo de pollo o de verduras
½ taza de espárragos (unos 4 a 5), cortados en trozos de 1.2 centímetros
½ taza de chícharos frescos desgranados o congelados (previamente descongelados)
½ cucharadita de sal de mar ahumada
2 cucharaditas de sal de mar
½ cucharadita de pimienta negra fresca
2 cucharaditas de menta fresca picada
De 2 a 3 cucharadas de mantequilla de coco

Calienta una olla de 2 litros a fuego medio-alto. Derrite el aceite de coco, después agrega la cebolla y cocina hasta que esté traslúcida, unos 2 minutos. Reduce el fuego a medio; agrega el arroz, revolviendo, y cocina por 2 minutos más. Esto tuesta el arroz y le da un maravilloso sabor a nueces. Vierte el vino blanco dentro y déjalo reducir a la mitad antes de agregar 355 ml de caldo. Mezcla con frecuencia y deja que el arroz absorba la mayoría del líquido antes de agregar más. Sigue cocinando el arroz, agregando el líquido en tandas de 120 ml y recordando revolver con frecuencia.

Cuando el arroz parezca estar cocido casi por completo, agrega el espárrago y sigue cociendo. En este momento el arroz ya debería estar espeso y cremoso. Agrega los chícharos, revuelve para combinarlos, y calienta por completo. Condimenta con las sales y la pimienta negra, y agrega la menta y la mantequilla de coco, revolviendo. Sirve de inmediato.

* Utiliza caldo de verduras.

SOPAS Y ESTOFADOS

Nos encantan las sopas y los estofados porque calientan y son fáciles de digerir. Son una gran opción de comida para todos nuestros programas *Clean* y funcionan ya sea como plato principal o guarnición, o bien como un refrigerio rápido. Hemos incluido caldos, gazpachos, *gumbos* y más; todos aprobados por *Clean* y esperando que les des tu toque personal. Como dice el chef Frank: "No tengas miedo de usar lo que tengas a la mano y experimentar con texturas y especias". Te damos permiso de hacer eso mismo. Diviértete.

CALDO DE POLLO

C *Cleanse:* limpieza

G *Gut:* intestino

Rinde: 38 litros

Tiempo de preparación: 15 minutos

Tiempo de cocción: 3 a 4 horas

Una base sanadora para innumerables recetas, el caldo de pollo, fresco o congelado, siempre es bueno tenerlo a la mano.

1 pollo entero criado en pastizal o su esqueleto
2 tazas de cebolla picada grueso
1 taza de zanahorias picadas
1 taza de apio picado
1 chorrito de vinagre de sidra de manzana
2 hojas de laurel
1 cucharada de granos enteros de pimienta negra
2 dientes de ajo picados
2 cucharaditas de tomillo seco
Hasta 4 tazas de restos de verduras, como puntas de poro, tallos de perejil,
    puntas de zanahorias y cáscaras de cebolla
Agua suficiente para cubrirlo todo

Coloca todos los ingredientes en una olla para caldo de fondo grueso. Incluye suficiente agua fría para todo el contenido de la olla y rebasa por 2.5 centímetros. Calienta la mezcla hasta el punto justo antes del hervor, después déjala hervir a fuego lento por 3 o 4 horas. Mientras se cuece a fuego lento, retira la espuma descolorida que suba a la superficie.

Si estás usando un pollo entero, retíralo de la olla después de una hora de cocción y rebana toda la carne de los huesos. Coloca la carne aparte para sopas u otras recetas que desees preparar.

Cuando el caldo esté listo, cuidadosamente cuélalo a través de un paño de manta de cielo o de un colador de malla fina. Enfríalo tan pronto como sea posible y guárdalo en el refrigerador hasta que necesites usarlo. Cualquier resto de caldo puede ser congelado para usarse en el futuro, pero es mejor utilizarlo en el plazo de tres meses.

El doctor Junger comenta sobre el sanador caldo de huesos

Mi equipo y yo vemos muchos desórdenes digestivos en un grupo muy variado de personas. Los caldos de huesos (hechos con médula de animales criados en pastizal o peces atrapados en libertad) pueden ser un maravilloso tónico digestivo. Ayudan a nutrir y a apoyar la reparación del tracto digestivo. Además, contienen glicina, un aminoácido necesario para procesar y balancear la metionina (un aminoácido) que se encuentra en la carne de los músculos. Los caldos de huesos también son una excelente forma de sacarle todo el jugo a tu dinero en tus compras de alimentos y de tener abastecido tu congelador de bases para sopas a lo largo de todo el año.

CALDO DE VERDURAS

C *Cleanse*: limpieza

G *Gut*: intestino

V Vegano

Rinde: 3 a 4 litros

Tiempo de preparación: 1 minuto

Tiempo de cocción: de 30 minutos a 1 hora

Este caldo es un líquido versátil que puede usarse en muchísimas recetas. Un método fácil y sustentable de hacerlo es guardar tus restos de verduras en el congelador hasta que tengas suficientes para hacer una olla de caldo. Eso sí, evita usar crucíferas, como la col, los nabos, las coles de Bruselas, el brócoli y la coliflor, ya que éstas le darán un sabor amargo.

2 cucharadas de aceite de aguacate

2 cebollas medianas picada grueso (las cáscaras están bien si son orgánicas)

2 zanahorias grandes picadas grueso

6 tallos de apio picados grueso

1 cabeza de ajo entera picada grueso (está bien incluir la piel, si es orgánico)

2 hojas de laurel

1 tira de alga *kelp*

10 granos enteros de pimienta negra

4 tazas de restos de verduras y hierbas, como perejil, tomillo y tallos de hongos

3.8 litros de agua

Calienta el aceite de aguacate en una olla a fuego medio-alto. Saltea las cebollas, las zanahorias y el apio por 3 a 4 minutos. Mueve las verduras ocasionalmente y permite que se doren un poco. Esto resaltará el sabor del caldo. Agrega el ajo y cocínalo hasta que esté aromático, después introduce las hojas de laurel, el alga *kelp*, los granos de pimienta, las sobras de verduras y el agua. Calienta la mezcla hasta que hierva, después baja la flama y hierve a fuego lento de 30 minutos a una hora. A mayor tiempo de hervor mejor sabor tendrá.

Cuela el caldo a través de un paño de manta de cielo o de un colador de malla fina, después guárdalo en el refrigerador en un contendor hermético hasta por cuatro días. El caldo que sobre puede congelarse hasta por tres meses.

CALDO DE HONGOS

C *Cleanse:* limpieza

G *Gut:* intestino

V Vegano

Rinde: 2 litros

Tiempo de preparación: 15 minutos

Tiempo de cocción: 1 hora y 30 minutos

Con un sabor profundo y térreo, esta receta es una base perfecta para platillos salados como sopas y salsas. Escoge hongos silvestres, que tienen propiedades curativas y el beneficio de estimular tu sistema inmune para obtener un caldo verdaderamente medicinal que puedes usar a lo largo de todo el año.

De 2 a 3 cucharadas de aceite de aguacate

450 g de hongos, como portobello, shiitake, champiñones y crimini, en rebanadas gruesas

De ½ a 2 tazas de tallos de hongos

14 g de hongos secos

1 poro grande, incluyendo la parte verde, picada grueso

4 dientes de ajo picados

2 hojas de laurel

2 cucharaditas de tomillo seco

1 cucharada de salvia seca

1½ tazas de vino blanco seco

3.8 litros de agua

Calienta el aceite de aguacate en una olla grande puesta a fuego medio. Saltea los hongos, los tallos de hongo y los hongos secos por unos 4 minutos, moviendo con frecuencia, hasta que estén ligeramente dorados. Agrega el poro y el ajo y continúa salteando por 3 a 4 minutos más. Introduce y mezcla las hojas de laurel, el tomillo y la salvia; enseguida desglasa la olla con el vino blanco. Hierve a fuego lento para reducir el líquido a la mitad, después vierte el agua. Calienta la mezcla hasta que hierva y baja la flama a fuego medio. Hierve a fuego lento la mezcla de una hora a 30 minutos hasta que el líquido se haya reducido de nuevo a la mitad. Pasa el caldo a través de un paño de queso o de un colador de malla fina. Enfríalo y úsalo en los siguientes 3 días o congela cualquier resto de caldo para usarlo en el futuro, hasta por tres meses.

MINESTRONE

Ⓥ Vegano

Rinde: 38 litros
Tiempo de preparación: 15 minutos
Tiempo de cocción: 45 minutos

Ésta es una forma clásica y fácil de armar una comida cuando se desea sopa y las verduras abundan.

2 cucharadas de aceite de oliva extra virgen
1 cebolla morada mediana, picada
2 zanahorias medianas, peladas y picadas
1 tallo grande de apio en cubos
3 dientes de ajo, picados muy finamente
1 lata de 430 ml de jitomates enteros, pelados, machacados a mano o ligeramente
    picados en el procesador de alimentos
8 tazas de agua
2 tazas de col blanca rebanada
1 lata de 430 ml de frijoles *cannellini* (alubias), enjuagados y escurridos
230 g de ejotes, despuntados y cortados en pedazos de 1.5 centímetros
¼ de taza de hojas de albahaca trozadas
1 cucharadita de romero fresco picado
Sal de mar y pimienta negra recién molida al gusto

Calienta el aceite de oliva en una olla a fuego medio. Saltea la cebolla, las zanahorias y el apio hasta que estén tiernos, alrededor de 4 o 5 minutos. Agrega el ajo, revuelve combinando todo y saltea por otros 1 o 2 minutos. Vierte los jitomates y hierve la mezcla, permitiendo que el líquido se reduzca ligeramente antes de agregar el agua y la col. De nuevo, lleva la mezcla al punto de ebullición, reduce el fuego y permite que hierva a fuego lento por 20 minutos antes de agregar las alubias y los ejotes. Hierve a fuego lento por otros 10 minutos más, después mezcla de manera envolvente la albahaca y el romero, y sazona la sopa con sal y pimienta.

SOPA DE CEBOLLA

C *Cleanse:* limpieza

G *Gut:* intestino

V Vegano*

Porciones: 4

Tiempo de preparación: 10 minutos

Tiempo de cocción: 1 hora

Absolutamente deliciosa, esta receta da un pequeño giro a la tradicional sopa francesa y además te prometemos que ni siquiera notarás la falta del pan y el queso.

2 cucharadas de aceite de aguacate

910 g de cebollas amarillas, en rebanadas delgadas

2 tazas de poro en rebanadas finas

4 dientes de ajo, rebanados

237 ml de vino blanco seco

2 hojas de laurel

1 tira de alga *kelp*

1 cucharadita de hongos silvestres en polvo o 30 g de hongos secos molidos

1 cucharadita de tomillo seco

8 tazas de agua o de caldo de pollo, res o verduras

2 cucharaditas de sal de mar o miso de garbanzos al gusto (la marca South River es buena)

Calienta el aceite de aguacate en una olla grande a fuego medio-alto. Saltea las cebollas, el poro y el ajo, moviendo ocasionalmente hasta que las cebollas estén muy suaves y caramelizadas, alrededor de 20 minutos. Agrega el vino blanco, las hojas de laurel, el alga *kelp*, los hongos y el tomillo seco, y hierve a fuego lento para que el líquido se reduzca a la mitad. Vierte el agua o el caldo, cubre parcialmente la olla y deja que la mezcla hierva a fuego lento. Cocina alrededor de 30 minutos. Prueba la sopa y sazona con la sal o el miso antes de servir.

* Usa agua o caldo de verduras.

SOPA DE ZANAHORIA, COMINO Y COLIFLOR

C *Cleanse:* limpieza

G *Gut:* intestino

V Vegano

Porciones: 4

Tiempo de preparación: 10 minutos

Tiempo de cocción: 20 minutos

Saludables para la piel, las zanahorias se integran de modo perfecto con la coliflor, que es sanísima para el corazón. El comino es una especia sutil con agradable sabor a nueces, que se ha demostrado tiene sus propios beneficios para la salud.

2 cucharadas de aceite de coco

1 cebolla morada mediana, picada

2 dientes de ajo picados finamente

2 cucharaditas de jengibre en polvo

2 cucharaditas de semillas de comino recién molidas

1 cucharadita de semillas de cilantro recién molidas

1 cucharadita de semillas de hinojo recién molidas

450 g de zanahorias picadas (alrededor de 4 tazas)

2 tazas de coliflor picada

De 5 a 6 tazas de agua

1 hoja de laurel

De 2 a 3 cucharaditas de sal de mar

¼ de taza de mantequilla de coco

¼ de taza de pepitas de calabaza, crudas o asadas

De 2 a 3 cucharadas de perejil fresco picado

Derrite el aceite de coco en una olla grande a fuego medio-alto. Saltea la cebolla hasta que esté transparente, por unos 3 o 4 minutos. Integra y revuelve el ajo y el jengibre seguido de las semillas de comino, las semillas de cilantro y las semillas de hinojo. Cocina hasta que la mezcla esté muy fragante, después agrega las zanahorias y la coliflor. Vierte el agua y agrega la hoja de laurel. Cubre parcialmente la olla y calienta la sopa hasta el hervor, después baja la flama a fuego medio y deja que hierva por 15 a 20 minutos antes de sazonarla con la sal.

Antes de servir, vierte la mitad de la sopa en una licuadora y hazla puré con la mantequilla de coco hasta que la mezcla esté cremosa. Después regrésala a la olla y revuélvela con el resto de la sopa.

Adorna cada plato de sopa con las pepitas de calabaza y el perejil fresco.

Variaciones: Para hacer una versión más sustanciosa (y aún *clean*), agrega una taza de garbanzos cocidos en los últimos 10 minutos de cocción.

Sopa de zanahoria, comino y coliflor, p. 256

Filetes de portobello con puré de raíz de apio, p. 247

Risotto de chícharos y espárragos a la menta, p. 248

Tacos de pescado y tostadas mexicanas, pp. 164 y 240

Pollo horneado a la mostaza, p. 175

Pollo con limones encurtidos y especias aromáticas, p. 189

Pechuga de pavo en marinada thai, p. 181

Sopa de alubias y berza, p. 257

SOPA DE ALUBIAS Y BERZA

C *Cleanse:* limpieza

V Vegano

Porciones: 4

Tiempo de preparación: durante la noche anterior

Tiempo de cocción: 1 hora

La berza y las alubias son una pareja tradicional. Si deseas más proteína u otra variación de esta clásica sopa, siéntete libre de agregarle pollo o cualquier embutido de tu elección. Sólo recuerda que lo mejor es que sean animales locales y criados en pastizal.

2 cucharadas de aceite de aguacate

1 zanahoria mediana, cortada en trozos grandes

2 tallos de apio, cortado en trozos grandes

1 cebolla grande, cortada en trozos grandes

2 dientes de ajo, machacados

1½ tazas de alubias *cannellini*, remojadas la noche anterior (de 8 a 12 horas) en 4 tazas de agua y una cucharadita de vinagre de sidra de manzana, bien escurridas y enjuagadas

6 o más tazas de caldo de pollo o verduras

1 hoja de laurel

4 tazas (alrededor de un manojo) de berza picada grueso

2 cucharaditas de sal de mar, o al gusto

2 cucharaditas de romero fresco

Calienta el aceite de aguacate en una olla grande a fuego medio-alto. Saltea las zanahorias, el apio y las cebollas, moviendo ocasionalmente hasta que las verduras estén ligeramente tiernas, unos 4 a 5 minutos. Integra el ajo y cocina la mezcla hasta que esté fragante. Agrega las alubias, el caldo, la hoja de laurel y calienta la olla hasta que hierva. Baja la flama, cubre parcialmente la olla y deja que la sopa hierva a fuego lento, suavemente, alrededor de 20 minutos. Introduce y mezcla la berza y continúa hirviendo a fuego lento por otros 10 minutos, hasta que esté suave. Si la sopa comienza a ponerse muy espesa, agrega más caldo.

Antes de servir, sazona la sopa con sal y revuélvele el romero.

Variaciones: Para una versión más cremosa, haz puré un cuarto o la mitad de la sopa en la licuadora, hasta que la mezcla esté uniforme, y después intégrala nuevamente a la sopa.

COCIDO DE HONGOS Y CHIRIVÍAS

C *Cleanse*: limpieza

G *Gut:* intestino

V Vegano

Porciones: 4 a 6

Tiempo de preparación: 15 minutos

Tiempo de cocción: 1 hora

Los hongos térreos y las chirivías dulces se acompañan muy bien en este rico cocido. Es fácil de preparar todo el año, especialmente del otoño a la primavera, cuando las chirivías son fáciles de encontrar en la mayoría de los mercados.

De 2 a 3 cucharadas de aceite de aguacate

6 tazas de hongos frescos rebanados (la variedad que más te guste)

2 tazas de cebolla picada

1 taza de apio picado

2 chirivías grandes, cortadas en pedazos pequeños (alrededor de 4 tazas)

3 dientes de ajo

2 litros del caldo de hongos (véase página 253)

1 hoja de laurel

1 tira de alga *kelp*

3 cucharadas de raíz de kudzu en polvo

6 cucharadas de agua

¼ de taza de tamari sin trigo

De 1 a 2 cucharaditas de sal de mar

1 cucharada de tomillo fresco picado

¼ de taza de perejil fresco picado

Calienta el aceite de aguacate en una olla grande a fuego medio-alto. Saltea los hongos, moviendo ocasionalmente hasta que se doren, alrededor de 4 a 5 minutos. Integra y revuelve la cebolla, el apio, las chirivías y el ajo; saltea por otros 4 a 5 minutos. Vierte el caldo de hongos y agrega la hoja de laurel y la tira de alga *kelp*. Calienta la mezcla hasta el hervor, después baja la flama, cubre parcialmente la olla y hierve a fuego lento por alrededor de 45 minutos.

Diluye en agua la raíz de kudzu en polvo, después integra y revuelve en la sopa. Sube un poco la flama para hervír el líquido. Una vez que la sopa comience a espesarse, agrega el tamari y la sal. Integra el tomillo fresco y el perejil antes de servir.

SOPA SUSTANCIOSA DE INVIERNO
Susana Belen, fundadora de We Care Spa

C *Cleanse:* limpieza
G *Gut:* intestino*
V Vegano

Esta sopa que calienta en el invierno contiene montones de proteína de verduras y fibra. Los carbohidratos incluidos aquí se liberan lentamente en la sangre, haciendo que te sientas lleno. La mantequilla de nueces agrega grasas omega 3 y un gran sabor. He incluido muchas verduras y especias diferentes, así que experimenta con las que tú prefieras. A mí me gusta hacer grandes cantidades y almacenarlas en el refrigerador o en el congelador.

1 taza de lentejas, chícharos secos o garbanzos
Verduras picadas o ralladas: cebolla, ajo, apio, calabacita verde, calabaza, rábano,
   betabel, zanahoria, albahaca, orégano y jengibre
Verduras de hoja verde finamente picadas: acelga, berza, *bok choy* y espinaca
Especias y hierbas para darle sabor: comino, romero, azafrán, cilantro, cúrcuma,
   sal de mar o sal del Himalaya
Mantequilla orgánica de nueces o tahini

Remoja una taza de lenteja, chícharo seco o garbanzo por un par de horas. Si usas frijoles (negros, bayos, pintos, etcétera), remójalos durante la noche anterior. Enjuágalos y cocínalos en agua fresca hasta que estén bien cocidos.

En una olla aparte con 2 tazas de agua agrega las verduras picadas o ralladas y la albahaca, el orégano y el jengibre para darle sabor. Cocina y después bate la mezcla de verduras en una Vitamix o en la licuadora. Agrega las verduras licuadas a la sopa de frijoles. Rendirá para varias comidas. Divídela en porciones y refrigérala o congélala.

Al momento de servir, agrega las verduras de hoja verde picadas a la sopa y cocina por 3 a 4 minutos.

Después agrega hierbas y especias saludables para darle sabor y una cucharada de mantequilla de nueces por cada taza, para espesarla.

* Omite los frijoles, usa lentejas o chícharos secos.

SOPA MULLIGATAWNY
Wanda Le Blanc-Rushner, miembro de la comunidad Clean

Porciones: aproximadamente 6

Ésta es una sopa hindú muy sustanciosa con pollo al curry, manzanas y arroz integral; es una grandiosa forma de calentar el estómago cuando las hojas del otoño comienzan a caer. ¡Definitivamente una de las favoritas en nuestro hogar!

1 cucharada de aceite de coco
1 taza de tallos de apio picados
1 taza de cebollas amarillas o blancas picadas
1 taza de zanahorias picadas
1 diente de ajo picado muy finamente
2 pechugas de pollo criado en pastizal, deshuesadas y sin piel, cortadas en cubos de 2.5 centímetros
3 cucharaditas de curry en polvo
1 cucharadita de chile en polvo
1 cucharadita de comino molido
2 clavos enteros
6 tazas de caldo de pollo
1 lata de jitomates en cubos (560 ml)
½ taza de arroz *basmati* integral sin cocer
1 cucharadita de sal de mar
½ cucharadita de pimienta negra recién molida
2 tazas de manzanas Granny Smith, peladas, sin corazón y en cubos
½ taza de perejil fresco picado
1 cucharada de jugo de limón (opcional)

Derrite el aceite de coco en una olla para sopa grande a fuego medio. Saltea el apio, las cebollas, las zanahorias y el ajo, moviendo ocasionalmente por 3 a 4 minutos hasta que las verduras comiencen a ponerse suaves. Agrega el pollo y cocínalo hasta que ya no esté rosa. Agrega el curry y el chile en polvo, el comino y los clavos y continúa moviendo por otros 2 minutos antes de introducir el caldo de pollo, los jitomates, el arroz, la sal y la pimienta. Hierve la mezcla, tápala y baja la temperatura para hervir a fuego lento por 15 minutos. Introduce y mezcla las manzanas y el perejil, y deja hervir 10 minutos más, después retira la olla del calor e integra el jugo de limón si así lo deseas. ¡Disfrútala!

SOPA FRÍA DE PEPINO Y AGUACATE

C *Cleanse:* limpieza

G *Gut:* intestino

V Vegano

Porciones: 2

Tiempo de preparación: 10 minutos

Tiempo de cocción: 30 minutos (opcional)

La sopa es uno de los alimentos que más satisfacen el alma, y es de lo más fácil de hacer y saborear, pero no tiene por qué ser una comida únicamente de invierno. Las sopas de verano hechas con ingredientes frescos, donde una licuadora es la única herramienta que necesitas, son maravillosas cuando el clima está demasiado caliente para preparar grandes comidas. Los aguacates hacen que todo se vuelva cremoso y aportan grasa saturada esencial, que es antiinflamatoria y mantiene tu metabolismo encendido.

2 pepinos grandes, pelados, sin semillas, picados grueso (alrededor de 3 tazas)

La pulpa de 2 aguacates maduros

1 taza de nueces de la India crudas

El jugo de un limón

2 dientes de ajo

2 cucharaditas de sal de mar

1 taza de agua

Para adornar
1 cucharada de menta fresca picada, estragón o cilantro

1 pizca de sal de mar ahumada o páprika ahumada

En una licuadora haz puré todos los ingredientes hasta que la mezcla esté uniforme y cremosa. Sírvela inmediatamente, adornada con las hierbas frescas y con una pizca de sal ahumada o páprika ahumada, o coloca la sopa en un recipiente hermético y enfríala por 30 minutos antes de servirla.

EXPERIENCIA: Finalicé el Programa de Limpieza *Clean* hace varios meses y desde entonces he seguido el programa. Disfruto de un licuado saludable cada mañana, una comida completa y una cena ligera, junto con refrigerios. He perdido algunos kilos no deseados, me siento con más energía ¡y mi sistema digestivo me ama por hacer todo esto! De verdad recomiendo este programa.

SOPA DE HUEVO VERTIDO

Ⓖ *Gut:* intestino

Porciones: 2 a 4

Tiempo de preparación: 3 horas

Tiempo de cocción: 10 minutos

La traducción del nombre chino de esta sopa es "sopa flor de huevo". Es un tazón bello y reconfortante de hilillos de huevo y caldo de pollo (de preferencia hecho en casa) que estimula al sistema inmune.

2 cucharadas de jengibre rebanado

1 anís estrella

4 tazas de caldo de pollo (de preferencia hecho en casa; véase la página 250)

1 diente de ajo, pelado y picado finamente

2 huevos criados en pastizal

2 cebollitas de cambray rebanadas finamente

De 2 a 3 cucharadas de miso de garbanzos o de 2 a 3 cucharadas de tamari sin trigo

Coloca el jengibre, el anís estrella y el ajo en un infusor de hierbas metálico o de malla. Lentamente calienta el caldo de pollo hasta lograr un hervor suave. Deja que las hierbas se infusionen por 3 horas, después retíralas e introduce y bate los huevos. Agrega las cebollitas de cambray picadas y sirve la sopa con el miso o el tamari como condimento.

SOPA DE LENTEJAS AL LIMÓN

Ⓥ Vegano

Porciones: 4

Tiempo de preparación: la noche anterior más 10 minutos

Tiempo de cocción: de 3 a 4 hora

El sabor cítrico le da un encantador toque ligero a lo térreo de las lentejas. Un tazón de esta sopa está cargado de proteínas y es maravilloso en cualquier momento en que necesites una comida sustanciosa pero fácil de digerir.

1 taza de lentejas verdes
1 poro grande con la parte blanca cortada en rodajas de 5 milímetros
1 cebolla mediana picada grueso
1 zanahoria mediana picada
1 tallo de apio picado
½ taza de hojas de cilantro fresco picadas grueso
1 hoja de laurel
2 cucharadas de semillas de comino, tostadas y molidas
1 pizca de chipotle en polvo
2 cucharadas de aceite de oliva extra virgen
De 4 a 6 tazas de caldo de verduras o agua
2 camotes amarillos grandes, pelados y cortados en trozos grandes
1 manojo de acelgas, sin los tallos y cortados al tamaño de bocados
La ralladura de un limón
Sal de mar y pimienta negra recién molida al gusto

Remoja las lentejas la noche anterior en 4 tazas de agua. Escúrrelas y enjuágalas, después introdúcelas en una olla eléctrica de cocción lenta junto con el poro, la cebolla, las zanahorias, el apio, el cilantro, la hoja de laurel, las semillas de comino, el chipotle en polvo, el aceite de oliva y el caldo o el agua. Cocina por 2 horas y 30 minutos antes de agregar el camote amarillo y la acelga. Luego cocina una hora más. Agrega la ralladura de limón y el jugo, y sazona con sal y pimienta antes de servir.

EL *GUMBO* DE MAW MAW

Ⓒ *Cleanse:* limpieza

Ⓖ *Gut:* intestino

Ⓥ Vegano

Rinde: 2 litros aproximadamente

Tiempo de preparación: 15 minutos

Tiempo de cocción: 1 hora

Esta sopa tradicional de Nueva Orleans es perfecta para cualquier época del año, pero es aún mejor cuando los jitomates frescos están de temporada. Aunque nuestra versión idealmente contiene pollo, puedes ajustar los ingredientes a cualquier necesidad dietética y hacerlo vegetariano con garbanzos, camote o berenjena. El pescado funciona igual de bien en esta sabrosa sopa: utiliza pescado blanco o salmón.

- 2 cucharadas de aceite de coco
- 1 cebolla, en cubos
- 3 tallos de apio, en cubos
- 4 dientes de ajo, picados
- 680 g de okra *(gumbo)* fresco, rebanado
- 900 g de jitomate fresco picado grueso (o 2 latas de 1.4 litros)
- 2 cucharadas de orégano seco
- ¼ de cucharadita de pimienta de cayena
- 1 cucharada de cebolla en polvo
- 1 cucharada de ajo en polvo
- 1½ cucharadas de páprika
- 1½ cucharadas de *gumbo filé* (lo puedes encontrar fácilmente en el pasillo de especias en el supermercado)
- 4 tazas de agua
- 450 g de pollo criado en pastizal, camote amarillo o pescado blanco (a tu elección), en cubos
- 4 tazas de arroz integral

Calienta el aceite de coco en una cacerola grande de hierro fundido puesta a fuego medio-alto. Saltea las cebollas, el apio y el ajo por 2 o 3 minutos. Integra y revuelve el okra seguido por los jitomates, el orégano, la cayena, la cebolla en polvo, el ajo en polvo, la páprika y el *gumbo filé*. Permite que el líquido comience a llenarse de burbujas, después agrega el agua. Cuando la sopa hierva, reduce la flama y cuece a fuego lento por 15 minutos, recuerda revolver ocasionalmente. En este punto agrega el pollo, el camote amarillo o el pescado. Continúa cociendo a fuego lento por otros 15 a 20 minutos antes de ajustar la sazón.

Sirve sobre arroz integral al vapor.

GAZPACHO

G *Gut:* intestino

V Vegano

Porciones: alrededor de 1 litro, 2 raciones

Tiempo de preparación: 30 minutos

Las sopas frías suelen ser perfectas para días de verano con un calor sofocante. Esta sopa está cargada de jitomates, así que es deliciosa en pleno verano, cuando literalmente los jitomates están que se caen de maduros.

2 tazas de jitomates picados grueso
¼ de taza de jitomates secados al sol, remojados en una taza de agua caliente
    por 20 minutos, y escurridos
1 diente de ajo
¼ de taza de aceite de oliva extra virgen
8 jitomates cherry, cortados a la mitad
¼ de taza de cebolla morada en cubos
La pulpa de un aguacate maduro, cortada en pedazos pequeños
1 pepino mediano, pelado y sin semilla, cortado en pedazos pequeños
¼ de taza de cilantro fresco picado grueso
2 cucharadas de menta fresca picada grueso
1 cucharadita de comino molido
1 cucharadita de cilantro molido
½ cucharadita de chipotle en polvo
El jugo de un limón
1 cucharada de sal de mar

En una licuadora haz puré los jitomates picados, los jitomates secados al sol, el ajo y el aceite de oliva hasta que la mezcla esté uniforme y cremosa, después viértela en un tazón grande. Agrega los jitomates cherry, la cebolla, el aguacate, el pepino, el cilantro, la menta, el comino, el cilantro en polvo, el chipotle, el jugo de limón y la sal. Revuelve bien, combinando todo. Prueba y ajusta los condimentos, agrega más sal, jugo de limón o aceite de oliva, si son necesarios. Deja que el gazpacho repose a temperatura ambiente por 15 a 20 minutos para que sus sabores se desplieguen antes de servir.

SOPA DE LA COSECHA CON MISO DE CALABAZA

C *Cleanse:* limpieza

G *Gut:* intestino*

V Vegano

Porciones: 6

Tiempo de preparación: 15 minutos

Tiempo de cocción: 1 hora

El miso está lleno de propiedades sanadoras maravillosas, enzimas y demás. Es bueno incluir comidas fermentadas en tu dieta y ésta es una forma deliciosa de hacerlo. Recuerda no hervir el miso, ya que esto destruye los elementos vivos; por eso lo agregamos hasta el final.

2 cucharadas de aceite de aguacate
2 poros medianos, rebanados
2 tazas de zanahoria picada
2 tazas de betabel picado
4 tazas de col picada
1 cucharada de sazonador italiano
1 manojo de acelga, sin tallos y picada grueso
Sal de mar al gusto

Para el miso de calabaza
1 taza de pepitas de calabaza crudas
5 cucharadas de miso libre de soya
1 cucharada de salvia fresca picada

Calienta el aceite de aguacate en una olla grande a fuego medio-alto. Saltea el poro, moviendo ocasionalmente por 2 a 3 minutos. Agrega las zanahorias, el betabel y la col, combina y cocina las verduras por 2 a 3 minutos más. Revuélveles el sazonador italiano, después cubre la mezcla con 2.5 centímetros de agua.

Calienta la sopa hasta que hierva, después baja la flama, tapa la olla y hiérvela por otros 30 minutos. Agrega la acelga y continúa hirviendo a fuego lento 10 minutos más. Sazona al gusto con unas pizcas de sal.

Mientras la sopa se cuece, asa las pepitas de calabaza en una sartén seca y de fondo grueso a fuego medio-alto. Sacude la sartén con frecuencia para evitar que las semillas se quemen. Cuando estén bien doradas, pásalas a un procesador de alimentos y muélelas hasta que tengan consistencia de migajas. Agrega el miso y la salvia, y continúa procesando la mezcla hasta que forme una bola.

Para servir, pon un cucharón de sopa en cada tazón y corónalo con una bolita de miso.

* Omite el betabel.

CHILI DE PAVO

Porciones: 2 litros

Tiempo de preparación: durante la noche anterior, más 10 minutos

Tiempo de cocción: 1 hora

No muchas comidas dicen "reconfortante" y "calientita" como el *chili*. Aquí te presentamos una versión diferente, más ligera, del clásico platillo para después de esquiar, de andar en trineo o de practicar alguna otra actividad deportiva.

2 cucharadas de aceite de coco
2 cebollas medianas, en cubos
1½ cucharaditas de comino molido
1½ cucharaditas de orégano molido
680 g de pavo criado en pastizal, molido
3 cucharadas de chile en polvo
1 cucharadita de canela en polvo
1 cucharada de cacao en polvo
2 hojas de laurel
½ taza de frijoles negros, remojados durante la noche con una tirita de alga *kelp*, enjuagados y escurridos.
1 frasco (830 ml) de puré de jitomate (la marca Bionaturae es la predilecta)
1 cucharada de pasta de jitomate (la marca Bionaturae es la predilecta)
De 3 a 4 tazas de caldo de pollo o agua
2 tallos de apio, en cubos
1 calabacita verde mediana, en cubos
1 pimiento rojo, en cubos
De 2 a 3 cucharadas de vinagre de sidra de manzana (el necesario)
Sal de mar al gusto

Para adornar
¼ de taza de cilantro fresco
Crema agria (véase página 112)
Rebanadas de aguacate

Derrite el aceite de coco en una olla grande a fuego medio-alto. Saltea ligeramente las cebollas, hasta que estén transparentes, de 3 a 4 minutos. Integra el comino y el orégano, revuelve bien las hierbas con las cebollas. Sube ligeramente la flama, enseguida agrega el pavo e incorpóralo a la mezcla de cebolla. Cuando la carne de pavo esté casi completamente cocida, agrega el chile en polvo, la canela, el cacao, las hojas de laurel y los frijoles remojados. Revuelve bien la mezcla, después agrega el puré de jitomate, la pasta de jitomate y el caldo o agua. Hierve el *chili* a fuego lento, tapado, por 30 minutos. Recuerda mover frecuentemente para evitar que se pegue. Después agrega el apio, la calabacita verde, el pimiento rojo y hierve a fuego lento por 15 a 20 minutos más.

SOPA DE POLLO Y ARROZ SALVAJE

C *Cleanse:* limpieza

Porciones: 2

Tiempo de preparación: durante la noche anterior, más 10 minutos el día que vayas a servirlo

Tiempo de cocción: 25 minutos

Esta sopa fortalece el sistema inmune y es deliciosa. Las sopas calientan el corazón y los huesos cuando necesitamos fortalecernos y sacarnos de encima una gripa. Envuelve tus manos alrededor de un tazón humeante de esta sopa revitalizante y siente cómo la gripa se esfuma.

1 litro de caldo de pollo (véase página 250)
½ taza de arroz salvaje, remojado la noche anterior
1 tira de alga *kelp*, remojada por 20 minutos y después cortada grueso
1 zanahoria mediana, finamente picada en cubos
½ taza de cebolla amarilla picada finamente
2 tallos de apio, finamente picado en cubos
1 pizca de tomillo seco
1 taza de pollo criado en pastizal, cocido y desmenuzado
Sal de mar al gusto
½ cucharadita de pimienta negra recién molida
De 2 a 3 cucharadas de miso (la marca South River es buena)

En una olla grande a fuego medio-bajo, hierve el caldo de pollo con el arroz, el alga *kelp*, la zanahoria, la cebolla, el apio y el tomillo por 20 minutos. Después agrega la carne de pollo, sazona la sopa con sal y pimienta y hierve a fuego lento por 5 minutos más. Integra y revuelve el miso, sirve inmediatamente.

SOPA ESPECIADA DE FRIJOLES NEGROS

G *Cleanse:* limpieza

V Vegano

Porciones: 4 a 6

Tiempo de preparación: durante la noche anterior, si usas frijoles secos y no enlatados

Tiempo de cocción: 45 minutos

Esta sopa calienta y está llena de proteínas; definitivamente es deliciosa.

2 tazas de frijoles negros de lata o secos y remojados (ve las instrucciones)
2 cucharadas de aceite de coco
1 cebolla picada grueso
1 zanahoria grande picada grueso
2 dientes de ajo machacados
1 cucharadita de orégano seco
1 cucharadita de tomillo seco
2 cucharaditas de comino molido
1 hoja de laurel
½ cucharadita de chipotle en polvo
El jugo de 1 a 2 limones
2 cucharadas a ¼ de taza (dependiendo del gusto deseado) de vinagre de sidra de
   manzana
Sal de mar al gusto
2 cebollitas de cambray, picadas muy finamente
Hojas frescas de cilantro, picado

Si usas frijoles de lata, avanza al siguiente párrafo, pero si usas frijoles secos remójalos durante la noche anterior en un tazón de agua con una tira de alga *kelp*. Tras 8 a 12 horas, cuela y enjuaga los frijoles. Escúrrelos bien.

Derrite el aceite de coco en una olla para sopa grande a fuego medio-alto. Saltea la cebolla y la zanahoria por 3 a 4 minutos, moviendo ocasionalmente. Agrega el ajo y continúa moviendo frecuentemente hasta que la mezcla esté fragante. Integra el orégano, el tomillo, el comino, la hoja de laurel, el chipotle en polvo y los frijoles negros. Saltea por unos minutos más, revolviendo constantemente. Antes de que los frijoles comiencen a secarse, agrega suficiente agua para cubrirlos por completo y deja que la mezcla hierva. Baja la flama a fuego medio, cubre la olla y deja que hierva suavemente otros 30 minutos. Continúa revolviendo los frijoles de vez en cuando; si el líquido baja mucho y los frijoles aún no están tiernos, agrega un poco más de agua a la olla y continúa hirviendo a fuego lento. Cuando los frijoles estén suaves, retira la olla del fuego y permite que se enfríen un poco.

Trabajando por tandas, bate los frijoles en la licuadora para hacerlos puré junto con el jugo de limón hasta obtener una sopa espesa y cremosa.

Experimenta con el sabor, agregando un toque de vinagre de sidra de manzana para ayudar a balancear los sabores. Sazona la sopa con sal y sírvela adornada con el tallo de las cebollitas de cambray y el cilantro.

SOPA DE BRÓCOLI Y QUESO CHEDDAR

C *Cleanse:* limpieza

G *Gut:* intestino

V Vegano

Porciones: 2 a 4

Tiempo de preparación: 5 minutos

Tiempo de cocción: 30 minutos

Ésta es una comida saludable y cargada de antioxidantes. El ajo y el pollo también son maravillosos para el sistema inmune; la cúrcuma es antiinflamatoria y le da un sabor único a la sopa.

2 cucharadas de aceite de coco
1 poro, sin la parte verde y la sección blanca, en rodajas de 1.25 centímetros
2 dientes de ajo, picados finamente
1 cabeza de brócoli, sin el tallo y cortada en cogollos (el equivalente
   de 4 tazas más o menos)
3 tazas de caldo de pollo o de verduras
1 hoja de laurel
¼ de cucharadita de cúrcuma en polvo
½ taza de levadura nutricional
Sal de mar y pimienta negra recién molida al gusto

Derrite el aceite de coco en una olla grande para sopa a fuego medio-alto. Saltea el poro hasta que comience a suavizarse, aproximadamente 3 o 4 minutos. Agrega el ajo, cocina hasta que esté fragante. Integra y revuelve el brócoli, combinando muy bien todo. Saltea la mezcla otros 2 minutos más, después agrega el caldo, la hoja de laurel y la cúrcuma. Baja la flama, cubre la olla y deja que la sopa hierva a fuego lento por 20 minutos.

Antes de servir, revuelve la levadura nutricional y sazona con sal y pimienta al gusto. Sirve caliente.

LICUADOS, ELÍXIRES, BEBIDAS Y TÓNICOS

Los licuados han sido un estandarte de *Clean* desde el inicio. Son parte importante de nuestros programas de limpieza *(cleanse)* y para el intestino *(gut)*, y son una forma fácil de darle a tu cuerpo agua y nutrientes fácilmente digeribles. También hemos incluido elíxires medicinales calientes, jugos y diversas bebidas. Desde nuestro *rickey* de agua de coco y limón hasta nuestro raspado de mango y nuestro capuchino reishi, pasando por la limonada reparadora de frambuesa, hay una bebida saludable y deliciosa para todos.

"LECHE" DE ALMENDRAS

C *Cleanse:* limpieza

G *Gut:* intestino

V Vegano

Rinde: 3 a 4 tazas

Tiempo de preparación: durante la noche más 10 minutos el día que la sirvas

La leche de almendras es fácil y nutritiva; ¿por qué comprarla cuando puedes hacer la tuya en minutos? Ésta es una gran receta para aquellos que son sensibles a la goma o a los aditivos contenidos en la leche que venden en las tiendas.

1 taza de almendras crudas
3 tazas de agua
1 pizca de sal

Remoja las almendras toda la noche (unas 8 a 10 horas) en 4 tazas de agua. En la mañana escurre el agua y enjuaga bien las almendras.

Pon las almendras en la licuadora con 3 tazas de agua y una pequeña pizca de sal. Licua la mezcla a velocidad alta por 45 segundos. Usa un colador de malla fina o de tela para colar la pulpa, exprimiendo con las manos o con una espátula de goma para extraer todo el líquido posible.

Guarda la leche en el refrigerador, en un recipiente hermético, hasta por 3 días. La pulpa se puede usar fresca, seca o congelada en una variedad de recetas.

Variaciones: Puedes usar cualquier nuez o semilla. Sólo pon atención al tiempo de remojo. Las nueces grasosas, como las pecanas, la nuez de la India o la macadamia, no necesitan remojarse. Las semillas más pequeñas sólo necesitan remojarse de 2 a 3 horas. Para una consistencia más espesa y cremosa, reduce la cantidad de agua a una taza.

GEL DE CHÍA

C *Cleanse:* limpieza

G *Gut:* intestino

V Vegano

Porciones: 475 ml

Tiempo de preparación: de 20 a 30 minutos

Remojar las semillas de chía en agua ayuda a descomponer el ácido fítico y a mejorar la digestión. Este gel se puede usar para espesar batidos, elíxires, sopas y postres. Puede convertirse en un componente esencial de la cocina *clean* y es un gran producto que no debe faltar en tu refrigerador.

3 cucharadas de semilla de chía
1¾ de tazas de agua

Simplemente mezcla las semillas de chía con el agua en un tazón pequeño o en una taza y permite que la chía absorba el líquido de 20 a 30 minutos. Almacena el gel en un recipiente hermético en el refrigerador hasta por una semana.

JUGO DE JENGIBRE

C *Cleanse:* limpieza

G *Gut:* intestino

V Vegano

Rinde: 475 ml

Tiempo de preparación: 5 minutos

Ésta es una simple manera de extender la vida del jengibre fresco que tengas e incorporarlo a tus platillos tanto dulces como salados. Este potente jugo puede ser usado como un suplemento y tomarse en el momento en que sientas frío o te veas afectado por las bajas temperaturas, ya que promueve la buena circulación y fortalece el sistema inmunológico.

1 taza de jengibre fresco rebanado
2 tazas de agua

Coloca el jengibre y el agua en la licuadora y bate a velocidad alta por 30 segundos, después pasa la mezcla por un colador de malla fina. Guarda el jugo, refrigerado, en un recipiente hasta por dos semanas.

ELIXIR DESINTOXICANTE DE DIENTE DE LEÓN

G *Cleanse:* limpieza

G *Gut:* intestino*

V Vegano**

Porciones: 1

Tiempo de preparación: durante la noche, más 15 minutos

Ésta es una bebida maravillosa, medicinal y limpiadora que apoya al hígado, vacía la bilis estancada y cualquier acumulación del invierno. Tradicionalmente se consume en primavera, pero puedes disfrutarla en cualquier momento del año.

1 cucharada de semillas de cardo mariano
2 cucharadas de hoja seca de diente de león
1 cucharada de hoja seca de ortiga
¼ de taza de coco seco rallado sin endulzar
1 cucharada de aceite de coco
De 1 a 2 cucharadas de néctar de coco
½ cucharadita de extracto de vainilla

Remoja las semillas de cardo mariano en una taza de agua durante la noche anterior, después cuélalas y enjuágalas bien.

Coloca las hojas de diente de león y ortiga en un frasco y cúbrelas con 1½ tazas de agua hirviendo. Cierra bien la tapa del frasco y permite que las hierbas hagan una infusión, por 10 minutos.

Cuela la infusión herbal y viértela en la licuadora junto con las semillas de cardo mariano remojadas y el coco rallado. Licua la mezcla a velocidad alta por 45 segundos y después pásala por un colador de malla fina.

Regresa la leche colada a la licuadora y bátela junto con el aceite de coco, un toque de néctar de coco o miel, y la vainilla.

* Omite el edulcorante; usa stevia, xilitol o Lakanto.
** Usando néctar de coco.

JUGO VERDE "HAZ EL JUGO, NO LA GUERRA"
Kris Carr, activista del bienestar y vencedora de cáncer

C *Cleanse:* limpieza

V Vegano

Porciones: casi 4 tazas

Tiempo de preparación: 15 minutos

Es mi lema y mi bebida matutina.

- 2 pepinos grandes (pelados si no son orgánicos)
- De 4 a 5 hojas de berza
- De 4 a 5 hojas de lechuga romana (orejona)
- 4 tallos de apio
- De 1 a 2 tallos grandes de brócoli
- De 1 a 2 peras
- 1 trozo de 2.5 centímetros de jengibre

Usando un extractor de jugos para verduras, haz jugo todos los ingredientes.

Variaciones: Otras hojas verdes que puedes agregar son perejil, espinaca y hoja de diente de león.

LIMONADA REPARADORA DE FRAMBUESA

C *Cleanse:* limpieza

G *Gut:* intestino

V Vegano

Porciones: 2

Tiempo de preparación: 5 minutos

Esta receta le da un giro refrescante a la bebida clásica de verano. El polvo MSM (metil-sul-fonil-metano) ayuda a relajar los músculos, lo cual es grandioso tras un día arreglando el jardín o después de hacer mucho ejercicio, complementado por los electrolitos naturales y el potasio que brinda el agua de coco.

1 taza de frambuesas congeladas
4 tazas de agua de coco enfriada
¼ de taza de jugo de limón
De 4 a 6 gotas de stevia líquido
1 cucharada de polvo MSM
1 pizca de sal

Coloca todo los ingredientes en una licuadora y licua a velocidad alta hasta que la mezcla esté bien combinada. Llena 2 vasos ¡y a disfrutar!

Variaciones: Se puede usar cualquier fruta congelada en vez de frambuesa.

Usa limón verde o amarillo.

Agrega unos chorritos de jugo de jengibre (véase página 274).

SPLASH DE JAMAICA Y ESCARAMUJO

C *Cleanse:* limpieza

G *Gut:* intestino*

V Vegano**

Porciones: 4

Tiempo de infusión: de 10 minutos a 8 horas

Esta bebida es refrescante y no muy dulce; además aporta abundantes beneficios de hidratación y nutrimento. Una bebida saludable que es todo un deleite.

2 cucharadas de flor seca de jamaica (hibisco)
1 cucharada de hojas de ortiga secas
1 cucharadita de escaramujo
4 tazas de agua de coco fría
3 tazas de agua mineral (soda) fría
El jugo de un limón
De 4 a 6 gotas de stevia líquida, néctar de coco o miel
1 charola de hielo

Coloca las hierbas secas en un frasco de un litro. Vierte 4 tazas de agua hirviendo sobre las hierbas, tapa el frasco y permite que la mezcla se infusione al menos por 10 minutos o hasta por 8 horas.

Cuela el té y vierte 1⅓ de tazas en un vaso grande. Mézclalo con una taza de agua de coco y ¾ de taza de agua gaseosa. Vierte una porción del jugo de limón y de edulcorante al gusto, revuelve bien y agrega hielo. Cualquier sobrante de té puede guardarse en el refrigerador hasta por una semana y usarse como base para otros batidos o bebidas.

* Usa stevia.
** Con stevia o néctar de coco.

CAPUCHINO REISHI

C *Cleanse:* limpieza

G *Gut:* intestino*

V Vegano

Porciones: 2

Tiempo de preparación: 5 minutos

El hongo reishi refuerza poderosamente el sistema inmunológico y se puede encontrar en varias partes del mundo. En China suele tener un precio alto debido a sus beneficios para la salud; además ha sido utilizado durante miles de años.

- 2 tazas de leche de almendras sin endulzar
- 1 cucharadita o el polvo de 6 cápsulas de extracto de hongo reishi (si utilizas cápsulas, busca que sean de "doble extracción")
- 2 cucharadas de aceite de coco
- 1 cucharadita de canela molida
- ½ cucharadita de extracto de vainilla
- 1 pizca de sal
- De 1 a 2 cucharadas de azúcar de palma de coco

En una sartén, calienta suavemente la leche de almendras, después coloca todos los ingredientes del capuchino en la licuadora y bate a velocidad alta hasta que la mezcla esté espumosa. Divide la mezcla en dos vasos ¡y disfrútalo!

* Omite el azúcar de palma de coco, usa stevia, xilitol o Lakanto.

LICUADO MAÑANERO PRE-EJERCICIO DE ADAM

Adam Cobb, motivador de la salud, fundador de FYCNYC

C *Cleanse:* limpieza

G *Gut:* intestino

V Vegano

Porciones: 2

Recomiendo este licuado a todos mis clientes como una gran opción para antes de realizar ejercicio. Tiene todos los elementos de un licuado nutricional balanceado, junto con proteína fácilmente digerible. Te dará una rápida explosión de energía sin hacerte sentir abotagado. Más importante aún, este licuado sabe increíble y te da el impulso para empezar tu movimiento del día y vivir mi frase: "Ocho días a la semana".

2 cucharones de proteína vegetal (arroz, chícharo o cáñamo)
1 taza de leche de almendras sin endulzar
¼ de taza de agua de coco
¼ de la pulpa de un aguacate mediano maduro
1 cucharada de mantequilla de almendra
1 pizca de sal rosa del Himalaya
1 cucharadita de maca en polvo
½ taza de moras azules congeladas
Un toque de canela
4 cubos de hielo

Coloca todos los ingredientes en una licuadora y licua por un minuto. Te recomiendo que bebas esto 1 a 2 horas antes de cualquier entrenamiento físico.

ROMPOPE REJUVENECEDOR
John Rosania, vp de productos Clean

C *Cleanse:* limpieza

Vegetariano

Porciones: 1

Tiempo de preparación: 5 minutos

Ésta es una deliciosa bebida caliente estilo rompope. Los huevos y el colágeno aportan proteína absorbible mientras que el aceite de coco agrega grasas saturadas buenas. Dale el toque final con algunas especias y obtendrás una bebida dulce y libre de azúcar que nutre profundamente al cuerpo.

De 2 a 3 huevos criados en pastizal
2 cucharadas de aceite de coco
De 1 a 2 cucharadas de colágeno hidrolizado de la marca Great Lakes
1 cucharón de proteína en polvo de vainilla (opcional)
1 cucharadita de canela molida
½ cucharadita de nuez moscada molida, o al gusto
1 pizca de clavo
1 pizca de sal de mar
Stevia al gusto

Pon todos los ingredientes en la licuadora. Lentamente vierte de 2 a 2½ tazas de agua hirviendo dentro de la licuadora. El agua hirviendo cocerá los huevos. Si estás haciendo cantidades más grandes, no llenes la licuadora hasta arriba, pues puede derramarse. Licua a velocidad baja y después auméntala por 15 a 20 segundos. Bébelo inmediatamente o pásalo a un termo. Se mantendrá por varias horas.

Variaciones: Si los lácteos te caen bien, agrega una cucharada de mantequilla de vaca alimentada con pasto a esta bebida.

* Contiene huevo.

LICUADO DE ZARZAMORA Y LECHE DE COCO

C *Cleanse:* limpieza

G *Gut:* intestino*

V Vegano

Porciones: 1

Tiempo de preparación: 5 minutos

Ésta es una combinación ganadora. Las zarzamoras suelen pasar inadvertidas cuando hay otras moras presentes, pero tienen el sabor agridulce más variado y se acompañan de manera perfecta con el rico coco y la vainilla.

1 taza de zarzamoras congeladas
¾ de taza de leche de coco sin endulzar
1 ½ tazas de agua de coco fría
½ cucharadita de extracto de vainilla
2 dátiles Medjool

Coloca todos los ingredientes en la licuadora y bate a velocidad alta por 30 segundos, después sirve.

* Omite los dátiles.

El Doc comenta sobre las malteadas y los licuados

Los licuados son un importante elemento en nuestra caja de herramientas del bienestar. No sólo son fáciles de hacer y saben increíble, sino que además los puedes usar estratégicamente para mejorar tu salud. Tomar un licuado de desayuno algunos días a la semana es una forma sencilla de darle a tu cuerpo más agua y nutrientes fáciles de absorber, y de reducir el trabajo del sistema digestivo. Cuando haces esto, la energía de la digestión se libera para ser utilizada por otras partes del cuerpo para limpiar y reparar.

LECHE DE ALMENDRAS Y CÚRCUMA
Carly de Castro, cofundadora de Pressed Juicery

C *Cleanse:* limpieza*

G *Gut:* intestino**

V Vegano

Porciones: 1

No hay nada como la leche de almendras hecha en casa. Es cremosa como la leche de vaca pero libre de lácteos y soya, y además tiene proteína. En la juguería Pressed Juicery, nuestra "leche" de almendras propia es saborizada con vainilla y dátil, y muchas personas nos han comentado que sabe como a helado de vainilla derretido. Con el paso de los años hemos experimentado con varios ingredientes hasta que dimos con una leche de almendras especiada para los días de fiesta y una leche de almendras chocolatada ¡a la que ningún niño puede resistirse!

En esta receta, la estrella (después de las almendras, claro está) es la cúrcuma, la cual se usaba como una especia medicinal en las antiguas prácticas del ayurveda y sigue siendo muy popular en la actualidad. La cúrcuma es antiinflamatoria y alta en antioxidantes, lo que la convierte en el suplemento ideal para que el sistema inmunitario repunte. He preparado esta receta en casa para mi familia y les encanta el sabor térreo y dulce de la cúrcuma combinada con el cardamomo y la miel. Otra variación es calentarlo como un té reconfortante que siempre funciona para las gargantas irritadas.

Nota: necesitarás una licuadora y una bolsa para leche de nueces o 2 piezas de manta de cielo para hacer una doble capa al colar la leche.

1 taza de almendras crudas, remojadas durante la noche,
   después enjuagadas y escurridas
2 tazas de agua
1 ½ cucharaditas de cúrcuma molida
1 ½ cucharaditas de canela en polvo
1 cucharada de miel cruda
Jengibre fresco rallado al gusto
1 ramita de canela

Pon las almendras en la licuadora con el agua. Licúalas a la velocidad más baja y gradualmente aumenta la velocidad por alrededor de 2 minutos. El agua debe estar lechosa y blanca.

* Omite la miel y usa un edulcorante aprobado en el programa de limpieza o para el intestino.
** Omite la miel y usa néctar de coco.

Una vez que la mezcla esté uniforme, agrega la cúrcuma, el cardamomo y la miel, y vuelve a licuar suavemente.

Coloca la bolsa para leche de nueces (o la manta de cielo) sobre un recipiente vacío, como un frasco. Vierte la mezcla de almendras y especias dentro de la bolsa y cuélala, usando las manos para exprimir todo muy bien. Asegúrate de extraer lo más posible de la leche. Almacena la leche en un recipiente hermético en el refrigerador hasta por dos días.

Sírvela con jengibre fresco rallado encima y con una ramita de canela, si se te antoja.

FRAPPÉ DE MANGO

C *Cleanse:* limpieza | **Porciones:** 1
V Vegano | **Tiempo de preparación**: 5 minutos

Jengibre, mango y limón siempre son una combinación asombrosa, y el kiwi sólo le da más "deliciosura". La kombucha ahora es muy fácil de encontrar en casi todos lados, pero esto también puede alentarte a hacer la propia, si te nace la inspiración de intentarlo.

1 taza de rebanadas de mango congelado
2 kiwis pelados, cortados en cuartos y congelados previamente
El jugo de un limón
Kombucha saborizada con jengibre (nos gusta la marca GT, que además es la más fácil de encontrar)
1 cucharada de néctar de coco o de 2 a 4 gotas de stevia líquida.

Coloca todos los ingredientes en la licuadora y bate a velocidad alta hasta que la fruta congelada se haya deshecho. Sirve inmediatamente.

DURAZNO ESPLÉNDIDO

C *Cleanse:* limpieza

V Vegano

Porciones: 2

Tiempo de preparación: 5 minutos

Cremosa y con un toque crujiente de coco hasta arriba, esta bebida maravillosa es un dulce deleite con leche de coco, que acelera el metabolismo y regula el azúcar en la sangre.

1 taza de rebanadas de durazno congelado
¼ de taza de nuez pecana cruda
2 tazas de leche de coco sin endulzar
2 cucharaditas de sazonador para pastel de calabaza molido (en inglés *pumpkin-pie spice*; la mayoría de las tiendas de productos saludables venden este condimento a granel; si no, puedes usar una mezcla de canela, clavo, nuez moscada y pimienta gorda)
1 cucharadita de jengibre fresco rallado
Hojuelas de coco tostado o crudo sin endulzar (opcional)

Coloca todos los ingredientes en la licuadora y bate a velocidad alta hasta que la mezcla esté uniforme y cremosa. Corona rociando las hojuelas de coco crudas o tostadas para darle un rico toque extracrujiente.

MALTEADA DE MACA

C *Cleanse:* limpieza
G *Gut:* intestino*
V Vegano

Porciones: 1

Tiempo de preparación: 5 minutos

La maca y el mezquite son polvos sudamericanos ancestrales que, entre los dos, están cargados de fibra, vitaminas del complejo B, hierro, calcio, magnesio y propiedades que fortalecen al sistema inmune. Este batido sabe casi como a postre, pero es muy saludable. ¡Así que bébelo como solían hacerlo los guerreros incas!

1 ½ tazas de agua fría
4 cubos de hielo
¼ de taza de nuez de la India cruda
2 cucharaditas de maca en polvo
1 cucharada de pinole de mezquite
½ cucharadita de extracto de vainilla
De 1 a 2 cucharadas de néctar de coco
1 pizca de sal

Coloca todos los ingredientes en la licuadora y bate a velocidad alta por 30 segundos, después sirve.

* Omite el edulcorante; usa stevia, xilitol o Lakanto.

LICUADO DE ENSUEÑO DE MORA AZUL

C *Cleanse:* limpieza

G *Gut:* intestino*

V Vegano

Porciones: 1

Tiempo de preparación: 5 minutos

Repleto de antioxidantes y proteínas, éste es un licuado simple y bajo en azúcar que se convertirá en un clásico en tu casa en el momento en que lo pruebes.

1½ tazas de agua o leche de nueces
½ taza de mora azul congelado
1 dátil Mejdool suave, sin semilla
2 cucharadas de mantequilla de almendra sin sal, con trozos o cremosa
1 cucharada de gel de chía (véase página 273)
1 cucharada de coco rallado sin endulzar

Coloca todos los ingredientes en una licuadora y bate a velocidad alta por 45 segundos, hasta que la mezcla esté uniforme y cremosa; después sirve.

* Omite los dátiles, usa stevia, xilitol o Lakanto.

SIDRA ESPUMOSA DE ARÁNDANO

C *Cleanse:* limpieza

V Vegano

Porciones: 6

Tiempo de preparación: 20 minutos

Éste es un vino espumoso para celebraciones y fiestas. Siéntete libre de agregar alcohol para las reuniones de adultos, pero sírvela sola a los niños cuando haya alguna fiesta u otra ocasión especial.

- 1 taza de arándanos frescos o congelados
- 2 cucharadas de azúcar de palma de coco
- ½ cucharadita de extracto de vainilla
- 1 ramita de canela
- 3 tazas de agua
- 4 tazas de sidra de manzana
- 1 botella pequeña (0.237 litros) de agua mineral carbonatada o club soda

Coloca los arándanos, el azúcar de coco, la vainilla, la canela y el agua en una olla y hierve todo a fuego lento hasta que los arándanos revienten, alrededor de 15 minutos. Retira la rama de canela, enseguida pasa la mezcla a una licuadora y bate a velocidad alta por 30 segundos. Pasa el líquido por un colador de malla fina.

Para servir, mezcla una taza de la sidra de manzana con un chorrito de club soda y ½ taza del concentrado de arándanos.

Cualquier sobrante del concentrado puede refrigerarse hasta por una semana en un recipiente o congelarse para usarlo en el futuro.

Sidra espumosa de arándano, p. 288

Minitartas de frambuesa y crema de coco, p. 302

Galletas de nuez de la India sin hornear, p. 303

Galletas de almendra y especias, p. 315

Snickers, p. 306

Frappé de mango, p. 284

Licuado de zarzamora y leche de coco, p. 282

Rickey de agua de coco y limón, p. 289

RICKEY DE AGUA DE COCO Y LIMÓN

C *Cleanse:* limpieza

G *Gut:* intestino

V Vegano

Porciones: 2

Tiempo de infusión: 5 minutos

Una tradicional bebida jaibolera muy baja en azúcar, que es increíblemente popular en las fuentes de sodas, sin alcohol. El limón y el bíter son un gran acompañamiento para el agua de coco naturalmente dulce.

1 taza de agua de coco bien fría
2 cucharadas de jugo de limón recién exprimido
De 2 a 4 gotas de stevia líquido
3 gotas de bíter (opcional)
½ taza de agua mineral carbonatada o club soda

En un frasco, revuelve o agita el agua de coco, el jugo de limón, la stevia y el bíter opcional. Divide la mezcla en dos vasos, después llena cada vaso con ¼ de taza o más de agua carbonatada y sirve.

COCOA CALIENTE *CLEAN*

C *Cleanse:* limpieza

G *Gut:* intestino*

V Vegano

Rinde: alrededor de 3 tazas

Tiempo de preparación: 15 minutos

Tiempo de cocción: 3 minutos

Intensa, cremosa y enteramente satisfactoria para el alma, esta bebida es caliente y recon-fortante como pocas, y niños y adultos podrán disfrutarla por igual. Es un millón de veces mejor que las versiones empaquetadas, llenas de azúcar. Además, no contiene lácteos y es algo que puedes preparar y disfrutar todo el invierno.

1 taza de nueces de Brasil crudas (también funcionan las nueces de la India o las
    macadamias crudas)
2 tazas de agua
Hasta ¼ de taza de azúcar de palma de coco
⅔ de taza de cacao en polvo
½ cucharadita de extracto de vainilla
1 pizca de sal

Coloca las nueces de Brasil y el agua en la licuadora y bate a velocidad alta por 45 segundos. Cuela la mezcla y después viértela en una sartén. Caliéntala lentamente, después integra y revuelve el azúcar de coco, el cacao en polvo, la vainilla y la sal. Hierve la cocoa a fuego lento alrededor de 3 minutos, moviendo continuamente para evitar que se queme. Sirve de inmediato.

* Si quieres un sabor más fuerte como a café, omite el azúcar de palma de coco y usa stevia.

ELIXIR SANADOR DE CHOCOLATE

C *Cleanse:* limpieza

V Vegano

Porciones: 1

Tiempo de preparación: 30 minutos

Aquí en la Tierra nos rodea un abundante botiquín. Casi cualquier planta tiene alguna cualidad sanadora y cuando sabemos cómo utilizarla, nuestras vidas (y nuestros paladares) se enriquecen así como también nuestros cuerpos se benefician. Incluso el chocolate tiene cualidades medicinales: sin azúcar ni lácteos, está lleno de nutrientes. Mezclado con un té herbal y algunos polvos y semillas, ésta es una bebida increíble que te servirá en cualquier estación del año.

1 taza de té herbal caliente, tal como el de ortiga, *pau d'arco* o cola de caballo, o
    agua caliente
1 cucharada de aceite de coco
2 cucharadas de nuez de la India cruda
2 cucharadas copeteadas de cacao en polvo
De 1 a 2 cucharadas de L-glutamina en polvo
1 cucharada de gelatina de colágeno hidrolizado de la marca Great Lakes (que usa
    huesos de animales alimentados en pastizal y es de calidad superior)
2 cucharadas de gel de chía (véase página 273)
1 pizca de sal
Stevia al gusto o 1 a 2 cucharaditas de xilitol de abedul

Bate todos los ingredientes en la licuadora hasta que la mezcla esté uniforme, alrededor de 45 segundos. Sirve caliente.

POSTRES

El sabor dulce es esencial en la vida. Desde nuestro nacimiento estamos programados para asociar el sabor dulce con la saciedad y la supervivencia, y esta conexión profunda nunca se desvanece por completo. Pareciera que recurrimos a los dulces y a las golosinas en toda ocasión: cuando estamos alegres, cuando estamos tristes y cuando estamos aburridos. Con este amor profundo por lo dulce, querer recuperar nuestra salud prohibiendo todos los postres es una batalla perdida. La clave está en dejar ir los que están cargados de gluten, lácteos, azúcar procesada y químicos, y sustituirlos por las asombrosas recetas que hemos incluido aquí. Cuando hayas probado nuestra versión *clean* de las crepas de fruta del verano con crema de vainilla o la tarta de durazno, no habrá vuelta atrás.

TARTA *COBBLER* DE ZARZAMORA

Ⓒ *Cleanse:* limpieza

Ⓥ Vegano*

Porciones: 4 a 6

Tiempo de preparación: 20 minutos

Tiempo de cocción: 30 minutos

Ésta es una versión paleoinspirada y libre de granos de un delicioso postre, refrigerio, desayuno o hasta cena, que seguramente complacerá a todos y es fácil de preparar en un apuro. Nunca más te quedarás sin tarta, por muy *clean* que estés comiendo. Ya verás que la gente te preguntará por esta receta una y otra vez mientras más la compartas.

4 manzanas peladas, sin corazón y cortadas en trozos grandes
1 cucharadita de canela molida
¼ de cucharadita de stevia en polvo o unas cuantas
    gotas de stevia líquida (opcional)
1 taza de zarzamoras frescas
2 cucharaditas de aceite de coco

Para la cubierta

1 taza de almendras crudas
1 taza de nueces de Brasil crudas
¼ de taza de coco rallado sin endulzar
1 cucharada de pinole de mezquite (opcional pero recomendado)
2 pizcas de canela
2 cucharadas de néctar de coco o miel
1 cucharada de aceite de coco derretido
2 cucharaditas de extracto de vainilla

Precalienta el horno a 180 °C.

En un tazón grande mezcla las manzanas cortadas con la canela y la stevia (si vas a usarla). Con cuidado, para que no se machaquen mucho, integra y revuelve las zarzamoras.

Engrasa un molde para pastel de 20 por 20 centímetros o un molde de pan de 23 por 10 centímetros, con el aceite de coco. (Mientras sea profundo y las migajas no desborden, cualquier variante de molde funciona.) Esparce la mezcla de manzanas y zarzamoras en el molde, y después prepara la cubierta.

En un procesador de alimentos, machaca las almendras y las nueces de Brasil hasta que estén como migajas. Agrega el coco, el pinole de mezquite opcional, la canela, el néctar de

* Usando néctar de coco.

coco o la miel, el aceite de coco y la vainilla, y procesa por unos minutos más hasta que todo esté combinado pero aún en trozos.

Espolvorea la cubierta de manera uniforme sobre la mezcla de manzana y zarzamora. Hornea la tarta por 30 minutos, revisando y horneando un poco más si deseas las manzanas más blandas y suaves. La cubierta debe quedar dorada y crujiente.

Nota: ten cuidado con la stevia. Si decides usarla, no necesitas mucha. Es súper dulce y las manzanas y las moras ya tienen dulzura a reventar.

PERAS ASADAS CON SALSA DE CARAMELO DE DÁTIL

C *Cleanse:* limpieza
V Vegano

Porciones: 4

Tiempo de preparación: 20 minutos

Tiempo de cocción: 20 a 30 minutos

Esto es completamente elegante y digno de una cena formal. La lúcuma en polvo es el ingrediente secreto, un edulcorante de índice glicémico bajo que tiene un singular sabor a maple y es alto en betacarotenos, hierro, cinc y calcio.

10 dátiles remojados en agua caliente hasta estar suaves (aproximadamente 20 minutos), después escurridos y el líquido dejado aparte

1 cucharada de jugo de jengibre (véase página 274)

El jugo de un limón

1 pizca de sal de mar

¼ de taza de lúcuma en polvo

De 1 a 2 cucharadas de néctar de coco o jarabe de maple

4 peras crujientes (de cualquier tipo), en cuartos y sin corazón

¼ de taza de coco rallado sin endulzar

Nuez moscada recién molida al gusto

Precalienta el horno a 180 °C.

En una licuadora haz puré los dátiles escurridos con el jugo de jengibre, el jugo de limón, la sal y la lúcuma en polvo. Agrega el néctar de coco, enseguida licua la mezcla de nuevo hasta que esté uniforme y fluida. Usa un poco del agua donde remojaste los dátiles para alcanzar la consistencia deseada, si es necesario.

Coloca las peras en una charola para hornear aceitada. Rocíalas con la salsa, luego hornéalas hasta que estén tiernas, alrededor de 20 a 30 minutos. Retíralas del horno y deja que se enfríen un poco.

Con una cuchara sirve más o menos ¼ de taza de la salsa que sobró en la charola, en 4 platos para servir. Acomoda las peras en la salsa y rocíales el coco; muele un poco de nuez moscada sobre cada plato.

BARRAS ENERGÉTICAS *CLEAN*

C *Cleanse:* limpieza

V Vegano

Rinde: 9 barras

Tiempo de preparación: 15 minutos

Aunque existen algunas barras energéticas *clean* en el mercado, ¿por qué no hacer las tuyas? Son súper fáciles de preparar y sabrás exactamente qué ingredientes contienen; además, evitarás que un montón de envolturas y paquetes se vaya a la basura. Éstas son un gran "combustible" *clean* para todas tus aventuras.

- ¼ de taza de pepitas de calabaza crudas
- ¼ de taza de semillas de girasol crudas
- ½ taza de pistaches crudos
- 1½ taza de mantequilla de almendra sin sal
- ½ taza de néctar de coco
- 4 dátiles Medjool, cortados en pequeños trozos
- 2 cucharadas de semillas de chía
- ¼ de taza de semillas de cáñamo crudas
- ½ cucharadita de canela molida
- 2 cucharadas de pinole de mezquite
- 1 cucharadita de extracto de vainilla

Si lo deseas, calienta el horno a 180 °C y asa en seco las pepitas de calabaza, las semillas de girasol y los pistaches hasta que estén dorados, alrededor de 10 minutos, o puedes dejar todo crudo.

En un tazón grande, combina todos los ingredientes hasta que la mezcla esté bien incorporada. Cubre un platón para hornear con papel encerado, después presiona la mezcla dentro del plato, compactándola en una capa sólida de unos milímetros de grosor. Marca la superficie en barras de 5 por 5 centímetros, enseguida coloca el platón en el refrigerador y deja que las barras se endurezcan. Después de 30 minutos, retíralas del refrigerador y córtalas en cuadros. Las sobras pueden almacenarse hasta por un mes en el refrigerador o congeladas en pequeñas porciones.

CROCANTE DE MANZANA (ALIAS CROCANTE MILAGRO)
Gabrielle Bernstein, autora bestseller de la lista del New York Times *y oradora*

C *Cleanse:* limpieza
V Vegano

Tiempo de preparación: 15 minutos

Como mujer que no come azúcar, levadura, gluten ni lácteos, me resulta imposible comer la mayoría de los postres. Esta asombrosa receta siempre satisface mi lado goloso y es el reemplazo perfecto de una tarta de manzana en la temporada de fiestas.

Nota: inventé esta receta con mi amiga Jamie Graber, dueña de Gingersnap's Organic.

> 5 manzanas rojas medianas, rebanadas finamente
> Canela en polvo al gusto
> 1 taza de harina de almendras
> 3 cucharadas de aceite de coco
> ½ taza de nueces picadas
> 1 pizca de nuez moscada molida

Coloca las manzanas en capas en un platón para hornear y espolvoréalas generosamente con la canela.

En un tazón pequeño, combina la harina de almendras, el aceite de coco, las nueces y la nuez moscada. Después espolvorea la mezcla sobre las manzanas. Hornea la mezcla crocante por 20 minutos (pica con un tenedor para asegurar que las manzanas estén suaves). Sirve caliente.

Si quedan algunas sobras, prueba poner unas cucharadas de este postre en un tazón con leche de almendras y cómelo de desayuno o como una golosina fría.

CREPAS DE FRUTA DEL VERANO CON CREMA DE VAINILLA

Vegetariano*

Porciones: 2 a 4

Tiempo de preparación: 30 minutos

Éstas llevan un poquito de preparación, pero el resultado bien vale la pena. Agrega un poco de chocolate si lo deseas y usa cualquier fruta que esté de temporada. ¡Las manzanas salteadas en canela son deliciosas en otoño!

De 4 a 5 tazas de fruta fresca, duraznos, moras, chabacano y mango
2 cucharadas de hojas de menta fresca en juliana
Aceite de coco para la sartén

Para las crepas
2 huevos criados en pastizal
2 cucharadas de aceite de coco, derretido
1 taza de leche de almendras sin endulzar (o más, si prefieres una crepa
    más delgada)
1¼ tazas de harina mezclada multipropósito, sin gluten (la marca Bob's Red Mill es buena)
1½ cucharadas de azúcar de palma de coco
1 cucharadita de cardamomo molido

Para la crema de vainilla
½ taza de nueces de la India, remojadas en 2 tazas de agua por 30 minutos y enjuagadas
1 cucharadita de extracto de vainilla
De 1 a 2 cucharadas de néctar de coco
De ¾ a 1 taza de agua

Primero prepara la crema de vainilla. Coloca todos los ingredientes para la crema en una licuadora y licua a una velocidad alta, agregando suficiente agua para crear una consistencia uniforme y cremosa, suficientemente delgada para rociarla. Vierte la crema en un frasco y déjala aparte.

Segundo paso: haz las crepas. En un tazón grande, bate los huevos, después integra y revuelve el aceite de coco derretido y la leche de almendras. En otro tazón combina la mezcla de harina, el azúcar de palma de coco y el cardamomo, y enseguida mezcla los ingredientes secos con los ingredientes húmedos. Si la masa está muy espesa, agrega más leche de almendras, una cucharada a la vez, hasta que la consistencia esté espesa pero fluida.

* Contiene huevo.

Engrasa bien una sartén de 13 a 15 centímetros y caliéntala. Vierte en la sartén alrededor de ¼ de taza de la masa para crepas y cuece la crepa de 1 a 2 minutos antes de voltearla y cocerla por otros 30 a 45 segundos. Deja la crepa a un lado y repite estos pasos hasta usar toda la masa.

Tiende las crepas cocidas en una tabla para cortar y rellena el centro de cada una con un poco de fruta fresca y con la menta picada. Enrolla las crepas y acomódalas en platos para servir, rociándolas con la crema de vainilla.

PUDÍN DE CHOCOLATE Y AGUACATE

Stacy Keibler, empresaria, SK Philosophy

G *Cleanse:* limpieza

G *Gut:* intestino

V Vegano

Porciones: 1 a 2

Tiempo de preparación: 5 minutos

Tiempo de refrigeración: 30 minutos

Este platillo es la porción perfecta para las noches en que tienes antojo de chocolate o de algo dulce pero no quieres excederte. Yo sé que tengo un lado muy goloso, ¡así que siempre preparo un poco cuando siento la necesidad de algo dulce pero sustancioso! Libre de conservadores, azúcar, lácteos y trigo, este pudín de aguacate es la opción más nutritiva; perfecta para el *lunch* escolar de los niños, para adultos ¡y para todos los adictos al chocolate!

Este pudín es simple y económico, y además toma únicamente 5 minutos de tu tiempo prepararlo. Haz una tanda grande para toda la semana y guárdalo en el refrigerador para mantenerlo fresco y listo para disfrutarse. Sin importar cuánto decidas hacer, no tienes por qué sentirte culpable si te acabas todo el tazón de pudín de aguacate, porque no solamente es adictivo y delicioso, sino completamente sano. ¡Disfrútalo!

La pulpa de un aguacate maduro
¼ de taza de cacao en polvo
¼ de taza de leche de almendras
1 cucharadita de extracto de vainilla
1 cucharadita de aceite de coco
1 cucharada de mantequilla de coco
2 goteros de stevia líquida de chocolate
2 cucharaditas de xilitol

Coloca todos los ingredientes en una licuadora y licua a velocidad alta hasta que la mezcla tenga una consistencia de pudín, que no debe ser más de un minuto. Pruébalo y ajusta la dulzura. Si no te parece lo suficientemente dulce, agrega un gotero más de stevia líquida de chocolate. Después saca el pudín a cucharadas y ponlo en un tazón y guárdalo en el refrigerador por 30 minutos.

Adorna el pudín con cualquier ingrediente que quieras ponerle encima: tal vez coco rallado, canela molida, moras frescas, nueces, granola, granos de cacao en trocitos o una cucharada de mantequilla de almendra.

MINITARTAS DE FRAMBUESA Y CREMA DE COCO

C *Cleanse:* limpieza

V Vegano

Rinde: 4 minitartas

Tiempo de preparación: 30 minutos

Elegantes, dulces y deleitantes, son un verdadero gusto en cualquier ocasión. Definitivamente, ajusta el relleno a los ingredientes que sean locales y de temporada donde tú vivas; así tendrás un postre que siempre te sorprenderá.

Para esta receta necesitarás cuatro moldes de tarta, cada uno de alrededor de 7.5 centímetros de diámetro.

Para la masa

1 taza de nuez pecana cruda entera
¼ de taza de coco rallado sin endulzar
4 cucharaditas de aceite de coco derretido
8 dátiles Medjool suaves
½ cucharadita de extracto de vainilla
1 pizca de sal de mar

Para el relleno

1 taza de leche de coco sin endulzar
1 taza de mantequilla de coco, suavizada a baño María
2½ cucharadas de azúcar de palma de coco
1 taza de frambuesas congeladas

Para la cubierta

2 tazas de frambuesas frescas
Canela en polvo para espolvorear

Primero prepara la masa. En un procesador de alimentos, combina todos los ingredientes para la masa hasta que la mezcla se haga migajas, pero siga suficientemente húmeda para hacer una bola con las manos. Divide la mezcla en 4 porciones y aplana cada una en los 4 moldes para tarta. Mete los moldes al refrigerador mientras preparas el relleno.

Coloca todos los ingredientes del relleno en una licuadora y licua a velocidad alta hasta que esté uniforme; después vierte el relleno sobre las cortezas de tarta listas. Corona cada una de las tartas con algunas moras y una espolvoreada de canela. Colócalas de nuevo en el refrigerador para que se endurezcan antes de servir.

Nota: por el coco, la masa puede pegarse al molde cuando se enfríe; si esto ocurre usa un cuchillo para separarla, después dale un golpecito al molde (golpeteando la parte de abajo) para sacar la tarta.

GALLETAS DE NUEZ DE LA INDIA SIN HORNEAR

C *Cleanse:* limpieza

V Vegano

Rinde: alrededor de 20 galletas de 30 g

Tiempo de preparación: de 15 a 20 minutos

Son un maravilloso generador de energía, una cruza entre golosina y barra de proteína. Son rápidas y fáciles de hacer, pues no hay que cocerlas. Muy divertidas de preparar con los niños.

4 tazas de nuez de la India cruda

¼ de taza de dátil suave sin semilla

1 cucharadita de vaina de vainilla en polvo

3 cucharadas de aceite de coco, derretidas

4 gotas de extracto de limón

¼ de taza más 2 cucharadas de mantequilla de coco (maná, no el aceite)

1 pizca de sal de mar

De 2 a 4 gotas de stevia líquida o 2 cucharadas de néctar de coco

En un procesador de alimentos, combina todos los ingredientes hasta que la mezcla forme una bola. Prueba la consistencia pellizcando un poco de la mezcla de nuez de la India. Debe mantenerse unida.

Con una cuchara, saca aproximadamente 20 porciones iguales de masa y moldea cada una con las manos en forma de galleta. Colócalas en una charola cubierta con papel encerado, y enfríalas en el refrigerador o congelador hasta que se endurezcan.

TARTA DE DURAZNO
Farrell Feighan, bloguera del equipo Clean

C *Cleanse:* Limpieza

V Vegano

Rinde: 1 tarta de 23 centímetros

Tiempo de preparación: 1 hora

Tiempo de cocción: 45 minutos

En cuanto el verano se convierte en otoño, siento la necesidad apremiante de hornear una tarta. Ésta de durazno es la combinación perfecta de lo dulce y lo condimentado, y es aún mejor servida con crema batida de coco o helado de ingredientes naturales. ¡Disfrútala con amigos!

Para la masa
2 tazas de harina de arroz integral

½ taza de aceite de coco, más otras 1 a 2 cucharadas derretidas para recubrir la cubierta antes de hornear

De 6 a 10 cucharadas de agua

Para el relleno
5 tazas de durazno fresco en rebanadas

2 cucharadas de jugo de limón

½ taza de harina de arroz integral

½ taza de azúcar de palma de coco

1 cucharadita de canela en polvo

¼ de cucharadita de nuez moscada molida

¼ de cucharadita de sal de mar

Primero haz la masa. En un tazón grande combina la harina de arroz integral y el aceite de coco. Usa dos cuchillos de mantequilla para cortar la harina y el aceite de coco juntos, hasta que la mezcla parezca de migajas ásperas. Integra y revuelve el agua, una cucharada a la vez, hasta que la mezcla forme una bola. Envuelve la masa en plástico y refrigérala por una hora.

Precalienta el horno a 230 °C.

Saca la masa del refrigerador y divídela en dos partes. Con un rodillo aplana las dos porciones de masa hasta formar círculos de alrededor de 23 centímetros. Cubre el fondo y las orillas de un platón para tarta de 23 centímetros con uno de los círculos de masa y, con una brocha, recúbrelo con aceite de coco para que la base no se ponga pastosa mientras se hornea.

Coloca los duraznos rebanados en un tazón grande y rocíalos con jugo de limón. Revuélvelos suavemente.

Rellena la base de la tarta con la mezcla de duraznos y enseguida cúbrela con el segundo círculo de masa. Dobla las orillas de los círculos de masa hacia abajo y presiona el borde con la punta de un tenedor para sellarlo todo. Recubre la parte superior de la tarta con aceite de coco, después con un cuchillo afilado haz varios cortes a lo largo de la capa superior de masa para que el vapor pueda ventilarse mientras la tarta está en el horno.

Hornea durante 10 minutos, después baja la temperatura a 180 °C y hornea por otros 35 minutos, hasta que la corteza esté café y el jugo comience a burbujear por las ventilas. Hacia la mitad del tiempo de horneado, cubre las orillas de la masa con tiras de papel aluminio para evitar que se quemen.

Enfría la tarta antes de servirla. Se disfruta más cuando está tibia, no caliente.

Tarde de tarta de durazno del equipo *Clean*

Una tarde, estábamos trabajando sin parar en nuestra oficina de Santa Mónica. Lentamente comenzamos a notar un olor exquisito que subía flotando desde la cocina. Arrancados de nuestras computadoras, corrimos abajo a ver qué estaban preparando. Un miembro de nuestro equipo, Farrell, en un antojo, había seguido el impulso de hacer una tarta de durazno. Acababa de sacarla del horno hacía unos minutos y ahora la tarta se estaba enfriando en la mesa. Cada uno se comió una rebanada y caímos en un éxtasis alimentario. La tarta estaba increíble. Nuestra idea de lo que podía ser un postre *clean* cambió para siempre. Supimos que teníamos que incluirla aquí. Ahora, cada que queremos algo dulce en la oficina, miramos a Farrell esperando que vuelva a darle el antojo.

SNICKERS

⊙ *Cleanse:* limpieza

Ⓥ Vegano*

Rinde: 12 barras

Tiempo de preparación: 1 hora

Se está poniendo de moda hacer tus propios dulces, y es una moda increíble. Nos complace presentar la que consideramos una de las golosinas caseras de chocolate más saludables que hay. Éstas son adictivamente buenas, pero no te preocupes, tienen un bajo índice glicémico y están cargadas de grasa y proteína saludables, las cuales mantienen el azúcar en la sangre estable y el metabolismo acelerado.

Para la base

2 tazas más 2 cucharadas de almendras crudas

2 cucharadas de harina de almendras

1 cucharada de pinole de mezquite

⅛ de cucharadita de sal de mar

¼ de taza de néctar de coco o miel (si no estás en el programa de limpieza)

Para el relleno

1 taza de dátiles empacados (alrededor de una docena), deshuesados

2 cucharadas de agua

Un poco menos de ¼ de cucharadita de sal de mar

½ cucharadita de extracto de vainilla

1 cucharada de aceite de coco, derretida

¼ de taza de almendras crudas picadas

Para la cubierta de chocolate

450 g de chocolate horneable, 70% de cacao o más alto, cortado en trozos pequeños

1 cucharadita de extracto de vainilla

½ taza de azúcar de palma de coco molida finamente

1 pizca de sal de mar

Precalienta el horno a 180 °C.

Primero prepara la base de masa. Esparce las almendras en una charola para hornear y tuéstalas en el horno por 10 a 12 minutos, moviendo de manera ocasional, hasta que estén ligeramente tostadas. Retíralas del horno y deja que se enfríen. Aparta 2 cucharadas de almendras para adornar y pícalas grueso.

Pon las 2 tazas restantes de almendra tostada en el procesador de alimentos y pícala finamente. Agrega la harina de almendras, el pinole de mezquite, la sal y la miel o el néctar de

* Usando néctar de coco.

coco; procésalos un poco más, y usa una espátula si es necesario para limpiar los costados, hasta que la mezcla empiece a formar una bola.

Moldea la masa para formar 12 galletas de tamaño uniforme, de unos 2.5 centímetros de ancho. Colócalas en una charola para hornear cubierta de papel encerado y mételas al refrigerador o congelador unos 15 minutos para que se endurezcan.

Cuando la base de las galletas se haya endurecido, prepara el relleno. Pon todos los ingredientes del relleno en la licuadora y licua a velocidad alta hasta que se forme una pasta uniforme. Usa una cuchara o una manga pastelera para poner una capa sobre cada galleta. Mételas al refrigerador 15 minutos para que se endurezcan. Para la cubierta de chocolate, coloca los trozos de chocolate a baño María y caliéntalos lentamente hasta que estén completamente derretidos. Integra y revuelve la vainilla, el azúcar de palma de coco y la sal. Usa una batidora, licuadora o procesador de alimentos para combinar muy bien todos los ingredientes.

Cubre una charola para hornear con papel encerado y coloca encima una rejilla para enfriar. Acomoda las galletas en la rejilla. Usa un cucharón para servir justo el chocolate suficiente para recubrir cada montículo de galleta y relleno. Cuando todos estén bien cubiertos, ponles encima las almendras picadas que apartaste. Nuevamente, mételas al refrigerador a que se endurezcan, y déjalas allí hasta que estén listas para comerse, unos 30 minutos.

Guarda el chocolate que sobre en un frasco o vacíalo en moldes para hacer un dulce delicioso.

BOLITAS DE MIEL Y NUEZ

Ⓥ Vegano

Porciones: 12

Tiempo de preparación: 15 minutos

Pequeños y dulces bocados de benéfica tentación. Ricas en proteínas, tanto de la nuez como de la miel, estas bolitas usan un edulcorante que de hecho tiene enzimas para agregar a tu reserva y ayudar a la digestión. Las grasas saludables de la mantequilla de coco ayudan a mantener estables los niveles de azúcar en la sangre y el metabolismo en marcha. ¡Son barras energéticas que saben a postre!

   2 tazas de nuez pecana cruda
   ½ taza de mantequilla de coco
   2 cucharadas de miel o de néctar de coco
   1 cucharadita de nuez moscada
   ½ cucharadita de extracto de vainilla
   1 pizca de sal de mar

Coloca todos los ingredientes en un procesador de alimentos y combínalos hasta que la mezcla forme una bola. Con las manos o con una cuchara para sacar bolitas de melón, moldea la masa en pelotas de 2.5 centímetros. Mételas al refrigerador para que se endurezcan. Puedes guardar las que sobren en el refrigerador por varias semanas.

El chef Frank comenta sobre la miel

La miel es un maravilloso edulcorante natural que contiene enzimas y proteínas. Fortalece el sistema inmune, es antibacterial y antiviral, y se sabe que ayuda en las alergias estacionales, estabiliza la presión arterial y nivela el azúcar en la sangre. También es un alimento antiinflamatorio y rico en antioxidantes, además de ser una de las fuentes más antiguas de energía y dulzura conocidas por el hombre (y los animales). Cuando compres miel, busca variedades que sean locales y crudas, sin pasteurizar ni calentar, pues son las más nutritivas.

CHOCOLATE *CLEAN*

C *Cleanse:* limpieza

G *Gut:* intestino*

V Vegano

Rinde: alrededor de 900 g

Tiempo de preparación: 30 minutos

Tiempo de refrigeración: 15 minutos

¡Sí! Los rumores sobre los beneficios del chocolate para la salud son ciertos, así que prepara el tuyo para tener el chocolate más sano de todos. Puedes variarlo según tu lado goloso (o falta de él) y agregar cualquier especia o ingrediente que prefieras —como coco o nuez—. Agrega hierbas y tinturas para hacer tus propias golosinas medicinales.

680 g de manteca de cacao, picada en trozos gruesos
3 tazas de cacao en polvo (cernido antes de medirlo)
½ taza de pinole de mezquite
1 pizca de sal de mar
1 cucharadita de extracto de vainilla
¼ de taza de azúcar de palma de coco granulada

Coloca los trozos de manteca de cacao a baño María, en una olla especial o en un tazón metálico sobre una olla de agua caliente. Calienta la manteca suavemente hasta que esté derretida por completo. Retírala del fuego y pásala a un tazón grande, bátela o licúala con el cacao en polvo, el pinole de mezquite, la sal, la vainilla y el azúcar de coco.

Vierte el chocolate en moldes o en una charola para cubos de hielo o extiéndelo con una espátula sobre una charola para hornear cubierta de papel encerado. Mételo al refrigerador para que se endurezca, y mantenlo refrigerado.

* Omite el azúcar de palma de coco, usa stevia, xilitol o Lakanto.

CARAMELO DE CHOCOLATE CONGELADO

C *Cleanse:* limpieza

V Vegano

Rinde: alrededor de ½ kg

Tiempo de preparación: 20 minutos

Tiempo de refrigeración: 2 horas o una noche

Nadie sabrá que este dulce no contiene azúcar ni lácteos. Será nuestro secreto *clean*. Nuestro caramelo de chocolate congelado es una gran fuente de antioxidantes, de grasas que impulsan el metabolismo y del estimulante cacao.

- 1 cucharada de aceite de coco
- 1 taza de leche de coco sin endulzar
- 340 g de chocolate oscuro o para repostería, 70% o más alto, en trozos más bien pequeños
- 1 cucharadita de canela en polvo
- 2 cucharaditas de pinole de mezquite
- ½ cucharadita de extracto de vainilla
- ¼ de cucharadita de sal de mar
- 2 cucharadas de azúcar de palma de coco
- ½ taza de cacao en polvo para espolvorear

En una sartén a fuego lento calienta el aceite de coco y la leche de coco.

En un tazón grande combina el chocolate en trozos, la canela, el pinole de mezquite, la vainilla y la sal. Cuando la mezcla de leche de coco esté caliente, agrega el chocolate y revuelve hasta que todo esté completamente derretido y se haya logrado una consistencia espesa.

Pasa la mezcla a un platón o charola para hornear cubiertos con papel encerado; haz tu mejor esfuerzo por formar un tronco de 1.5 centímetros de ancho. Mete el caramelo unas horas al congelador o una noche al refrigerador para que se endurezca.

Para servir, córtalo en trozos y espolvorea cada uno con cacao en polvo.

El equipo *Clean* comenta sobre el amor al chocolate

El chocolate es uno de nuestros postres favoritos. También es un gran platillo para preparar con los amigos, la familia y los niños. Prueba hacer tandas más grandes con ingredientes *clean* para tener algo que satisfaga tu lado goloso, pero libre de azúcar, lácteos y químicos. El cacao seco o la cocoa en polvo también pueden convertirse en una bebida reconfortante al agregar una cucharada o dos de leche caliente de almendras, con una pizca de sal y un toque de stevia o miel.

MARQUETA DE PASAS Y NUEZ DE LA INDIA ASADA

C *Cleanse:* limpieza

V Vegano

Porciones: 4 como refrigerio

Tiempo de preparación: 30 minutos

Tiempo de refrigeración: 20 minutos

Puede ser un regalo maravilloso, sano y rico en antioxidantes, para todos los de tu lista en la temporada de fiestas, sobre todo si haces una tanda grande. Envuelve un puñado de piezas en papel encerado o de estraza y amárrale un listón bonito con una ramita de hojas perennes o romero. ¿Qué mejor regalo que el regalo de la salud?

1 taza de nuez de la India cruda
450 g de chocolate *clean* (véase página 310)
½ taza de pasas de Corinto
¼ de taza de coco rallado sin endulzar

Precalienta el horno a 180 °C.

Coloca las nueces de la India en una charola para hornear y ásalas en el horno hasta que estén bien doradas, alrededor de 8 a 10 minutos, revolviendo y revisándolas ocasionalmente para que no se quemen. Retíralas del horno, permite que se enfríen y córtalas en pedazos más pequeños.

Cuando estés haciendo la receta del chocolate *clean*, no pongas a enfriar las 2 tazas necesarias para este postre: déjalo suave. Ponlo en un tazón e integra y mezcla la nuez de la India, las pasas y el coco. Esparce la mezcla sobre una charola cubierta de papel encerado y métela al refrigerador o al congelador para que se endurezca por 20 minutos. Cuando el chocolate esté listo, rómpelo en pedazos más pequeños y almacénalo por meses en el congelador.

MANZANAS HORNEADAS A LA CANELA

C *Cleanse:* limpieza

V Vegano

Porciones: 2

Tiempo de preparación: 15 minutos

Tiempo de cocción: 20 minutos

Una golosina muy simple para después de la cena, también es la mejor opción para una mañana fría. Cuando sea que la prepares, toda tu casa va a oler irresistiblemente delicioso.

2 manzanas grandes y crujientes (nos encanta usar cualquier variedad tradicional y local, o una mezcla de varias)

2 cucharaditas de canela en polvo

De 3 a 4 cucharadas de azúcar de palma de coco

½ cucharadita de extracto de vainilla

¼ de cucharadita de clavo molido

Precalienta el horno a 190 °C.

Pela las manzanas y quítales el corazón. Córtalas por la mitad y luego en rebanadas de 3 a 6 milímetros de grosor. Coloca las rebanadas en el centro de un pedazo de papel encerado que sea de unos 45 centímetros de largo. Rocía las manzanas con la canela, el azúcar de palma de coco y la vainilla. Suavemente revuelve la mezcla, enseguida junta los dos extremos del papel y enróllalos hacia las manzanas. Apachurra las orillas para hacer una bolsa rellena de manzanas.

Coloca la bolsa sobre una charola para hornear y hornea por 15 a 20 minutos. Saca del horno, abre la bolsa y sirve las manzanas en un tazón tal como están o con una cucharada de tu helado, crema batida o *gelato* favorito.

GALLETAS DE ALMENDRA Y ESPECIAS

C *Cleanse:* limpieza

G *Gut:* intestino*

V Vegano

Porciones: 12 galletas

Tiempo de preparación: 10 minutos, más 30 minutos o 24 horas de refrigeración

Tiempo de cocción: 10 minutos

Ésta es una gran receta para preparar en cualquier época del año, y a los niños les encanta ayudar a elaborarla (y, por supuesto, lamer la cuchara y el tazón). La masa es tan sabrosa como las galletas, así que siéntete en libertad de usarla como cualquier masa de galletas sin cocer (o sea, comerla directamente del tazón) o como un refrigerio para después de hacer ejercicio, pues es fácil de llevar en un recipiente de plástico.

2½ tazas de harina de almendras
2 cucharadas de harina de coco
½ taza de arruruz en polvo
1 cucharadita de bicarbonato de sodio
¼ de cucharadita de sal
1 cucharadita de canela en polvo, más un poco más para espolvorear
¼ de taza más una cucharada de aceite de coco, derretido
½ taza de néctar de coco
1 cucharadita de extracto de almendras

En un tazón grande combina las harinas, el bicarbonato de sodio, la sal y la canela. Integra y mezcla el aceite de coco, el néctar de coco y el extracto de almendras. Mezcla hasta que todo esté bien combinado.

Envuelve la masa en plástico, apretando bien las orillas y moldeándolo en un largo cilindro uniforme. Colócalo en el refrigerador para que se solidifique, por lo menos 30 minutos o hasta por un día.

Cuando estés listo para hornear las galletas, precalienta el horno a 180 °C.

Saca la masa del plástico envolvente y rebánala en rodajas de 5 milímetros. Acomoda las galletas en un platón para hornear cubierto de papel encerado y espolvorea cada una con canela. Hornéalas por 5 minutos, después voltea cada galleta y hornéalas por otros 4 a 5 minutos, hasta que se sientan firmes.

* Omite el néctar de coco, usa stevia, xilitol o Lakanto.

PUDÍN DE TAPIOCA, COCO Y ALMENDRAS
Maribeth Evezich, bloguera y nutricionista

C *Cleanse:* Limpieza

G *Gut:* intestino

V Vegano

Porciones: 4

Mi madre hacía pudín de tapioca para las ocasiones especiales, como el cumpleaños de mi papá. Yo he creado una versión *clean* de este postre favorito de la infancia, haciéndolo vegano y sin azúcar. Sé conservador con el edulcorante, ya que la leche de coco, especialmente al condensarla en la cocción, brinda mucha dulzura. Si al final no te parece lo suficientemente dulce, considera agregarle una pizca de sal, la cual balancea los sabores, en lugar de otro tanto de edulcorante. Yo prefiero la tapioca de perlas grandes por la textura masticable que crea, pero la variedad de perlas pequeñas también funciona. Sólo no uses la tapioca de "un minuto".

3 cucharadas de perlas de tapioca molidas o harina de tapioca
⅓ de taza de perlas de tapioca, chicas o grandes
2 tazas de leche de almendras sin endulzar
1 taza de leche de coco sin endulzar
¼ de cucharadita de sal de mar
½ cucharadita de extracto de vainilla o de almendras
Stevia al gusto

En un molinillo de especias o en una licuadora procesa las 3 cucharadas de perlas de tapioca hasta que tengan consistencia de polvo (o usa harina de tapioca). En un tazón combina la tapioca molida con la tapioca entera en perlas y una taza de la leche de almendras. Integra la mezcla muy bien y deja que la tapioca se remoje por 2 horas, refrigerada. (Si usas la tapioca de perlas grandes, puedes dejarla remojando toda la noche.)

Combina la taza restante de la leche de almendras, la leche de coco y la sal en una sartén con capacidad de 2 litros. Agrega la tapioca remojada y la mezcla de leche de almendras, batiendo hasta que esté bien combinada. Revolviendo constantemente, hierve la mezcla a fuego medio, alrededor de 12 a 15 minutos. Baja el fuego y continúa meneando frecuentemente; deja que la mezcla hierva a fuego lento por otros 15 a 20 minutos. Cuando la tapioca esté transparente vuelve a subir la flama a fuego medio, agrega el extracto de almendras o vainilla y la stevia; sigue cociendo hasta que la mezcla se espese, moviendo constantemente. Ajusta el edulcorante y agrega sal al gusto.

Sirve el pudín tibio o frío. Si deseas refrigerarlo antes de servirlo, deja que se enfríe y coloca un pedazo de papel encerado directamente sobre la superficie del pudín para evitar que se forme una capa de nata.

MOUSSE DE ZARZAMORA Y GRANADA

C *Cleanse:* limpieza

G *Gut:* intestino

Porciones: 3 tazas

Tiempo de preparación: 20 minutos

Tiempo de refrigeración: de 2 a 3 horas para "cuajar"

La gelatina hecha de vacas criadas en pastizal es increíblemente sanadora para el intestino. Nos encanta la marca Great Lakes. Éste es un postre maravilloso que fortalece el aparato digestivo, y una gran golosina sana que a los niños les va a encantar. Fácilmente puedes servir este magnífico postre en una cena con amigos ¡y recibirás cumplidos entusiastas también de los adultos!

1 lata de leche de coco sin endulzar de 400 ml
1 cucharada de gelatina marca Great Lakes
½ taza de agua fría
2 tazas de zarzamora fresca o congelada, ya descongelada
½ cucharadita de extracto de vainilla
2 cucharadas de concentrado de granada
¼ de taza de granos de granada

Calienta la mitad de la leche de coco (200 ml) en una sartén a fuego medio.

Mientras se calienta, disuelve la gelatina en agua fría en un tazón mediano. Después integra y mezcla la leche de coco caliente con la gelatina en agua. Cuando todo esté mezclado, agrega la mitad restante de la leche de coco (sin calentar).

Vierte la mezcla en la licuadora junto con las zarzamoras, la vainilla y el concentrado de granada. Haz puré la mezcla, revuelve de forma envolvente los granos de la granada y después viértelo en moldes de silicón o en tazoncitos. Métpelos al refrigerador varias horas para que cuajen. También puedes rociar los granos de granada sobre cada molde cuando vayas a servir.

LAS ORGANIZACIONES DE BENEFICENCIA

Health Corps y Vitamin Angels son dos organizaciones en las que creo con todo el corazón. Por eso me he comprometido a donar el 100% de las ganancias de este libro a esas organizaciones de beneficencia.

Lo que más me gusta de Health Corps y Vitamin Angels es que el trabajo que están haciendo está enfocado a la juventud. Cuando a los niños se les dan las herramientas y los conocimientos para crecer sanos, es mucho más probable que mantengan esos hábitos de adultos. El camino hacia un mundo más sano es apoyar a nuestros niños. Me honra jugar un pequeño papel en esta misión y te invito a conocer más sobre estas organizaciones para que tú también puedas jugar un papel.

Dr. Alejandro Junger

Health Corps

Health Corps es una organización benéfica fundada en 2003 por el cardiocirujano y conductor de televisión ganador del Emmy, el doctor Mehmet Oz y su esposa,

Lisa, para combatir la crisis de obesidad infantil. Su misión es implementar un innovador modelo en las escuelas que inspire a los adolescentes a tomar decisiones más saludables para sí mismos y sus familias.

Los "coordinadores" de Health Corps llevan a cabo programas únicos en escuelas y comunidades, orientados a la población con alto grado de necesidad. Mediante una asesoría de igual a igual para impartir un plan de estudios progresivo sobre nutrición, estar en forma y fortaleza mental, les dan a los adolescentes un propósito, ayudan a desarrollar un carácter humano e inspiran un interés en las carreras de salud y artes culinarias.

Health Corps está transformando el paradigma educativo una escuela a la vez. Su programa ya abarca una red de 62 escuelas en 13 estados y la capital de Estados Unidos.

Puedes conocer más sobre su trabajo en www.healthcorps.org.

Vitamin Angels

Vitamin Angels es una organización sin fines de lucro que proporciona vitaminas y minerales, que salva y transforma vidas, a segmentos de la población en riesgo y necesitados: específicamente a mujeres embarazadas, madres nuevas y niños menores de cinco años. Millones de niños alrededor del mundo sufren desnutrición. Quizá consuman suficientes calorías para sobrevivir, pero sus dietas carecen de los nutrientes necesarios para un adecuado desarrollo físico y cognitivo. Los efectos de esta "hambre oculta" pueden llevar inmediatamente a condiciones que ponen en riesgo la vida.

El suplemento de vitaminas es una de las soluciones clave para combatir la desnutrición infantil. Mediante el suplemento, estos niños reciben los nutrientes que sus cuerpos necesitan para sobrevivir, desarrollarse y alcanzar su pleno potencial.

Vitamin Angels está trabajando para llegar a 40 millones de niños en unos 45 países, incluyendo Estados Unidos, con los nutrientes vitales que necesitan como base de una buena salud. Para conocer más, visita vitaminangels.org.

El mercado, la cocina, la mesa: un día de comer *clean* con la familia Junger

El mercado

La cocina

La mesa

Los colaboradores

COLABORADORES

Las recetas de la comunidad que aparecen en este libro fueron creadas por colaboradores invitados de muy diversos ámbitos. Esperamos que sus deliciosas recetas te inspiren a explorar el mundo de la comida *clean* y hacerla tuya.

Susana Belen

Susana es la fundadora de We Care Spa, un *spa* holístico de desintoxicación en Desert Hot Springs, California. Desde hace veinticinco años, We Care Spa es líder en el movimiento de los ayunos con base en jugos y la limpieza del colon para desintoxicar el cuerpo, la mente y el espíritu. Para saber más, visita wecarespa.com.

Gabrielle Bernstein

Gabrielle es la autora del bestseller de la lista del *New York Times*, *May Cause Miracles*. Aparece regularmente como experta en el programa *Today* de NBC, ha sido presentada en el *Super Soul Sunday* de Oprah como una líder de pensamiento de siguiente generación, y fue nombrada "una nueva modelo a seguir" por el *New York Times*. También es autora de los libros *Add More –Ing to Your Life, Spirit Junkie* y *Miracles Now*.

Orlando Bloom

Orlando es actor y embajador de buena voluntad de UNICEF.

Alison Burger

Alison ha sido entusiasta de la salud y el ejercicio toda la vida. Es originaria de California. Su carrera de consultora financiera acabó por quedar en segundo plano ante su pasión por el bienestar. Ahora es entrenadora física en Los Ángeles. Comparte su travesía por la salud, consejos para estar en forma y sus recetas *clean* en alisonburger.com.

Kris Carr

Kris es autora de bestsellers de las listas del *New York Times* y Amazon, activista del bienestar y una exitosa sobreviviente del cáncer. Sus libros incluyen *Crazy Sexy Diet, Crazy Sexy Kitchen* y *Crazy Sexy Cancer Tips*. Visita su sitio en kriscarr.com.

Adam Cobb

El entrenador Adam es el fundador de FYCNYC, una marca de productos para un estilo de vida sano. Es entrenador, orador motivacional y consultor nutricional certificado. Ha pasado los últimos diez años formando su propia perspectiva única de la salud y el bienestar. Conoce su método en fycnyc.com.

Peggy y Megan Curry

Curry Girls Kitchen fue creada por el dúo de madre e hija de Peggy y Megan. Peggy también es cofundadora de GrowingGreat, una organización sin fines de lucro que brinda educación nutricional a nivel comunitario. Visita a Peggy y Megan en curry girlskitchen.com.

Carly de Castro

Carly cofundó Pressed Juicery en 2010 con Hayden Slater y Hedi Gores. Actualmente cuentan con 18 sucursales a lo largo de California, además de entregas a nivel nacional. Su primer libro, *Juice: Recipes for Juicing, Cleansing and Living Well* se publicó en el verano de 2014.

Cameron Diaz

Cameron es amante de la vida y una profesional del reír, el comer y la imaginación.

Maribeth Evezich

La pasión de Maribeth es explorar y compartir el mundo de la cocina con alimentos enteros. Después de experiencias cocinando en las regiones vinícolas de Oregon y California, Maribeth obtuvo una maestría en nutrición en Bastyr University. Originaria de Seattle, Maribeth actualmente vive en Nueva York. Conoce su blog en wholefoodsexplorer.com.

Lina Fedirko

Lina es una profesionista ucraniana radicada en Nueva York que trabaja en temas relacionados con la adaptación urbana en respuesta al cambio climático.

Farrell Feighan

Farrell es parte del apoyo comunitario del equipo *Clean*. También es cocreadora de sisterdisco.com, un blog sobre estilo de vida que combina temas espirituales, de salud y bienestar con estilo, creatividad, música y arte.

Janet Goldman Weinberg

Janet es chef personal y actualmente radica en Highland Park, Illinois. Es egresada de artes culinarias de Kendall College en Chicago. Su verdadera pasión es la nutrición culinaria: inspirar a otros a descubrir una mejor salud mediante el consumo de una variedad de alimentos locales, de temporada y sustentables.

Howie Greene

Howie ha trabajado con un presidente y un padrino, pero está más a gusto en su amada Nueva York. Originario de Brooklyn, Howie es agente de bienes raíces, profesor universitario, y *manager* de The JB's, donde tocan varios ex miembros de las bandas de James Brown, *el Padrino del Soul*. Howie inició su carrera haciendo su servicio social con el presidente Ronald Reagan y también fue *manager* de James Brown durante varios años. Descubrió el Programa de Limpieza *Clean* en octubre de 2012 y le cambió la vida. Llevó a cabo el Programa *Clean* para el Intestino y ha perdido 23 kilos y 20 centímetros de cintura. Su diabetes tipo 2, su hipertensión y su colesterol alto desaparecieron. Como extrañaba su amada pizza siciliana de Brooklyn, inventó su propia versión *clean*.

Michelle Hartgrove

Ya sea que esté cocinando un platillo de temporada en su hogar en el bello Fuschl am See, un pequeño pueblo a la orilla de un lago y rodeado por montañas en Austria, o recorriendo el mundo en jet como agente de talentos de Red Bull, Michelle sabe que vivir *clean* le da el combustible que necesita para hacer sus sueños realidad.

Mark Hyman

Mark fue codirector médico de Canyon Ranch durante 10 años y ahora es el presidente del Institute for Functional Medicine, así como fundador y director del Ultra Wellness Center. Es autor de seis bestsellers de la lista del *New York Times*, incluyendo *The Blood Sugar Solution Cookbook*, *The Blood Sugar Solution*, *Ultra Metabolism*, *The Ultra Mind Solution* y *The Ultra Simple Diet*, y coautor de *Ultra Prevention*. Visita al doctor Hyman en drhyman.com.

Paul Jaminet y Shou-Ching Jaminet

Paul fue astrofísico y empresario antes de convertirse en escritor de salud. Es el editor en jefe del *Journal of Evolution and Health* y fundador del Perfect Health Retreat.

Shou-Ching es bióloga molecular e investigadora de cáncer en la Escuela de Medicina de Harvard y en el Centro Médico Beth Israel Deaconnes en Boston. Juntos escribieron *Perfect Health Diet: Regain Health and Lose Weight by Eating the Way You Were Meant to Eat* (2012). Su blog se encuentra en perfecthealthdiet.com.

Donna Karan
Donna es diseñadora y fundadora de Urban Zen Initiative.

Mary Karlin
Mary es una cocinera apasionada, maestra de cocina tanto en línea como en prominentes centros culinarios y autora de tres libros: *Wood-Fired Cooking, Artisan Cheese Making at Home*, y *Mastering Fermentation*. Descubre más en marykarlin.com.

Stacy Keibler
Stacy es una defensora de la salud cuya pasión de toda la vida por todo lo relacionado con la salud y el bienestar le ha permitido estar en el camino de educarse a sí misma y educar a los demás sobre la comida y su relación directa con la salud, el bienestar y la vida. Actualmente tiene el sitio skphilosophy.com, en el que comparte su travesía, con la esperanza de que otros se beneficien de estas reflexiones.

Brent Kronk
En Colombus, Ohio, donde vive Brent, hay abundantes verduras orgánicas y otros ingredientes en las granjas y los mercados locales, lo que facilita comer sanamente y apoyar a la comunidad. Ella es artista y trabaja en comunicación mercadológica, cuando no anda afuera en su bicicleta o alimentando a sus pájaros.

Wanda LeBlanc-Rushmer
Wanda es trabajadora social de adopciones, apasionada de su labor con los niños y las familias. Le encanta el viaje y la aventura, y se ha enfocado en la salud y en el bienestar desde hace muchos años. Después de cumplir los 40, empezó a tener trastornos digestivos y reporta que comer *clean* ha marcado una diferencia significativa en su vida.

Dr. Todd Lepine

Todd es egresado de medicina de Dartmouth College, con especialidad en medicina interna. Es experto en medicina funcional integral. Ha trabajado como médico de planta en el Canyon Ranch Health Spa y actualmente practica en el oeste de Massachusetts. Su sitio es drlepine.com.

Sarah Marchand

Originaria de Nueva York, Sarah es una atareada madre de gemelos y le encanta cocinar. Tras padecer problemas digestivos crónicos, ha usado las estrategias de *Clean* desde hace años para ayudarse a sí misma y a su familia a llevar una vida mejor y más sana.

Meghan Markle

Meghan es actriz y *fan* de la comida.

Sarma Melngailis

Sarma es cofundadora del restaurante Pure Food and Wine en Nueva York, así como cofundadora de One Lucky Duck, una *boutique* de comercio electrónico que vende botanas One Lucky Duck y más, y dos bares de jugos en Nueva York. También es coautora de *Raw Food Real World* y autora de *Living Raw Food*.

Amy Myers

Amy es la directora médica de Austin Ultra Health y experta en medicina funcional y nutrición. Gente de todo el mundo se ha recuperado de trastornos de salud crónicos y debilitantes siguiendo su programa, The Myers Way. Su sitio es amymyersmd.com.

Jenny Nelson

Como miembro del equipo *clean* desde 2009, Jenny ha podido compartir su pasión por los alimentos locales y de temporada, la herbolaria y los temas de salud de la mujer con miles de personas. Es *coach* de bienestar *clean*, fotógrafa editorial y de estilos de vida, y adicta al aire libre. Le encanta vivir junto al mar, en Portland, Maine.

Lisa Oz y Mehmet Oz

Lisa es productora, autora de bestsellers y conductora del programa *The Lisa Oz Show*. Mehmet es escritor, cirujano cardiotorácico y conductor del programa *The Dr. Oz Show*, ganador de un premio Emmy.

Gwyneth Paltrow

Gwyneth es madre, defensora de la salud, actriz y fundadora de goop.com.

Dhru Purohit

Dhru es un sherpa de la salud y director ejecutivo de *Clean*.

Belinda Rachman

Belinda es abogada familiar en Carlsbad, Nuevo México; perdió 18 kilos con el Programa *Clean*. Lo único que hace es practicar la mediación pacífica en divorcios, con parejas honestas del sur de California.

Josh Radnor

Josh es un director, actor, productor y guionista de cine estadounidense.

Farshid Sam Rahbar y Annie McRae

Farshid es uno de los principales gastroenterólogos de integración en Los Ángeles, California. Es fundador y director médico de Los Angeles Integrative Gastroenterology and Nutrition, donde incorpora el antienvejecimiento con la medicina funcional para lograr un enfoque holístico de integración en el cuidado digestivo. Visita laintegrativegi.com.

Annie lleva 15 años ejerciendo como nutrióloga clínica, con una especialidad en el sistema digestivo. Ha traído su reconocida experiencia a California mediante consultas personales en colaboración con Los Angeles Integrative Gastroenterology and Nutrition. Visita su sitio en nutrition4good.com.

John Rosania

John es defensor de la honestidad, actor y vp de Productos en *Clean*. Su sitio es johnrosania.com

Zoe Saldana

Zoe es una actriz dominicana-estadounidense.

Lara Whitley

Como mamá, artista y fanática del buen comer, a Lara le encanta preparar todo desde cero. Les cocina a sus familiares y a sus amigos (y a veces hasta logra hacer que participen en el frenético picado y batido de ingredientes) a 2400 metros de altura, en Colorado.

Alison Burger, Peggy and Megan Curry, Josh Radnor, Janet Goldman Weinberg, Brent Kronk

Gwyneth Paltrow, Mark Hyman, Carly de Castro, Lina Fedirko, Susana Belen

John Rosania, Meghan Markle, Adam Cobb, Farrell Feighan, Maribeth Evezich

Kris Carr, Lara Whitley, Lisa and Mehmet Oz, Dhru Purohit, Sarma Melngailis

Zoe Saldana, Todd Lepine, Gabrielle Bernstein, Amy Myers, Howie Greene

Jenny Nelson, Stacy Keibler, Wanda LeBlanc-Rushmer, Paul and Shou-Ching Jaminet, Belinda Rachman

Sarah Marchand, Farshid Sam Rahbar, Michelle Hartgrove, Mary Karlin, Donna Karan

NUESTROS PROGRAMAS

Limpieza *Clean* | cleanprogram.com

La Limpieza *Clean* es un programa de 21 días diseñado para apoyar la capacidad natural del cuerpo para sanarse. Se enfoca en la limpieza y la desintoxicación mediante una mezcla de cambios en la dieta y suplementos. El programa fue creado de manera que pudiera incorporarse fácilmente a un horario complicado, a la vez que proporciona todas las herramientas prácticas necesarias para apoyar y rejuvenecer el cuerpo. El efecto es transformador. Los beneficios más comunes incluyen mejoras en la piel, el sueño, la digestión, la energía y la claridad mental, así como reducción del hinchamiento, el estreñimiento y los dolores de cabeza y de articulaciones.

El programa consiste de un licuado rico en nutrientes para el desayuno, una comida sólida de la dieta del Programa de Limpieza *Clean*, y un licuado para la cena. A lo largo del día, también tomarás varios suplementos clave. Al completar tu programa de 21 días, te guiamos a lo largo del proceso de reintroducción y educación continua para ayudarte a seguir *clean* más allá de la limpieza.

Programa *Clean* para el Intestino | cleangut.com

Los padecimientos que más se diagnostican hoy en día tienen su origen en un intestino dañado e irritado. El intestino es un sistema intrincado y poderoso, naturalmente diseñado para proteger y sanar al cuerpo a cada momento del día. Sin embargo, para muchos de nosotros, este extraordinario sistema está afectado, lo cual conduce a toda clase de problemas de salud: desde kilos de más, dolores, alergias, cambios de humor y falta de libido, hasta padecimientos cardiacos, cáncer, trastornos autoinmunitarios, insomnio y depresión.

El Programa *Clean* para el Intestino es un programa de 21 días que llega a la raíz de la salud y la enfermedad apoyando la salud digestiva y la reparación del intestino. Sigue una sencilla estructura que empieza con un licuado por la mañana, una comida a mediodía y en la noche una ensalada de la dieta *clean* para el intestino, junto con una poderosa combinación de suplementos para restaurar este importante órgano.

Refresh | cleanprogram.com

Todos nos descarrilamos con nuestra salud de vez en cuando. No es nada del otro mundo. Es normal, pero se vuelve un problema cuando nos quedamos así. Lo que necesitamos es un recordatorio de vez en cuando, algo que nos recuerde los sencillos principios de salud que funcionan.

Refresh es un programa estructurado de siete días que llevas a cabo entre limpiezas, enfocado en apoyar los niveles de energía, la buena digestión y la claridad mental. Este programa consiste de un licuado para el desayuno y la cena, con algunos suplementos específicos. A la hora de la comida, un platillo de la dieta Refresh y un *Refresh Boost*. El *Refresh Boost* es una poderosa combinación de vitaminas B formulada para ayudar con el estrés y reducir el aletargamiento después de comer. Tras siete días en el programa, tu cuerpo estará listo para seguir tomando decisiones más sanas en tu comida y en tu estilo de vida.

PROGRAMA DE LIMPIEZA *CLEAN*.
PLAN DE COMIDAS DE 21 DÍAS

	Desayuno	Comida	Cena
LUNES	Licuado de zarzamora y leche de coco, p. 282	Pechuga de pavo en marinada thai, p. 181	Cocido de hongos y chirivías (hecho puré), p. 258
MARTES	Capuchino reishi, p. 279	*Risotto* de hongos, p. 246	Sopa de brócoli y queso cheddar (hecha puré), p. 270
MIÉRCOLES	Licuado mañanero pre-ejercicio de Adam, p. 280	Hamburguesas de pollo al limón y hierbas con aderezo mil islas, p. 172	*Frappé* de mango, p. 284
JUEVES	Durazno espléndido, p. 285	Bacalao escalfado con fideos soba y salsa ponzu, p. 162	Cocido de hongos y chirivías (hecho puré), p. 258
VIERNES	"Leche" de almendras (con el agregado de proteínas, polvos y verduras que prefieras), p. 272	Coliflor asada con aderezo de pistache, p. 227	Puré de zanahoria al jengibre (calentada con leche de coco para hacer una sopa espesa), p. 119
SÁBADO	Licuado de zarzamora y leche de coco, p. 282	Pastel salado de lentejas, p. 244	"Leche" de almendras (con el agregado de proteínas, polvos y verduras que prefieras), p. 272
DOMINGO	Capuchino reishi, p. 279	Pollo en costra de ajo, p. 179	Licuado de zarzamora y leche de coco, p. 282
LUNES	*Frappé* de mango, p. 284	Pescado blanco envuelto en calabacita con aceite de cebollín, p. 160	Sopa de brócoli y queso cheddar (hecha puré), p. 270
MARTES	Licuado de ensueño de mora azul, p. 287	Hongos rellenos y *wraps* asiáticos de lechuga, pp. 126 y 135	"Leche" de almendras (con el agregado de proteínas, polvos y verduras que prefieras), p. 272
MIÉRCOLES	Licuado de zarzamora y leche de coco, p. 282	Salmón salteado, p. 167	Sopa de pepino y aguacate (fría o caliente), p. 261

	Desayuno	Comida	Cena
JUEVES	Durazno espléndido, p. 285	Fideos de ajonjolí (si deseas agrega proteína extra, como pollo), p. 216	Cocido de hongos y chirivías (hecho puré), p. 258
VIERNES	"Leche" de almendras (con el agregado de proteínas, polvos y verduras que prefieras) , p. 272	Arroz salvaje con sabores del Medio Oriente (omitir el jitomate), p. 234	Malteada de maca, p. 286
SÁBADO	Elíxir sanador de chocolate, p. 291	Pollo asado crujiente (sirve con verduras de hoja verde mixtas aderezadas con vinagre balsámico), p. 187	Sopa de zanahoria, comino y coliflor, p. 256
DOMINGO	*Frappé* de mango, p. 284	Coliflor asada con aderezo de pistache, p. 227	Coliflor asada con aderezo de pistache (hecha puré), p. 227
LUNES	Licuado de ensueño de mora azul, p. 287	Fletán asado en sartén con ensalada de alcachofas y apio y vinagreta de lavanda, p. 153	Licuado de zarzamora y leche de coco, p. 282
MARTES	Malteada de maca, p. 286	Col asada con crema agria de chipotle y alcaravea, p. 239	"Leche" de almendras (con el agregado de proteínas, polvos y verduras que prefieras), p. 272
MIÉRCOLES	Licuado de zarzamora y leche de coco, p. 282	Pollo horneado a la mostaza, p. 175	Capuchino reishi, p. 279
JUEVES	Durazno espléndido, p. 285	Quinoa con palmitos a la griega, p. 226	Elíxir sanador de chocolate, p. 291
VIERNES	Malteada de maca, p. 286	Pollo a fuego lento con hinojo y hongos silvestres, p. 177	Sopa de cebolla (hecha puré), p. 255
SÁBADO	Capuchino reishi, p. 279	Verduras asadas con *hummus* sedoso, p. 238	Malteada de maca, p. 286
DOMINGO	"Leche" de almendras (con el agregado de proteínas, polvos y verduras que prefieras) , p. 272	Merluza cubierta en *harissa*, p. 168	Cocido de hongos y chirivías (hecho puré), p. 258

PROGRAMA *CLEAN* PARA EL INTESTINO.
PLAN DE COMIDAS DE 21 DÍAS

	Desayuno	Comida	Cena
LUNES	Malteada de maca, p. 286	*Frittata* de verduras, p. 64	Ensalada de lechuga romana y verduras de mar, p. 76
MARTES	Licuado mañanero pre-ejercicio de Adam, p. 280	Huevos hundidos, p. 70	*Paillard* de pollo con calabaza moscada, p. 78
MIÉRCOLES	Cocoa caliente *clean*, p. 290	Fideos de calabacita y coco con albóndigas especiadas, p. 204	Ensalada de hojas verdes amargas y hierbas, p. 82
JUEVES	Licuado de zarzamora y leche de coco, p. 282	Filetes de portobello con puré de raíz de apio, p. 247	Ensalada de *bok choy* y ajonjolí, p. 83
VIERNES	Licuado de ensueño de mora azul, p. 287	Pollo con berza y aceitunas, p. 188	Ensalada de espirulina germinada, p. 88
SÁBADO	Elíxir sanador de chocolate, p. 291	Guisado de nabo asado, p. 243	Ensalada de salmón ahumado e hinojo, p. 94
DOMINGO	Capuchino reishi, p. 279	Robalo asado al limón y tomillo, p. 154	Ensalada china de pollo, p. 96
LUNES	Malteada de maca, p. 286	Napoleón de verduras, p. 236	Ensalada de lechuga romana y verduras de mar, p. 76
MARTES	Licuado mañanero pre-ejercicio de Adam, p. 280	Lenguado al limón chamuscado, p. 151	*Paillard* de pollo con calabaza moscada, p. 78
MIÉRCOLES	Cocoa caliente *clean*, p. 290	Pollo en costra de ajo, p. 179	Ensalada de hojas verdes amargas y hierbas, p. 82
JUEVES	Licuado de zarzamora y leche de coco, p. 282	*Manicotti* de calabacitas, p. 220	Ensalada de *bok choy* y ajonjolí, p. 83
VIERNES	Licuado de ensueño de mora azul, p. 287	Berenjena rellena de cordero y hongos silvestres, p. 194	Ensalada de espirulina germinada, p. 88

	Desayuno	**Comida**	**Cena**
SÁBADO	Elíxir sanador de chocolate, p. 291	Ensalada de huevo, p. 89	Ensalada de salmón ahumado e hinojo, p. 94
DOMINGO	Capuchino reishi, p. 279	Fletán asado en sartén, p. 153	Ensalada china de pollo, p. 96
LUNES	Malteada de maca, p. 286	Calabaza cabello de ángel asada, p. 242	Ensalada de lechuga romana y verduras de mar, p. 76
MARTES	Licuado mañanero preejercicio de Adam, p. 280	Lomo de cordero asado, p. 203	*Paillard* de pollo con calabaza moscada, p. 78
MIÉRCOLES	Cocoa caliente *clean*, p. 290	Robalo asado al limón y tomillo, p. 154	Ensalada de hojas verdes amargas y hierbas, p. 82
JUEVES	Licuado de zarzamora y leche de coco, p. 282	Cocido de hongos y chirivías (hecho puré), p. 258	Ensalada de *bok choy* y ajonjolí, p. 83
VIERNES	Licuado de ensueño de mora azul, p. 287	*Ossobuco* de pollo, p. 184	Ensalada de espirulina germinada, p. 88
SÁBADO	Elíxir sanador de chocolate, p. 291	Hamburguesas de búfalo a las hierbas, p. 208	Ensalada de salmón ahumado e hinojo, p. 94
DOMINGO	Capuchino reishi, p. 279	Pollo con berza y aceitunas, p. 188	Ensalada china de pollo, p. 96

PROGRAMA *REFRESH*.
PLAN DE COMIDAS DE SIETE DÍAS

	Desayuno	Comida	Cena
LUNES	Malteada de maca, p. 286	Ensalada del mercado de agricultores, p. 92	Cocido de hongos y chirivías (hecho puré), p. 258
MARTES	Licuado mañanero pre-ejercicio de Adam, p. 280	Pollo deshebrado (sobre verduras de hoja verde mixtas), p. 186	Malteada de maca, p. 286
MIÉRCOLES	Cocoa caliente *clean*, p. 290	Ensalada de huevo, p. 89	Sopa de zanahoria, comino y coliflor, p. 256
JUEVES	Licuado de zarzamora y leche de coco, p. 282	Fideos ramen con res al jengibre, p. 206	"Leche" de almendras (con el agregado de proteínas, polvos y verduras que prefieras), p. 272
VIERNES	Licuado de ensueño de mora azul, p. 287	Ensalada de salmón ahumado e hinojo, p. 94	Licuado de zarzamora y leche de coco, p. 282
SÁBADO	Elíxir sanador de chocolate, p. 291	Hojas verdes al ajillo, y Galletas saladas crujientes, con sobras opcionales del hummus sedoso, pp. 136 y 142	Sopa de cebolla (hecha puré), p. 255
DOMINGO	Capuchino reishi, p. 279	Huevos hundidos, p. 70	Sopa de pollo y arroz salvaje, p. 268

ANÁLISIS NUTRIMENTAL DE LAS RECETAS

El análisis nutrimental de las recetas proporciona una buena aproximación de las calorías y los nutrientes que contiene cada comida. Sólo puede ser una aproximación, dada la variabilidad en los nutrientes, común en los alimentos naturales, y la variabilidad en la manera en que medimos la comida. No obstante, este análisis de las recetas puede ayudarte a tomar las mejores decisiones alimentarias para ti.

El análisis nutrimental de las recetas se llevó a cabo de acuerdo con las siguientes convenciones:

- Cuando una receta contenga varias opciones de ingredientes, el análisis proporcionado utiliza el primer ingrediente, a menos que se especifique lo contrario.
- Cuando la cantidad del ingrediente es variable, el análisis usa la cantidad más pequeña a menos que se indique lo contrario.
- Cuando se habla de sal de mar, se usa sal de mar gruesa.
- Se emplean las siguientes medidas:
    * Un pellizco equivale a $\frac{1}{16}$ de cucharadita.
    * Un toque equivale a $\frac{1}{12}$ de cucharadita.
    * "Varios" se analiza igualándolo a 2.
    * Una llovizna equivale a una cucharadita.

Las porciones usadas, a menos que se indique lo contrario, son las que utiliza la Administración de Alimentos y Medicamentos de Estados Unidos (FDA) para etiquetar los productos alimenticios. Se llaman cantidades de referencia consumidas comúnmente (RACC, por sus siglas en inglés).

Ideas para el desayuno

Camote relleno de huevo con puré de espinacas, p. 71
Rinde 2 porciones. Análisis nutrimental aproximado por porción (sin incluir sal al gusto): 880 calorías, 64 g grasa, 11 g grasa saturada, 370 mg colesterol, 550 mg sodio, 63 g carbohidratos, 11 g fibra, 12 g azúcar, 18 g proteína

Cereal de moras azules y quinoa, p. 56
Rinde 4 porciones. Análisis nutrimental aproximado por porción (sin incluir yogur de coco ni endulzante): 320 calorías, 18 g grasa, 14 g grasa saturada, 0 mg colesterol, 50 mg sodio, 35 g carbohidratos, 4 g fibra, 4 g azúcar, 8 g proteína

Espárragos asados con huevos poché, p. 67
Rinde 2 porciones. Análisis nutrimental aproximado por porción (basado en 2 huevos por persona, sin incluir un toque de sal de mar): 280 calorías, 23 g grasa, 5 g grasa saturada, 370 mg colesterol, 150 mg sodio, 5 g carbohidratos, 2 g fibra, 2 g azúcar, 15 g proteína

***Frittata* de verduras, p. 64**
Rinde 2 porciones. Análisis nutrimental aproximado por porción: 530 calorías, 41 g grasa, 27 g grasa saturada, 560 mg colesterol, 1150 mg sodio, 23 g carbohidratos, 4 g fibra, 8 g azúcar, 24 g proteína

Granola de alforfón, p. 54
Rinde 1.9 l. Análisis nutrimental aproximado por porción de ½ taza: 230 calorías, 12 g grasa, 2.5 g grasa saturada, 0 mg colesterol, 130 mg sodio, 26 g carbohidratos, 5 g fibra, 11 g azúcar, 6 g proteína

***Hot cakes* de mora azul, p. 58**
Rinde 4 porciones. Análisis nutrimental aproximado por porción (incluye 3 cucharadas de aceite de coco para freír): 680 calorías, 33 g grasa, 22 g grasa saturada, 95 mg colesterol, 650 mg sodio, 89 g carbohidratos, 6 g fibra, 20 g azúcar, 11 g proteína

***Hot cakes* de cebollita de cambray, p. 65**
Rinde 8 *hot cakes*. Análisis nutrimental aproximado por porción (basado en 8 *hot cakes* e incluyendo 2 cucharadas de aceite de coco para cocinarlos): 100 calorías, 7 g grasa, 4.5 g grasa saturada, 140 mg colesterol, 300 mg sodio, 3 g carbohidratos, 1 g fibra, 1 g azúcar, 5 g proteína

***Huevos hundidos*, p. 70**
Rinde 2 porciones. Análisis nutrimental aproximado por porción (sin incluir sal al gusto ni vegetales salteados opcionales): 230 calorías, 10 g grasa, 3 g grasa saturada, 370 mg colesterol, 1800 mg sodio, 19 g carbohidratos, 6 g fibra, 6 g azúcar, 19 g proteína

Huevos revueltos con salmón ahumado, p. 68
Rinde una porción. Análisis nutrimental aproximado por porción: 650 calorías, 55 g grasa, 20 g grasa saturada, 750 mg colesterol, 1100 mg sodio, 3 g carbohidratos, 0 g fibra, 1 g azúcar, 37 g proteína

Pan francés con crema de vainilla, p. 60
Rinde 2 porciones. Análisis nutrimental aproximado por porción: 1100 calorías, 72 g grasa, 57 g grasa saturada, 370 mg colesterol, 750 mg sodio, 98 g carbohidratos, 4 g fibra, 53 g azúcar, 20 g proteína

Pan de plátano, p. 62
Rinde 12 rebanadas. Análisis nutrimental aproximado por rebanada (usando nueces): 270 calorías, 16 g grasa, 6 g grasa saturada, 30 mg colesterol, 250 mg sodio, 30 g carbohidratos, 4 g fibra, 15 g azúcar, 5 g proteína

Picadillo de tubérculos, p. 72
Rinde 2 porciones. Análisis nutrimental aproximado por porción (sin incluir sal al gusto): 460 calorías, 28 g grasa, 24 g grasa saturada, 0 mg colesterol, 180 mg sodio, 51 g carbohidratos, 14 g fibra, 22 g azúcar, 5 g proteína

Papilla de chía especiada con té chai, p. 63
Rinde 2 porciones. Análisis nutrimental aproximado por porción (basado en semillas de ajonjolí, 2 cucharadas de néctar de coco, e incluyendo mora azul): 790 calorías, 55 g grasa, 12 g grasa saturada, 0 mg colesterol, 80 mg sodio, 59 g carbohidratos, 17 g fibra, 31 g azúcar, 25 g proteína

Papilla de quinoa y calabaza de Castilla, p. 55
Rinde 2 porciones. Análisis nutrimental aproximado por porción (sin incluir guarniciones): 470 calorías, 27 g grasa, 22 g grasa saturada, 0 mg colesterol, 250 mg sodio, 54 g carbohidratos, 8 g fibra, 17 g azúcar, 10 g proteína

Salmón salteado con puré de coliflor y eneldo, p. 69
Rinde 1 porción. Análisis nutrimental aproximado por porción (sin incluir sal al gusto ni vinagre de sidra de manzana, jugo de limón ni aceite de oliva para el aguacate): 750 calorías, 58 g grasa, 30 g grasa saturada, 465 mg colesterol, 250 mg sodio, 9 g carbohidratos, 6 g fibra, 2 g azúcar, 49 g proteína

Tortitas de papa rallada, p. 66
Rinde 8 tortitas. Análisis nutrimental aproximado por tortita: 120 calorías, 4 g grasa, 3 g grasa saturada, 25 mg colesterol, 450 mg sodio, 18 g carbohidratos, 2 g fibra, 1 g azúcar, 2 g proteína

Yogur de nuez de la India, p. 57
Rinde ½ litro. Análisis nutrimental aproximado por porción de ½ taza (sin incluir los condimentos sugeridos): 300 calorías, 24 g grasa, 4 g grasa saturada, 0 mg colesterol, 10 mg sodio, 16 g carbohidratos, 2 g fibra, 3 g azúcar, 10 g proteína

Ensaladas, salsas y aderezos

Aderezo diosa verde, p. 100
Rinde ½ litro. Análisis nutrimental aproximado por 2 cucharadas: 150 calorías, 15 g grasa, 2 g grasa saturada, 0 mg colesterol, 300 mg sodio, 4 g carbohidratos, 1 g fibra, 0 g azúcar, 3 g proteína

Aderezo mil islas, p. 103
Rinde ½ litro. Análisis nutrimental aproximado por 2 cucharadas: 70 calorías, 6 g grasa, 1 g grasa saturada, 0 mg colesterol, 280 mg sodio, 2 g carbohidratos, 1 g fibra, 1 g azúcar, 1 g proteína

Marinada de mostaza y romero, p. 107
Rinde una taza. Análisis nutrimental aproximado por cucharada: 70 calorías, 7 g grasa, 1 g grasa saturada, 0 mg colesterol, 130 mg sodio, 1 g carbohidratos, 0 g fibra, 1 g azúcar, 0 g proteína

Alioli (mayonesa de ajo) , p. 105
Rinde ½ litro. Análisis Nutrimental aproximado por cucharada (usando una cucharadita de sal de mar y 1½ tazas de aceite): 90 calorías, 10 g grasa, 1.5 g grasa saturada, 0 mg colesterol, 60 mg sodio, 0 g carbohidratos, 0 g fibra, 0 g azúcar, 0 g proteína

Dip picante de nuez de la India, p. 106
Rinde como ⅔ de taza. Análisis nutrimental aproximado por 2 cucharadas: 50 calorías, 4 g grasa, 1 g grasa saturada, 0 mg colesterol, 0 mg sodio, 4 g carbohidratos, 0 g fibra, 1 g azúcar, 1 g proteína

Ensalada acidita de pollo asado, p. 97
Rinde 4 porciones. Análisis nutrimental aproximado por porción (incluye 4 cucharaditas de aceite de oliva sabor limón en la ensalada): 1270 calorías, 81 g grasa, 21 g grasa saturada, 340 mg colesterol, 660 mg sodio, 39 g carbohidratos, 8 g fibra, 4 g azúcar, 93 g proteína

Ensalada de aguacate en trozos, p. 90
Rinde 2 porciones. Análisis nutrimental aproximado por porción (sin incluir la espirulina opcional): 660 calorías, 59 g grasa, 8 g grasa saturada, 0 mg colesterol, 750 mg sodio, 32 g carbohidratos, 18 g fibra, 6 g azúcar, 12 g proteína

Ensalada de arúgula y pera con aderezo de nuez de Castilla, p. 86
Rinde 2 porciones. Análisis nutrimental aproximado por porción (usando 2 cucharadas de aderezo por porción): 220 calorías, 13 g grasa, 1.5 g grasa saturada, 0 mg colesterol, 500 mg sodio, 25 g carbohidratos, 9 g fibra, 12 g azúcar, 4 g proteína

Ensalada de arúgula y pérsimo con vinagreta de pistache, p. 80
Rinde 2 porciones. Análisis nutrimental aproximado por porción: 350 calorías, 22 g grasa, 3 g grasa saturada, 0 mg colesterol, 500 mg sodio, 40 g carbohidratos, 9 g fibra, 25 g azúcar, 7 g proteína

Ensalada "Todo con berza", p. 81
Rinde una porción. Análisis nutrimental aproximado por porción (sin incluir sal al gusto): 800 calorías, 49 g grasa, 8 g grasa saturada, 155 mg colesterol, 570 mg sodio, 53 g carbohidratos, 14 g fibra, 3 g azúcar, 47 g proteína

Ensalada de betabel asado con aderezo de miso, p. 77
Rinde 2 porciones. Análisis nutrimental aproximado por porción (sin incluir sal al gusto): 520 calorías, 37 g grasa, 5 g grasa saturada, 0 mg colesterol, 1200 mg sodio, g carbohidratos, g fibra, g azúcar, g proteína

Ensalada de *bok choy* y ajonjolí, p. 83
Rinde 2 porciones. Análisis nutrimental aproximado por porción: 250 calorías, 17 g grasa, 2.5 g grasa saturada, 0 mg colesterol, 950 mg sodio, 19 g carbohidratos, 4 g fibra, 5 g azúcar, 10 g proteína

Ensalada de camote asado y espinacas, p. 98
Rinde 2 porciones. Análisis nutrimental aproximado por porción (sin incluir queso de cabra o feta opcional): 520 calorías, 27 g grasa, 3 g grasa saturada, 0 mg colesterol, 800 mg sodio, 66 g carbohidratos, 11 g fibra, 26 g azúcar, 9 g proteína

Ensalada china de pollo, p. 96
Rinde 2 porciones. Análisis nutrimental aproximado por porción (sin incluir sal al gusto): 880 calorías, 60 g grasa, 9 g grasa saturada, 150 mg colesterol, 800 mg sodio, 29 g carbohidratos, 5 g fibra, 15 g azúcar, 58 g proteína

Ensalada de espirulina germinada, p. 88
Rinde 2 porciones. Análisis nutrimental aproximado por porción: 520 calorías, 47 g grasa, 6 g grasa saturada, 0 mg colesterol, 1140 mg sodio, 16 g carbohidratos, 6 g fibra, 3 g azúcar, 13 g proteína

Ensalada de hojas verdes amargas y hierbas, p. 82
Rinde 4 porciones. Análisis nutrimental aproximado por porción: 240 calorías, 15 g grasa, 1.5 g grasa saturada, 0 mg colesterol, 170 mg sodio, 19 g carbohidratos, 8 g fibra, 4 g azúcar, 10 g proteína

Ensalada de huevo, p. 89
Rinde 2 porciones. Análisis nutrimental aproximado por porción: 360 calorías, 28 g grasa, 7 g grasa saturada, 560 mg colesterol, 1350 mg sodio, 6 g carbohidratos, 1 g fibra, 3 g azúcar, 20 g proteína

Ensalada de lechuga romana y verduras de mar con aderezo cremoso de eneldo, p. 76
Rinde 2 porciones. Análisis nutrimental aproximado por porción (incluye 2 cucharadas de aderezo): 150 calorías, 8 g grasa, 0.5 g grasa saturada, 0 mg colesterol, 250 mg sodio, 18 g carbohidratos, 9 g fibra, 6 g azúcar, 8 g proteína

Ensalada del mercado de agricultores, p. 92
Rinde 2 porciones. Análisis nutrimental aproximado por porción (sin incluir aderezo): 170 calorías, 9 g grasa, 1.5 g grasa saturada, 0 mg colesterol, 75 mg sodio, 17 g carbohidratos, 6 g fibra, 9 g azúcar, 9 g proteína

Ensalada de salmón ahumado e hinojo, p. 94
Rinde 2 porciones. Análisis Nutrimental aproximado por porción: 230 calorías, 16 g grasa, 2.5 g grasa saturada, 15 mg colesterol, 850 mg sodio, 12 g carbohidratos, 5 g fibra, 1 g azúcar, 12 g proteína

Ensalada de tomates criollos, hinojo y aguacate prensados, p. 87
Rinde 6 porciones. Análisis nutrimental aproximado por porción (sin incluir sal al gusto): 560 calorías, 53 g grasa, 7 g grasa saturada, 0 mg colesterol, 400 mg sodio, 21 g carbohidratos, 9 g fibra, 6 g azúcar, 5 g proteína

Ensalada mexicana de frijoles negros, p. 95
Rinde 2 porciones. Análisis nutrimental aproximado por porción: 720 calorías, 39 g grasa, 6 g grasa saturada, 0 mg colesterol, 2400 mg sodio, 75 g carbohidratos, 28 g fibra, 7 g azúcar, 24 g proteína

Ensalada otoñal fresca de *Papá D*, p. 84
Rinde 4 porciones. Análisis nutrimental aproximado por porción: 570 calorías, 49 g grasa, 16 g grasa saturada, 0 mg colesterol, 500 mg sodio, 31 g carbohidratos, 7 g fibra, 7 g azúcar, 7 g proteína

Mayonesa, p. 104
Rinde ½ litro. Análisis nutrimental aproximado por cucharada (usando una cucharadita de sal de mar y 1½ tazas de aceite): 90 calorías, 10 g grasa, 1.5 g grasa saturada, 0 mg colesterol, 60 mg sodio, 0 g carbohidratos, 0 g fibra, 0 g azúcar, 0 g proteína

La *niçoise* clean, p. 91
Rinde 2 porciones. Análisis nutrimental aproximado por porción (incluye 2 cucharadas de

aderezo): 750 calorías, 57 g grasa, 10 g grasa saturada, 435 mg colesterol, 2080 mg sodio, 33 g carbohidratos, 7 g fibra, 6 g azúcar, 30 g proteína

Paillard de pollo con vinagreta de calabaza moscada y mostaza, p. 78
Rinde 2 porciones. Análisis nutrimental aproximado por porción (sin incluir sal al gusto ni aceite de coco para recubrir y cocinar): 600 calorías, 29 g grasa, 4.5 g grasa saturada, 110 mg colesterol, 1550 mg sodio, 48 g carbohidratos, 12 g fibra, 7 g azúcar, 42 g proteína

Salsa thai, p. 101
Rinde ½ litro. Análisis nutrimental aproximado por 2 cucharadas: 50 calorías, 3.5 g grasa, 0 g grasa saturada, 0 mg colesterol, 750 mg sodio, 3 g carbohidratos, 0 g fibra, 2 g azúcar, 2 g proteína

Salsa teriyaki, p. 102
Rinde 1 taza. Análisis nutrimental aproximado por ¼ taza: 120 calorías, 0 g grasa, 0 g grasa saturada, 0 mg colesterol, 1000 mg sodio, 23 g carbohidratos, 0 g fibra, 17 g azúcar, 2 g proteína

Sopa y ensalada siempre verde, p. 93
Rinde 4 porciones. Análisis nutrimental aproximado por porción: 470 calorías, 40 g grasa, 6 g grasa saturada, 0 mg colesterol, 900 mg sodio, 25 g carbohidratos, 6 g fibra, 10 g azúcar, 9 g proteína

Vinagreta de albahaca, p. 99
Rinde como ⅔ de taza. Análisis nutrimental aproximado por 2 cucharadas: 150 calorías, 16 g grasa, 2 g grasa saturada, 0 mg colesterol, 230 mg sodio, 1 g carbohidratos, 0 g fibra, 0 g azúcar, 1 g proteína

Guarniciones, botanas y refrigerios

Ajo asado lentamente, p. 127
Rinde como ½ taza. Análisis nutrimental aproximado por dos cucharadas (y basado en una pizca de sal por cabeza de ajo): 80 calorías, 5 g grasa, 0.5 g grasa saturada, 0 mg colesterol, 150 mg sodio, 8 g carbohidratos, 1 g fibra, 0 g azúcar, 2 g proteína

Barras cerealilla, p. 146
Rinde como 24 barras. Análisis nutrimental aproximado por porción: 90 calorías, 5 g grasa, 2.5 g grasa saturada, 0 mg colesterol, 10 mg sodio, 8 g carbohidratos, 2 g fibra, 2 g azúcar, 3 g proteína

Galletas de romero, p. 144
Rinde como una docena. Análisis nutrimental aproximado por bísquet: 140 calorías, 7 g grasa, 5 g grasa saturada, 0 mg colesterol, 450 mg sodio, 19 g carbohidratos, 1 g fibra, 0 g azúcar, 2 g proteína

Carpaccio de betabel asado, p. 129
Rinde 2 a 3 porciones. Análisis nutrimental aproximado por porción (basado en 2 porciones y sin incluir sal al gusto): 310 calorías, 27 g grasa, 4 g grasa saturada, 0 mg colesterol, 300 mg sodio, 16 g carbohidratos, 4 g fibra, 10 g azúcar, 3 g proteína

Chutney de manzana y cebolla, p. 141
Rinde como una taza. Análisis nutrimental aproximado ¼ de taza (sin incluir sal al gusto): 100 calorías, 0 g grasa, 0 g grasa saturada, 0 mg colesterol, 15 mg sodio, 26 g carbohidratos, 2 g fibra, 22 g azúcar, 1 g proteína

Coliflor asada con un toque de Medio Oriente, p. 114
Análisis nutrimental aproximado por porción (sin incluir sal al gusto): 210 calorías, 9 g grasa, 1 g grasa saturada, 0 mg colesterol, 120 mg sodio, 32 g carbohidratos, 4 g fibra, 14 g azúcar, 6 g proteína

Crema agria, p. 112
Rinde ¾ de taza. Análisis nutrimental aproximado por dos cucharadas: 150 calorías, 15 g grasa, 1 g grasa saturada, 0 mg colesterol, 150 mg sodio, 3 g carbohidratos, 1 g fibra, 1 g azúcar, 3 g proteína

Dip de alubias, romero y ajo, p. 137
Rinde 2½ tazas. Análisis nutrimental aproximado por 2 cucharadas (sin incluir sal al gusto): 70 calorías, 4 g grasa, 0.5 g grasa saturada, 0 mg colesterol, 50 mg sodio, 7 g carbohidratos, 1 g fibra, 0 g azúcar, 2 g proteína

Dolmas de arroz con menta y dip de ajo, p. 121
Rinde 10 a 12 dolmas. Análisis nutrimental aproximado por dolma (basado en 10 dolmas): 250 calorías, 20 g grasa, 3 g grasa saturada, 0 mg colesterol, 500 mg sodio, 15 g carbohidratos, 3 g fibra, 0 g azúcar, 4 g proteína

Gajos de papa crujientes con mayonesa de pimiento rojo asado y nuez de la India, p. 122
Rinde 4 porciones. Análisis nutrimental aproximado por porción: 800 calorías, 50 g grasa, 8 g grasa saturada, 0 mg colesterol, 500 mg sodio, 77 g carbohidratos, 7 g fibra, 4 g azúcar, 14 g proteína

Galletas saladas de almendra y semillas de amapola, p. 143
Rinde como 2 docenas. Análisis nutrimental aproximado por galleta (basado en 24 galletas): 70 calorías, 4.5 g grasa, 0 g grasa saturada, 0 mg colesterol, 150 mg sodio, 6 g carbohidratos, 2 g fibra, 0 g azúcar, 2 g proteína

Galletas saladas crujientes, p. 142
Rinde 2 a 3 docenas. Análisis nutrimental aproximado por galleta (basado en 24 galletas): 130 calorías, 11 g grasa, 1 g grasa saturada, 15 mg colesterol, 100 mg sodio, 4 g carbohidratos, 2 g fibra, 1 g azúcar, 5 g proteína

Garbanzos de inspiración asiática, p. 113
Análisis nutrimental aproximado por porción: 370 calorías, 12 g grasa, 1.5 g grasa saturada, 0 mg colesterol, 720 mg sodio, 49 g carbohidratos, 13 g fibra, 9 g azúcar, 17 g proteína

Guacamole verde y *clean*, p. 138
Rinde 235 ml. Análisis nutrimental aproximado por 2 cucharadas (sin incluir sal al gusto): 25 calorías, 2 g grasa, 0 g grasa saturada, 0 mg colesterol, 0 mg sodio, 3 g carbohidratos, 1 g fibra, 1 g azúcar, 1 g proteína

Hojas verdes al ajillo, p. 136
Rinde 2 porciones. Análisis nutrimental aproximado por porción (sin incluir sal al gusto): 240 calorías, 21 g grasa, 2.5 g grasa saturada, 0 mg colesterol, 130 mg sodio, 12 g carbohidratos, 3 g fibra, 1 g azúcar, 4 g proteína

Hongos rellenos, p. 126
Rinde 4 porciones. Análisis nutrimental aproximado por porción (basado en 3 cucharadas de aceite de oliva y una pizca de sal): 250 calorías, 18 g grasa, 2.5 g grasa saturada, 0 mg colesterol, 200 mg sodio, 19 g carbohidratos, 19 g fibra, 8 g azúcar, 4 g proteína

El huevo duro perfecto, p. 110
Análisis nutrimental aproximado por huevo: 80 calorías, 5 g grasa, 1.5 g grasa saturada, 185 mg colesterol, 60 mg sodio, 1 g carbohidratos, 0 g fibra, 1 g azúcar, 6 g proteína

Jitomates asados lentamente, p. 134
Rinde 2 litros. Análisis nutrimental aproximado por porción (incluye ¼ de taza de aceite, pero no sal al gusto): 100 calorías, 7 g grasa, 1 g grasa saturada, 0 mg colesterol, 10 mg sodio, 9 g carbohidratos, 3 g fibra, 6 g azúcar, 2 g proteína

Listones de zanahoria marinada, p. 116
Rinde 2 porciones. Análisis nutrimental aproximado por porción (sin incluir sal al gusto): 380 calorías, 31 g grasa, 3.5 g grasa saturada, 0 mg colesterol, 1050 mg sodio, 27 g carbohidratos, 8 g fibra, 12 g azúcar, 5 g proteína

Mantequilla de nueces, almendras y nuez de la India, p. 145
Rinde como 40 cucharadas. Análisis nutrimental aproximado por porción (sin incluir polen de abeja): 100 calorías, 9 g grasa, 2 g grasa saturada, 0 mg colesterol, 25 mg sodio, 4 g carbohidratos, 1 g fibra, 1 g azúcar, 3 g proteína

El mejor dip | aderezo | salsa del mundo, p. 140
Rinde 2 tazas. Análisis nutrimental aproximado por cucharada: 110 calorías, 11 g grasa, 1 g grasa saturada, 0 mg colesterol, 85 mg sodio, 2 g carbohidratos, 1 g fibra, 0 g azúcar, 1 g proteína

Nueces crujientes con mezquite y maple, p. 147
Rinde como 450 g. Análisis nutrimental aproximado por porción de ¼ de taza: 90 calorías, 8 g grasa, 1 g grasa saturada, 0 mg colesterol, 30 mg sodio, 5 g carbohidratos, 1 g fibra, 3 g azúcar, 2 g proteína

Pakoras de verdura, p. 123
Rinde 4 porciones. Análisis nutrimental aproximado por porción (sin incluir sal al gusto): 430 calorías, 30 g grasa, 24 g grasa saturada, 0 mg colesterol, 45 mg sodio, 35 g carbohidratos, 9 g fibra, 7 g azúcar, 10 g proteína

Paté de nueces de brasil, p. 125
Rinde 475 ml. Análisis nutrimental aproximado por 2 cucharadas (sólo ¼ de taza de aceite de oliva): 150 calorías, 15 g grasa, 3 g grasa saturada, 0 mg colesterol, 85 mg sodio, 4 g carbohidratos, 2 g fibra, 1 g azúcar, 3 g proteína

Peras y chirivías asadas, p. 133
Rinde 4 porciones. Análisis nutrimental aproximado por porción: 220 calorías, 2 g grasa, 0.5 g grasa saturada, 0 mg colesterol, 500 mg sodio, 45 g carbohidratos, 8 g fibra, 11 g azúcar, 4 g proteína

Pesto de espinaca y nuez pecana, p. 130
Rinde como 4 tazas. Análisis nutrimental aproximado por ½ taza (sin incluir sal al gusto): 210 calorías, 22 g grasa, 2.5 g grasa saturada, 0 mg colesterol, 20 mg sodio, 3 g carbohidratos, 2 g fibra, 1 g azúcar, 2 g proteína

Puré dulce y especiado de calabaza y manzana, p. 132
Rinde 4 a 6 porciones. Análisis nutrimental aproximado por porción (basado en 4 porciones): 400 calorías, 21 g grasa, 10 g grasa saturada, 0 mg colesterol, 200 mg sodio, 59 g carbohidratos, 15 g fibra, 25 g azúcar, 5 g proteína

Puré de espárragos, acedera y castañas, p. 118
Rinde 2 a 4 porciones. Análisis nutrimental aproximado por porción (basado en 4 porciones y sin incluir sal del agua ni sal al gusto): 200 calorías, 14 g grasa, 1 g grasa saturada, 0 mg colesterol, 480 mg sodio, 19 g carbohidratos, 4 g fibra, 4 g azúcar, 6 g proteína

Puré de zanahoria al jengibre, p. 119
Rinde 2 tazas. Análisis nutrimental aproximado por porción de ½ taza: 90 calorías, 3.5 g grasa, 3 g grasa saturada, 0 mg colesterol, 200 mg sodio, 12 g carbohidratos, 4 g fibra, 6 g azúcar, 2 g proteína

Queso de nuez de la India, p. 111
Rinde 475 ml. Análisis nutrimental aproximado por 2 cucharadas: 130 calorías, 10 g grasa,

2 g grasa saturada, 0 mg colesterol, 150 mg sodio, 7 g carbohidratos, 1 g fibra, 1 g azúcar, 4 g proteína

Rábanos encurtidos, p. 115
Rinde 475 ml. Análisis nutrimental aproximado por 2 cucharadas: 5 calorías, 0 g grasa, 0 g grasa saturada, 0 mg colesterol, 250 a 350 mg sodio, 2 g carbohidratos, 1 g fibra, 1 g azúcar, 0 g proteína

***Ragout* de calabaza moscada, p. 131**
Rinde 2 a 4 porciones. Análisis nutrimental aproximado por porción (basado en 2 porciones): 380 calorías, 23 g grasa, 20 g grasa saturada, 5 mg colesterol, 2550 mg sodio, 42 g carbohidratos, 9 g fibra, 11 g azúcar, 6 g proteína

Rollos pepinocate de Gracy, p. 117
Rinde 2 porciones. Análisis nutrimental aproximado por porción: 250 calorías, 21 g grasa, 3 g grasa saturada, 0 mg colesterol, 45 mg sodio, 16 g carbohidratos, 11 g fibra, 3 g azúcar, 4 g proteína

Salsa de jitomate, p. 139
Rinde como 1 litro. Análisis nutrimental aproximado por 2 cucharadas: 20 calorías, 1.5 g grasa, 0 g grasa saturada, 0 mg colesterol, 170 mg sodio, 1 g carbohidratos, 0 g fibra, 1 g azúcar, 0 g proteína

Sardinas sobre endivias, p. 124
Rinde 2 porciones. Análisis nutrimental aproximado por porción (sin incluir sal al gusto): 220 calorías, 16 g grasa, 4.5 g grasa saturada, 80 mg colesterol, 400 mg sodio, 5 g carbohidratos, 4 g fibra, 1 g azúcar, 14 g proteína

***Tapenade* de aceituna negra, p. 128**
Rinde como 1 ½ tazas. Análisis nutrimental aproximado por 2 cucharadas: 100 calorías, 10 g grasa, 1.5 g grasa saturada, 0 mg colesterol, 360 mg sodio, 3 g carbohidratos, 0 g fibra, 0 g azúcar, 0 g proteína

***Wraps* asiáticos de lechuga, p. 135**
Rinde 4 porciones. Análisis nutrimental aproximado por porción: 370 calorías, 18 g grasa, 4 g grasa saturada, 75 mg colesterol, 400 mg sodio, 31 g carbohidratos, 5 g fibra, 19 g azúcar, 20 g proteína

Zanahorias asadas con *za'atar*, p. 120
Rinde 4 porciones. Análisis nutrimental aproximado por porción: 170 calorías, 9 g grasa, 1 g grasa saturada, 0 mg colesterol, 1350 mg sodio, 23 g carbohidratos, 7 g fibra, 11 g azúcar, 3 g proteína

Pescado

Bacalao al horno, p. 169
Rinde 4 porciones. Análisis nutrimental aproximado por porción (sin incluir sal al gusto): 300 calorías, 15 g grasa, 1.5 g grasa saturada, 75 mg colesterol, 200 mg sodio, 8 g carbohidratos, 3 g fibra, 2 g azúcar, 34 g proteína

Bacalao con chiles asados y cayena, p. 156
Rinde 4 porciones. Análisis nutrimental aproximado por porción (sin incluir sal al gusto): 190 calorías, 6 g grasa, 1 g grasa saturada, 0 mg colesterol, 320 mg sodio, 3 g carbohidratos, 1 g fibra, 0 g azúcar, 31 g proteína

Bacalao escalfado con fideos soba y salsa ponzu, p. 162
Análisis nutrimental aproximado por porción (incluye 2 cucharadas de salsa *ponzu*): 690 calorías, 21 g grasa, 3.5 g grasa saturada, 75 mg colesterol, 1050 mg sodio, 90 g carbohidratos, 2 g fibra, 3 g azúcar, 41 g proteína

Deditos de pescado con salsa tártara, p. 158
Rinde 2porciones. Análisis nutrimental aproximado por porción de deditos de pescado (incluye 2 cucharadas de salsa tártara pero no sal al gusto): 990 calorías, 80 g grasa, 44 g grasa saturada, 290 mg colesterol, 1300 mg sodio, 27 g carbohidratos, 14 g fibra, 5 g azúcar, 47 g proteína

Ensalada de salmón al eneldo, p. 155
Rinde 2 porciones. Análisis nutrimental aproximado por porción (incluye 1 cucharada de mayonesa pero no sal al gusto): 420 calorías, 26 g grasa, 6.5 g grasa saturada, 95 mg colesterol, 415 mg sodio, 10 g carbohidratos, 2 g fibra, 3 g azúcar, 38 g proteína

Fideos al horno con atún, p. 170
Rinde 4 porciones. Análisis nutrimental aproximado por porción: 760 calorías, 24 g grasa, 8 g grasa saturada, 30 mg colesterol, 1950 mg sodio, 109 g carbohidratos, 6 g fibra, 9 g azúcar, 31 g proteína

Fletán asado en sartén con ensalada de alcachofas y apio y vinagreta de lavanda, p. 153
Rinde 2 porciones. Análisis nutrimental aproximado por porción (sin incluir sal al gusto): 760 calorías, 62 g grasa, 7 g grasa saturada, 85 mg colesterol, 950 mg sodio, 21 g carbohidratos, 7 g fibra, 1 g azúcar, 38 g proteína

Lenguado chamuscado al limón, p. 151
Rinde 2 porciones. Análisis nutrimental aproximado por porción (basado en 2 cucharadas de aceite de oliva): 290 calorías, 18 g grasa, 3 g grasa saturada, 100 mg colesterol, 1050 mg sodio, 2 g carbohidratos, 0 g fibra, 2 g azúcar, 29 g proteína

Merluza cubierta en *harissa*, p. 168
Rinde 2 porciones. Análisis nutrimental aproximado por porción: 200 calorías, 3.5 g grasa, 0.5 g grasa saturada, 120 mg colesterol, 780 mg sodio, 3 g carbohidratos, 1 g fibra, 1 g azúcar, 37 g proteína

Pescado blanco envuelto en calabacita con aceite de cebollín, p. 160
Rinde 2 porciones. Análisis nutrimental aproximado por porción (incluye 2 cucharadas de aceite de cebollín): 510 calorías, 40 g grasa, 6 g grasa saturada, 0 mg colesterol, 1120 mg sodio, 6 g carbohidratos, 2 g fibra, 4 g azúcar, 32 g proteína

Platija al horno con ajo y aceitunas verdes, p. 150
Rinde 2 porciones. Análisis nutrimental aproximado por porción (sin incluir sal al gusto): 360 calorías, 25 g grasa, 4 g grasa saturada, 100 mg colesterol, 1750 mg sodio, 3 g carbohidratos, 2 g fibra, 1 g azúcar, 29 g proteína

Salmón salteado, p. 167
Rinde 2 porciones. Análisis nutrimental aproximado por porción: 730 calorías, 56 g grasa, 8 g grasa saturada, 95 mg colesterol, 2200 mg sodio, 17 g carbohidratos, 5 g fibra, 4 g azúcar, 44 g proteína

Robalo asado al limón y tomillo con picadillo de colecitas de Bruselas, p. 154
Rinde 2 porciones. Análisis nutrimental aproximado por porción (sin incluir sal al gusto): 1460 calorías, 81 g grasa, 12 g grasa saturada, 230 mg colesterol, 2300 mg sodio, 47 g carbohidratos, 13 g fibra, 16 g azúcar, 118 g proteína

Salmón escalfado con coco, p. 152
Rinde 2 porciones. Análisis nutrimental aproximado por porción (sin incluir sal al gusto ni verduras de hoja oscura): 500 calorías, 40 g grasa, 25 g grasa saturada, 65 mg colesterol, 300 mg sodio, 11 g carbohidratos, 0 g fibra, 1 g azúcar, 27 g proteína

Salmón especiado con vinagreta de mora azul, p. 166
Análisis nutrimental aproximado por porción (incluye 2 cucharadas de vinagreta de mora azul): 310 calorías, 15 g grasa, 4.5 g grasa saturada, 95 mg colesterol, 570 mg sodio, 9 g carbohidratos, 3 g fibra, 3 g azúcar, 35 g proteína

Sopa de pescado y coco, p. 159
Rinde 2 porciones. Análisis nutrimental aproximado por porción: 1070 calorías, 76 g grasa, 51 g grasa saturada, 185 mg colesterol, 980 mg sodio, 26 g carbohidratos, 4 g fibra, 9 g azúcar, 76 g proteína

Tacos de pescado, p. 164
Rinde 4 porciones. Análisis nutrimental aproximado por porción: 480 calorías, 24 g grasa,

3.5 g grasa saturada, 45 mg colesterol, 470 mg sodio, 42 g carbohidratos, 5 g fibra, 13 g azúcar, 26 g proteína

Aves

Coliflor asada y salchicha de pollo al horno, p. 190
Rinde 4 porciones. Análisis nutrimental aproximado por porción (sin incluir sal al gusto): 410 calorías, 24 g grasa, 2 g grasa saturada, 40 mg colesterol, 550 mg sodio, 32 g carbohidratos, 10 g fibra, 13 g azúcar, 23 g proteína

Curry de coco, p. 176
Rinde 4 porciones. Análisis nutrimental aproximado por porción (sin incluir el arroz integral): 450 calorías, 33 g grasa, 20 g grasa saturada, 25 mg colesterol, 550 mg sodio, 29 g carbohidratos, 7 g fibra, 6 g azúcar, 14 g proteína

Hamburguesas de pollo al limón y hierbas con aderezo mil islas, p. 172
Rinde 4 porciones. Análisis nutrimental aproximado por porción (no incluye aderezo ni sal al gusto): 500 calorías, 36 g grasa, 15 g grasa saturada, 75 mg colesterol, 750 mg sodio, 19 g carbohidratos, 5 g fibra, 8 g azúcar, 28 g proteína

Ossobuco de pollo, p. 184
Rinde 2 porciones. Análisis nutrimental aproximado por porción (sin incluir sal al gusto): 1160 calorías, 77 g grasa, 19 g grasa saturada, 370 mg colesterol, 460 mg sodio, 28 g carbohidratos, 6 g fibra, 11 g azúcar, 65 g proteína

Pad thai de pollo y brócoli, p. 174
Rinde 2 porciones. Análisis nutrimental aproximado por porción (basado en una pechuga de 170 g y una cucharadita de aceite de aguacate rociado): 780 calorías, 28 g grasa, 15 g grasa saturada, 145 mg colesterol, 1650 mg sodio, 103 g carbohidratos, 4 g fibra, 12 g azúcar, 37 g proteína

Pechuga de pato con chutney de arándano y pera, p. 182
Rinde 2 porciones. Análisis nutrimental aproximado por porción (basado en 170 g de pato y ¼ taza de chutney): 770 calorías, 67 g grasa, 23 g grasa saturada, 130 mg colesterol, 300 mg sodio, 22 g carbohidratos, 4 g fibra, 14 g azúcar, 20 g proteína

Pechuga de pavo en marinada thai, p. 181
Rinde 4 porciones. Análisis nutrimental aproximado por porción (basado en 680 g de pechuga de pavo sin piel): 360 calorías, 15 g grasa, 2 g grasa saturada, 105 mg colesterol, 1600 mg sodio, 8 g carbohidratos, 1 g fibra, 4 g azúcar, 46 g proteína

La pechuga de pollo más perfecta, p. 180
Rinde 2 porciones. Análisis nutrimental aproximado por porción: 420 calorías, 30 g grasa, 6 g grasa saturada, 110 mg colesterol, 1000 mg sodio, 0 g carbohidratos, 0 g fibra, 0 g azúcar, 35 g proteína

Pollo asado crujiente, p. 187
Rinde 4 porciones. Análisis nutrimental aproximado por porción: 560 calorías, 41 g grasa, 16 g grasa saturada, 170 mg colesterol, 1500 mg sodio, 1 g carbohidratos, 0 g fibra, 0 g azúcar, 43 g proteína

Pollo con berza y aceitunas, p. 188
Rinde una porción. Análisis nutrimental aproximado por porción: 620 calorías, 37 g grasa, 17 g grasa saturada, 95 mg colesterol, 1530 mg sodio, 38 g carbohidratos, 8 g fibra, 3 g azúcar, 41 g proteína

Pollo en costra de ajo, p. 179
Rinde 2 porciones. Análisis nutrimental aproximado por porción (basado en pechugas de 57 g con piel): 960 calorías, 84 g grasa, 13 g grasa saturada, 165 mg colesterol, 1100 mg sodio, 19 g carbohidratos, 8 g fibra, 2 g azúcar, 41 g proteína

Pollo al curry de coco con ensalada de pepino y mango, p. 185
Rinde 2 porciones. Análisis nutrimental aproximado por porción (sin incluir sal al gusto): 710 calorías, 42 g grasa, 25 g grasa saturada, 125 mg colesterol, 2320 mg sodio, 44 g carbohidratos, 9 g fibra, 29 g azúcar, 46 g proteína

Pollo deshebrado, p. 186
Rinde 2 porciones. Análisis nutrimental aproximado por porción (basado en 2 porciones): 240 calorías, 4.5 g grasa, 1 g grasa saturada, 110 mg colesterol, 3200 mg sodio, 10 g carbohidratos, 2 g fibra, 3 g azúcar, 38 g proteína

Pollo a fuego lento, p. 192
Rinde 2 porciones. Análisis nutrimental aproximado por porción: 1310 calorías, 90 g grasa, 23 g grasa saturada, 345 mg colesterol, 4100 mg sodio, 33 g carbohidratos, 8 g fibra, 13 g azúcar, 90 g proteína

Pollo a fuego lento con hinojo y hongos silvestres, p. 177
Rinde 4 porciones. Análisis nutrimental aproximado por porción (sin incluir sal al gusto): 700 calorías, 42 g grasa, 11 g grasa saturada, 175 mg colesterol, 800 mg sodio, 19 g carbohidratos, 5 g fibra, 7 g azúcar, 47 g proteína

Pollo horneado a la mostaza, p. 175
Rinde 4 porciones. Análisis nutrimental aproximado por porción (sin incluir sal al gusto):

700 calorías, 59 g grasa, 13 g grasa saturada, 185 mg colesterol, 2150 mg sodio, 3 g carbohidratos, 1 g fibra, 0 g azúcar, 33 g proteína

Pollo con limones encurtidos y especias fragantes, p. 189
Rinde 4 porciones. Análisis nutrimental aproximado por porción (sin incluir sal al gusto): 950 calorías, 71 g grasa, 30 g grasa saturada, 305 mg colesterol, 2000 mg sodio, 20 g carbohidratos, 6 g fibra, 8 g azúcar, 57 g proteína

Carnes

Arroz frito Cambridge, p. 200
Rinde 6 a 8 porciones. Análisis nutrimental aproximado por porción (basado en 6 porciones y sin incluir sal al gusto): 480 calorías, 27 g grasa, 15 g grasa saturada, 255 mg colesterol, 330 mg sodio, 38 g carbohidratos, 3 g fibra, 3 g azúcar, 23 g proteína

Berenjena rellena de cordero y hongos silvestres, p. 194
Rinde 4 a 6 porciones. Análisis nutrimental aproximado por porción (basado en 4 porciones): 340 calorías, 21 g grasa, 7 g grasa saturada, 40 mg colesterol, 1550 mg sodio, 26 g carbohidratos, 11 g fibra, 10 g azúcar, 15 g proteína

Chuletas de cordero glaseadas con granada, p. 202
Rinde 2 porciones. Análisis nutrimental aproximado por porción: 470 calorías, 19 g grasa, 5 g grasa saturada, 130 mg colesterol, 1950 mg sodio, 32 g carbohidratos, 1 g fibra, 29 g azúcar, 41 g proteína

Espagueti con albóndigas en salsa marinara de treinta minutos, p. 207
Rinde 4 porciones. Análisis nutrimental aproximado por porción: 810 calorías, 32 g grasa, 8 g grasa saturada, 120 mg colesterol, 1450 mg sodio, 89 g carbohidratos, 4 g fibra, 7 g azúcar, 34 g proteína

Fideos de calabacita y coco con albóndigas especiadas, p. 204
Rinde 2 a 3 porciones. Análisis nutrimental aproximado por porción (basado en 2 porciones y sin incluir sal al gusto): 1250 calorías, 109 g grasa, 71 g grasa saturada, 165 mg colesterol, 1420 mg sodio, 29 g carbohidratos, 6 g fibra, 8 g azúcar, 50 g proteína

Fideos ramen con res al jengibre, p. 206
Rinde 4 porciones. Análisis nutrimental aproximado por porción: 480 calorías, 23 g grasa, 5 g grasa saturada, 60 mg colesterol, 600 mg sodio, 47 g carbohidratos, 1 g fibra, 3 g azúcar, 23 g proteína

Hamburguesas de búfalo a las hierbas, p. 208
Rinde 4 porciones. Análisis nutrimental aproximado por porción: 190 calorías, 10 g grasa, 3.5 g grasa saturada, 110 mg colesterol, 1450 mg sodio, 1 g carbohidratos, 0 g fibra, 0 g azúcar, 25 g proteína

Kebabs marroquíes de cordero, p. 196
Rinde 12 porciones. Análisis nutrimental aproximado por brocheta kebab (sin incluir sal al gusto): 310 calorías, 22 g grasa, 6 g grasa saturada, 50 mg colesterol, 350 mg sodio, 11 g carbohidratos, 3 g fibra, 6 g azúcar, 17 g proteína

Lomo de cordero asado al pesto de menta, p. 203
Rinde 2 porciones. Análisis nutrimental aproximado por porción (incluye ¼ de taza de pesto de menta): 770 calorías, 67 g grasa, 11 g grasa saturada, 80 mg colesterol, 4000 mg sodio, 14 g carbohidratos, 6 g fibra, 2 g azúcar, 32 g proteína

Pastel de carne estilo *Shepherd's Pie*, p. 210
Rinde 4 porciones. Análisis nutrimental aproximado por porción (sin incluir sal al gusto): 670 calorías, 42 g grasa, 24 g grasa saturada, 85 mg colesterol, 600 mg sodio, 52 g carbohidratos, 11 g fibra, 14 g azúcar, 25 g proteína

Piernas de cordero estofadas, p. 198
Rinde 2 porciones. Análisis nutrimental aproximado por porción (sin incluir sal al gusto): 900 calorías, 50 g grasa, 27 g grasa saturada, 175 mg colesterol, 1550 mg sodio, 35 g carbohidratos, 8 g fibra, 16 g azúcar, 55 g proteína

Verduras

Arroz salvaje con sabores del Medio Oriente, p. 234
Rinde 2 porciones. Análisis nutrimental aproximado por porción (sin incluir sal al gusto): 650 calorías, 35 g grasa, 5 g grasa saturada, 0 mg colesterol, 25 mg sodio, 73 g carbohidratos, 9 g fibra, 7 g azúcar, 16 g proteína

Calabaza cabello de ángel asada con pesto otoñal, p. 242
Rinde 2 porciones. Análisis nutrimental aproximado por porción (incluye ¼ taza de pesto): 360 calorías, 21 g grasa, 3.5 g grasa saturada, 0 mg colesterol, 260 mg sodio, 41 g carbohidratos, 10 g fibra, 15 g azúcar, 11 g proteína

Chiles rellenos de hongos, camote y crema de nuez de la India al chipotle, p. 228
Rinde 8 chiles rellenos. Análisis nutrimental aproximado por chile relleno (incluye una cucharada de crema pero no sal extra para las papas): 320 calorías, 15.5 g grasa, 3.5 g grasa saturada, 0 mg colesterol, 325 mg sodio, 43 g carbohidratos, 8 g fibra, 10 g azúcar, 9 g proteína

Col asada con crema agria de chipotle y alcaravea, p. 239
Rinde 2 porciones. Análisis nutrimental aproximado por porción (sin incluir sal al gusto): 690 calorías, 61 g grasa, 5 g grasa saturada, 0 mg colesterol, 550 mg sodio, 35 g carbohidratos, 14 g fibra, 3 g azúcar, 15 g proteína

Coliflor asada con aderezo de pistache, p. 227
Rinde 2 porciones. Análisis nutrimental aproximado por porción (incluye 2 cucharadas de aderezo pero no sal al gusto): 460 calorías, 40 g grasa, 5 g grasa saturada, 0 mg colesterol, 280 mg sodio, 24 g carbohidratos, 8 g fibra, 9 g azúcar, 7 g proteína

Confeti de verduras con salsa picante, p. 233
Rinde 2 porciones. Análisis nutrimental aproximado por porción (incluye ½ de taza de salsa picante): 430 calorías, 25 g grasa, 14 g grasa saturada, 0 mg colesterol, 250 mg sodio, 45 g carbohidratos, 15 g fibra, 19 g azúcar, 16 g proteína

Fideos de ajonjolí, p. 216
Rinde 2 porciones. Análisis nutrimental aproximado por porción (basado en 250 g de fideos): 680 calorías, 35 g grasa, 6 g grasa saturada, 0 mg colesterol, 970 mg sodio, 88 g carbohidratos, 3 g fibra, 2 g azúcar, 11 g proteína

Fideos de arroz mediterráneos, p. 224
Rinde 2 porciones. Análisis nutrimental aproximado por porción (basado en 250 g de fideos y una cucharadita de sal): 550 calorías, 19 g grasa, 3.5 g grasa saturada, 0 mg colesterol, 1050 mg sodio, 93 g carbohidratos, 5 g fibra, 6 g azúcar, 10 g proteína

Filetes de portobello con puré de raíz de apio, p. 247
Rinde 2 porciones. Análisis nutrimental aproximado por porción: 590 calorías, 42 g grasa, 16 g grasa saturada, 0 mg colesterol, 2700 mg sodio, 45 g carbohidratos, 12 g fibra, 13 g azúcar, 10 g proteína

Guisado de nabo asado con crema de nuez y salvia, p. 243
Rinde 4 porciones. Análisis nutrimental aproximado por porción: 580 calorías, 50 g grasa, 8 g grasa saturada, 0 mg colesterol, 1050 mg sodio, 29 g carbohidratos, 8 g fibra, 9 g azúcar, 12 g proteína

***Kitchari clean*, p. 235**
Rinde 4 porciones. Análisis nutrimental aproximado por porción: 590 calorías, 18 g grasa, 12 g grasa saturada, 0 mg colesterol, 950 mg sodio, 88 g carbohidratos, 16 g fibra, 7 g azúcar, 25 g proteína

Lentejas en sofrito dominicano, p. 217
Rinde 4 porciones. Análisis nutrimental aproximado por porción (incluye ¼ de taza de

sofrito): 710 calorías, 30 g grasa, 4 g grasa saturada, 0 mg colesterol, 70 mg sodio, 81 g carbohidratos, 20 g fibra, 9 g azúcar, 34 g proteína

Manicotti de calabacitas, p. 220
Rinde 2 porciones. Análisis nutrimental aproximado por porción (sin incluir sal al gusto): 1600 calorías, 126 g grasa, 20 g grasa saturada, 0 mg colesterol, 1450 mg sodio, 90 g carbohidratos, 15 g fibra, 33 g azúcar, 49 g proteína

Mijo con verduras del sur de la frontera, p. 225
Rinde 2 porciones. Análisis nutrimental aproximado por porción: 720 calorías, 30 g grasa, 14 g grasa saturada, 0 mg colesterol, 2800 mg sodio, 100 g carbohidratos, 19 g fibra, 14 g azúcar, 17 g proteína

Napoleón de verduras, p. 236
Rinde 2 porciones. Análisis nutrimental aproximado por porción (sin incluir aceite de oliva extra virgen ni sal al gusto): 470 calorías, 29 g grasa, 4 g grasa saturada, 0 mg colesterol, 300 mg sodio, 50 g carbohidratos, 16 g fibra, 21 g azúcar, 12 g proteína

Pastel salado de lentejas, p. 244
Rinde 4 porciones. Análisis nutrimental aproximado por porción (sin incluir sal al gusto): 560 calorías, 21 g grasa, 2.5 g grasa saturada, 0 mg colesterol, 1400 mg sodio, 78 g carbohidratos, 16 g fibra, 4 g azúcar, 19 g proteína

Pizza _clean_ siciliana de Brooklyn de Vincent Arpino, p. 230
Rinde aproximadamente 2 porciones. Análisis nutrimental aproximado por porción (sólo la masa y la salsa de tomate): 900 calorías, 71 g grasa, 11 g grasa saturada, 185 mg colesterol, 1750 mg sodio, 46 g carbohidratos, 21 g fibra, 11 g azúcar, 30 g proteína

Puttanesca de calabacín, p. 232
Rinde un litro. Análisis nutrimental aproximado por porción (con anchoas): 400 calorías, 25 g grasa, 3.5 g grasa saturada, 5 mg colesterol, 1800 mg sodio, 36 g carbohidratos, 7 g fibra, 18 g azúcar, 10 g proteína

Quinoa con apio y manzanas, p. 218
Rinde 2 porciones. Análisis nutrimental aproximado por porción (sin incluir sal al gusto): 850 calorías, 35 g grasa, 4.5 g grasa saturada, 0 mg colesterol, 110 mg sodio, 117 g carbohidratos, 16 g fibra, 25 g azúcar, 20 g proteína

Quinoa con palmitos a la griega, p. 226
Rinde 2 porciones. Análisis nutrimental aproximado por porción: 750 calorías, 43 g grasa, 6 g grasa saturada, 0 mg colesterol, 3100 mg sodio, 76 g carbohidratos, 13 g fibra, 5 g azúcar, 19 g proteína

Risotto de chícharos y espárragos a la menta, p. 248
Rinde 2 porciones. Análisis nutrimental aproximado por porción: 670 calorías, 19 g grasa, 15 g grasa saturada, 0 mg colesterol, 3 350 mg sodio, 99 g carbohidratos, 11 g fibra, 10 g azúcar, 11 g proteína

Risotto de hongos, p. 246
Rinde 2 porciones. Análisis nutrimental aproximado por porción (incluye una cucharada de aceite de aguacate para saltear los hongos pero no sal al gusto): 740 calorías, 30 g grasa, 4 g grasa saturada, 0 mg colesterol, 950 mg sodio, 100 g carbohidratos, 10 g fibra, 11 g azúcar, 13 g proteína

Sabrosas verduras rellenas, p. 219
Rinde 3 a 4 tazas de relleno. Análisis nutrimental aproximado por ½ taza de relleno (sólo el relleno y sin incluir sal al gusto): 330 calorías, 28 g grasa, 3 g grasa saturada, 0 mg colesterol, 35 mg sodio, 15 g carbohidratos, 6 g fibra, 5 g azúcar, 10 g proteína

Sushi *clean*, p. 222
Rinde 4 porciones. Análisis nutrimental aproximado por porción (sin incluir wasabi preparado, tamari libre de gluten para sopearlo, ni sal al gusto): 320 calorías, 13 g grasa, 2 g grasa saturada, 0 mg colesterol, 35 mg sodio, 47 g carbohidratos, 10 g fibra, 5 g azúcar, 9 g proteína

Tortitas de espinaca, p. 214
Rinde 4 porciones. Análisis nutrimental aproximado por porción (sin incluir sal al gusto): 300 calorías, 22 g grasa, 10 g grasa saturada, 60 mg colesterol, 300 mg sodio, 18 g carbohidratos, 4 g fibra, 4 g azúcar, 10 g proteína

Tostadas mexicanas, p. 240
Rinde 4 porciones. Análisis nutrimental aproximado por porción: 960 calorías, 71 g grasa, 8 g grasa saturada, 0 mg colesterol, 1850 mg sodio, 71 g carbohidratos, 23 g fibra, 11 g azúcar, 22 g proteína

Verduras asadas con *hummus* sedoso, p. 238
Rinde 4 porciones. Análisis nutrimental aproximado por porción (basado en una mezcla de verduras de raíz): 630 calorías, 39 g grasa, 5 g grasa saturada, 0 mg colesterol, 3000 mg sodio, 63 g carbohidratos, 9 g fibra, 12 g azúcar, 14 g proteína

Sopas y estofados

Caldo de hongos, p. 253
Rinde aproximadamente 2 litros. Análisis nutrimental aproximado por taza: 20 calorías,

1.5 g grasa, 0 g grasa saturada, 0 mg colesterol, 10 mg sodio, 0 g carbohidratos, 0 g fibra, 0 g azúcar, 0 g proteína

Caldo de pollo, p. 250
Rinde 3.8 litros. Análisis nutrimental aproximado por taza: 0 calorías, 0 g grasa, g grasa saturada, 0 mg colesterol, 50 mg sodio, 0 g carbohidratos, 0 g fibra, 0 g azúcar, 0 g proteína

Caldo de verduras, p. 252
Rinde 2.8 a 3.8 litros. Análisis nutrimental aproximado por taza: 15 calorías, 1.5 g grasa, 0 g grasa saturada, 0 mg colesterol, 10 mg sodio, 0 g carbohidratos, 0 g fibra, 0 g azúcar, 0 g proteína

Chili de pavo, p. 267
Rinde aproximadamente 2 litros. Análisis nutrimental aproximado por porción (sin incluir sal al gusto ni guarnición): 320 calorías, 15 g grasa, 6 g grasa saturada, 0 mg colesterol, 830 mg sodio, 29 g carbohidratos, 9 g fibra, 10 g azúcar, 23 g proteína

Cocido de hongos y chirivías, p. 258
Rinde 4 a 6 porciones. Análisis nutrimental aproximado por porción (basado en 4 porciones): 200 calorías, 7 g grasa, 0.5 g grasa saturada, 0 mg colesterol, 1200 mg sodio, 28 g carbohidratos, 6 g fibra, 8 g azúcar, 6 g proteína

Gazpacho, p. 265
Rinde 2 porciones. Análisis nutrimental aproximado por porción: 460 calorías, 39 g grasa, 5 g grasa saturada, 0 mg colesterol, 2750 mg sodio, 28 g carbohidratos, 11 g fibra, 12 g azúcar, 6 g proteína

El *gumbo* de Maw Maw, p. 264
Rinde aproximadamente 2 litros. Análisis nutrimental aproximado por porción: 320 calorías, 8 g grasa, 4.5 g grasa saturada, 50 mg colesterol, 350 mg sodio, 41 g carbohidratos, 8 g fibra, 6 g azúcar, 22 g proteína

Minestrone, p. 254
Rinde como 3.8 litros. Análisis nutrimental aproximado por taza (sin incluir sal al gusto): 60 calorías, 2 g grasa, 0 g grasa saturada, 0 mg colesterol, 110 mg sodio, 9 g carbohidratos, 3 g fibra, 3 g azúcar, 3 g proteína

Sopa de alubias y berza, p. 257
Rinde 4 porciones. Análisis nutrimental aproximado por porción: 410 calorías, 8 g grasa, 1 g grasa saturada, 0 mg colesterol, 1850 mg sodio, 63 g carbohidratos, 16 g fibra, 7 g azúcar, 23 g proteína

4 4 4 4

Sopa de brócoli y queso cheddar, p. 270
Rinde 2 a 4 porciones. Análisis nutrimental aproximado por porción (basado en 2 porciones y sin incluir sal al gusto): 270 calorías, 15 g grasa, 12 g grasa saturada, 0 mg colesterol, 900 mg sodio, 26 g carbohidratos, 9 g fibra, 6 g azúcar, 14 g proteína

Sopa de cebolla, p. 255
Rinde 4 porciones. Análisis nutrimental aproximado por porción (sin incluir sal al gusto): 240 calorías, 8 g grasa, 1 g grasa saturada, 0 mg colesterol, 1150 mg sodio, 33 g carbohidratos, 5 g fibra, 11 g azúcar, 4 g proteína

Sopa especiada de frijoles negros, p. 269
Rinde 4 a 6 porciones. Análisis nutrimental aproximado por porción (basado en 4 porciones y sin incluir sal al gusto): 160 calorías, 7 g grasa, 7 g grasa saturada, 0 mg colesterol, 550 mg sodio, 25 g carbohidratos, 8 g fibra, 4 g azúcar, 6 g proteína

Sopa fría de pepino y aguacate, p. 261
Rinde 2 porciones. Análisis nutrimental aproximado por porción: 650 calorías, 52 g grasa, 8 g grasa saturada, 0 mg colesterol, 1850 mg sodio, 41 g carbohidratos, 14 g fibra, 9 g azúcar, 17 g proteína

Sopa de huevo vertido, p. 262
Rinde 2 a 4 porciones. Análisis nutrimental aproximado por porción (basado en 2 porciones): 120 calorías, 6 g grasa, 2 g grasa saturada, 0 mg colesterol, 750 mg sodio, 7 g carbohidratos, 2 g fibra, 2 g azúcar, 9 g proteína

Sopa de lentejas al limón, p. 263
Rinde 4 porciones. Análisis nutrimental aproximado por porción (sin incluir sal al gusto): 450 calorías, 9 g grasa, 1 g grasa saturada, 0 mg colesterol, 750 mg sodio, 81 g carbohidratos, 16 g fibra, 16 g azúcar, 15 g proteína

Sopa Mulligatawny, p. 260
Rinde aproximadamente 6 porciones. Análisis nutrimental aproximado por porción: 210 calorías, 4.5 g grasa, 2.5 g grasa saturada, 35 mg colesterol, 1200 mg sodio, 27 g carbohidratos, 5 g fibra, 10 g azúcar, 16 g proteína

Sopa de pollo y arroz salvaje, p. 268
Rinde 2 porciones. Análisis nutrimental aproximado por porción (sin incluir sal al gusto): 400 calorías, 7 g grasa, 1.5 g grasa saturada, 60 mg colesterol, 2400 mg sodio, 50 g carbohidratos, 6 g fibra, 8 g azúcar, 33 g proteína

Sopa de la cosecha con miso de calabaza, p. 266
Rinde 6 porciones. Análisis nutrimental aproximado por porción (sin incluir sal al gusto): 260 calorías, 16 g grasa, 2.5 g grasa saturada, 0 mg colesterol, 650 mg sodio, 22 g carbohidratos, 6 g fibra, 8 g azúcar, 11 g proteína

Sopa de zanahoria, comino y coliflor, p. 256
Rinde 4 porciones. Análisis nutrimental aproximado por porción: 290 calorías, 21 g grasa, 15 g grasa saturada, 0 mg colesterol, 1000 mg sodio, 23 g carbohidratos, 9 g fibra, 10 g azúcar, 7 g proteína

Licuados, elíxires, bebidas y tónicos

Rickey de agua de coco y limón, p. 289
Rinde 4 porciones. Análisis nutrimental aproximado por porción: 120 calorías, 0 g grasa, 0 g grasa saturada, 0 mg colesterol, 125 mg sodio, 5 g carbohidratos, 1 g fibra, 3 g azúcar, 1 g proteína

Licuado de ensueño de mora azul, p. 287
Rinde una porción. Análisis nutrimental aproximado por cucharada: 280 calorías, 22 g grasa, 4.5 g grasa saturada, 0 mg colesterol, 90 mg sodio, 19 g carbohidratos, 7 g fibra, 8 g azúcar, 7 g proteína

Licuado mañanero pre-ejercicio de Adam, p. 280
Rinde una porción. Análisis nutrimental aproximado por porción (sin incluir proteína en polvo): 270 calorías, 17 g grasa, 1.5 g grasa saturada, 0 mg colesterol, 620 mg sodio, 28 g carbohidratos, 9 g fibra, 14 g azúcar, 6 g proteína

Licuado de zarzamora y leche de coco, p. 282
Rinde 1 porción. Análisis nutrimental aproximado por porción: 530 calorías, 38 g grasa, 33 g grasa saturada, 0 mg colesterol, 400 mg sodio, 50 g carbohidratos, 12 g fibra, 32 g azúcar, 8 g proteína

Capuchino reishi, p. 279
Rinde 2 porciones. Análisis nutrimental aproximado por porción: 210 calorías, 16 g grasa, 12 g grasa saturada, 0 mg colesterol, 340 mg sodio, 17 g carbohidratos, 2 g fibra, 15 g azúcar, 1 g proteína

Cocoa caliente *clean*, p. 290
Rinde como 3 tazas. Análisis nutrimental aproximado por taza: 410 calorías, 33 g grasa, 9 g grasa saturada, 0 mg colesterol, 140 mg sodio, 34 g carbohidratos, 7 g fibra, 27 g azúcar, 10 g proteína

Elixir desintoxicante de diente de león, p. 275
Rinde una porción. Análisis nutrimental aproximado por porción: 270 calorías, 21 g grasa, 18 g grasa saturada, 0 mg colesterol, 250 mg sodio, 20 g carbohidratos, 4 g fibra, 15 g azúcar, 1 g proteína

Elixir sanador de chocolate, p. 291
Rinde una porción. Análisis nutrimental aproximado por porción: 320 calorías, 25 g grasa, 15 g grasa saturada, 0 mg colesterol, 35 mg sodio, 22 g carbohidratos, 4 g fibra, 6 g azúcar, 16 g proteína

Frappé de mango, p. 284
Rinde una porción. Análisis nutrimental aproximado por porción: 390 calorías, 1 g grasa, 0 g grasa saturada, 0 mg colesterol, 25 mg sodio, 73 g carbohidratos, 8 g fibra, 61 g azúcar, 4 g proteína

Gel de chía, p. 273
Rinde aproximadamente 475 ml. Análisis nutrimental aproximado por dos cucharadas: 10 calorías, 0 g grasa, 0 g grasa saturada, 0 mg colesterol, 0 mg sodio, 1 g carbohidratos, 1 g fibra, 0 g azúcar, 0 g proteína

Jugo de jengibre, p. 274
Rinde 475 ml. Análisis nutrimental aproximado por taza: 20 calorías, 0 g grasa, 0 g grasa saturada, 0 mg colesterol, 10 mg sodio, 4 g carbohidratos, 0 g fibra, 0 g azúcar, 0 g proteína

Jugo verde "Haz el jugo, no la guerra", p. 276
Rinde casi 4 tazas. Análisis nutrimental aproximado por taza: 90 calorías, 1 g grasa, 0 g grasa saturada, 0 mg colesterol, 80 mg sodio, 21 g carbohidratos, 6 g fibra, 9 g azúcar, 4 g proteína

Durazno espléndido, p. 285
Rinde 2 porciones. Análisis nutrimental aproximado por porción: 570 calorías, 58 g grasa, 44 g grasa saturada, 0 mg colesterol, 30 mg sodio, 17 g carbohidratos, 3 g fibra, 7 g azúcar, 6 g proteína

"Leche" de almendras, p. 272
Rinde 3 a 4 tazas. Análisis nutrimental aproximado por porción: 175 calorías, 17 g grasa, 1 g grasa saturada, 0 mg colesterol, 60 mg sodio, 2 g carbohidratos, 0 g fibra, 2 g azúcar, 7 g proteína

Leche de almendras y cúrcuma, p. 283
Rinde 2 tazas. Análisis nutrimental aproximado por taza: 425 calorías, 36 g grasa, 2.5 g grasa saturada, 0 mg colesterol, 10 mg sodio, 20 g carbohidratos, 2 g fibra, 11 g azúcar, 15 g proteína

Limonada reparadora de frambuesa, p. 277
Rinde 2 porciones. Análisis nutrimental aproximado por porción: 120 calorías, 1 g grasa, 1 g grasa saturada, 0 mg colesterol, 700 mg sodio, 27 g carbohidratos, 8 g fibra, 16 g azúcar, 4 g proteína

Malteada de maca, p. 286
Rinde una porción. Análisis nutrimental aproximado por porción: 280 calorías, 16 g grasa, 3 g grasa saturada, 0 mg colesterol, 400 mg sodio, 35 g carbohidratos, 5 g fibra, 16 g azúcar, 7 g proteína

Rompope rejuvenecedor, p. 281
Rinde 1 porción. Análisis nutrimental aproximado por porción (sin incluir proteína en polvo): 410 calorías, 37 g grasa, 27 g grasa saturada, 0 mg colesterol, 550 mg sodio, 3 g carbohidratos, 2 g fibra, 1 g azúcar, 19 g proteína

Sidra espumosa de arándano, p. 288
Rinde 6 porciones. Análisis nutrimental aproximado por porción: 120 calorías, 0 g grasa, 0 g grasa saturada, 0 mg colesterol, 30 mg sodio, 30 g carbohidratos, 1 g fibra, 24 g azúcar, 0 g proteína

Splash de jamaica y escaramujo, p. 278
Rinde 4 porciones. Análisis nutrimental aproximado por porción: 50 calorías, 0 g grasa, 0 g grasa saturada, 0 mg colesterol, 260 mg sodio, 11 g carbohidratos, 3 g fibra, 7 g azúcar, 2 g proteína

Postres

Barras energéticas clean, p. 297
Rinde 9 barras. Análisis nutrimental aproximado por porción: 440 calorías, 33 g grasa, 3 g grasa saturada, 0 mg colesterol, 110 mg sodio, 29 g carbohidratos, 8 g fibra, 18 g azúcar, 14 g proteína

Bolitas de miel y nuez, p. 308
Rinde 12 bolitas. Análisis nutrimental aproximado por bolita: 190 calorías, 18 g grasa, 6 g grasa saturada, 0 mg colesterol, 35 mg sodio, 6 g carbohidratos, 3 g fibra, 4 g azúcar, 2 g proteína

Caramelo de chocolate congelado, p. 311
Rinde aproximadamente ½ kilo. Análisis nutrimental aproximado por porción de 28 gramos (una onza): 150 calorías, 13 g grasa, 8 g grasa saturada, 0 mg colesterol, 30 mg sodio, 13 g carbohidratos, 2 g fibra, 8 g azúcar, 2 g proteína

Chocolate clean, p. 310
Rinde aproximadamente 900 g. Análisis nutrimental aproximado por porción de 28 g (1 onza): 210 calorías, 22 g grasa, 13 g grasa saturada, 0 mg colesterol, 15 mg sodio, 8 g carbohidratos, 4 g fibra, 2 g azúcar, 2 g proteína

Crepas de fruta del verano con crema de vainilla, p. 299
Rinde 2 a 4 porciones. Análisis nutrimental aproximado por porción (basado en 2 porciones): 990 calorías, 48 g grasa, 24 g grasa saturada, 185 mg colesterol, 180 mg sodio, 132 g carbohidratos, 15 g fibra, 61 g azúcar, 23 g proteína

Crocante de manzana (alias Crocante milagro), p. 298
Rinde 5 porciones. Análisis nutrimental aproximado por porción: 400 calorías, 28 g grasa, 8 g grasa saturada, 0 mg colesterol, 10 mg sodio, 37 g carbohidratos, 9 g fibra, 24 g azúcar, 9 g proteína

Galletas de almendra y especias, p. 315
Rinde 12 galletas. Análisis nutrimental aproximado por galleta: 240 calorías, 18 g grasa, 6 g grasa saturada, 0 mg colesterol, 135 mg sodio, 19 g carbohidratos, 3 g fibra, 10 g azúcar, 5 g proteína

Galletas de nuez de la India sin hornear, p. 303
Rinde 20 galletas. Análisis nutrimental aproximado por porción (incluyendo néctar de coco): 210 calorías, 17 g grasa, 6 g grasa saturada, 0 mg colesterol, 25 mg sodio, 12 g carbohidratos, 2 g fibra, 2 g azúcar, 5 g proteína

Manzanas horneadas a la canela, p. 314
Rinde 2 porciones. Análisis nutrimental aproximado por porción: 200 calorías, 0 g grasa, 0 g grasa saturada, 0 mg colesterol, 10 mg sodio, 53 g carbohidratos, 4 g fibra, 45 g azúcar, 1 g proteína

Marqueta de pasas y nuez de la India asada, p. 313
Rinde 4 porciones. Análisis nutrimental aproximado por porción: 1090 calorías, 109 g grasa, 59 g grasa saturada, 0 mg colesterol, 70 mg sodio, 45 g carbohidratos, 17 g fibra, 10 g azúcar, 13 g proteína

Minitartas de frambuesa y crema de coco, p. 302
Rinde 4 minitartas. Análisis nutrimental aproximado por porción: 980 calorías, 85 g grasa, 58 g grasa saturada, 0 mg colesterol, 130 mg sodio, 49 g carbohidratos, 24 g fibra, 28 g azúcar, 10 g proteína

***Mousse* de zarzamora y granada, p. 317**
Rinde 3 tazas. Análisis nutrimental aproximado por porción de ½ taza: 160 calorías, 14 g grasa, 12 g grasa saturada, 0 mg colesterol, 10 mg sodio, 9 g carbohidratos, 1 g fibra, 5 g azúcar, 3 g proteína

Peras asadas con salsa de caramelo de dátil, p. 296
Rinde 4 porciones. Análisis nutrimental aproximado por porción: 290 calorías, 4 g grasa,

3 g grasa saturada, 0 mg colesterol, 100 mg sodio, 63 g carbohidratos, 9 g fibra, 37 g azúcar, 2 g proteína

Pudín de chocolate y aguacate, p. 301
Rinde 1 a 2 porciones. Análisis nutrimental aproximado por porción (basado en 1 porción): 460 calorías, 39 g grasa, 17 g grasa saturada, 0 mg colesterol, 55 mg sodio, 32 g carbohidratos, 16 g fibra, 10 g azúcar, 8 g proteína

Pudín de tapioca, coco y almendras, p. 316
Rinde 4 porciones. Análisis nutrimental aproximado por porción: 210 calorías, 13 g grasa, 11 g grasa saturada, 0 mg colesterol, 200 mg sodio, 22 g carbohidratos, 1 g fibra, 4 g azúcar, 2 g proteína

Snickers, p. 306
Rinde 12 barras. Análisis nutrimental aproximado por barra: 500 calorías, 31 g grasa, 11 g grasa saturada, 0 mg colesterol, 100 mg sodio, 50 g carbohidratos, 9 g fibra, 35 g azúcar, 9 g proteína

Tarta de durazno, p. 304
Rinde 1 tarta de 23 cm (8 porciones). Análisis nutrimental aproximado por porción: 450 calorías, 17 g grasa, 14 g grasa saturada, 0 mg colesterol, 60 mg sodio, 71 g carbohidratos, 4 g fibra, 32 g azúcar, 4 g proteína

Tarta de zarzamora, p. 294
Rinde 4 a 6 porciones. Análisis nutrimental aproximado por porción (basado en 4 porciones): 680 calorías, 50 g grasa, 15 g grasa saturada, 0 mg colesterol, 15 mg sodio, 56 g carbohidratos, 16 g fibra, 34 g azúcar, 14 g proteína

AGRADECIMIENTOS

Gracias:

A mi esposa, Carla.

A mis hijos, Grace, Beilo y Seraphina.

Al chef Frank Giglio por todo el cuidado y amor que pusiste en estas increíbles recetas. Y a Aline Fiuza y Angela Gaines por ayudar a Frank en la cocina.

A Jenny Nelson por tu escritura, edición e inspiración para las recetas.

A Vanessa Stump por tus hermosas fotografías de las recetas y a Chris Hatcher por ser un maestro en la edición de imagen.

A Michael Dahan por las estupendas fotos de familia.

A Timothy Gold por tu gran oficio.

A Jason Hashmi por tu inspirado diseño.

A Kaya Purohit y Farrell Feighan por su ayuda para organizar la sesión de fotos de nuestras recetas.

Al equipo *Clean*: Albert Bitton, Dhru Purohit, Kaya Purohit, Harshal Purohit, Hema Shah, John Rosania, Jessi Heinze, Bonnie Gerlaugh, John Hand, Robert Domingo, Debbie Young, Farrell Feighan, Patricia Cleary, Philip y Casey McCluskey, Kalen Jordan, y Shannon Sinkin por ser una fuerza tan motivada en pro del bienestar.

A la comunidad *Clean* y todos nuestros colaboradores invitados.

A mi editor, Gideon Weil, por sus expertos consejos.

Un agradecimiento especial a Dhru Purohit y John Rosania por hacer todo esto posible.

Y a todos mis pacientes y lectores, gracias.

Comidas Clean, de Alejandro Junger
se terminó de imprimir en abril de 2015
en los talleres de Litográfica Ingramex, S.A. de C.V.
Centeno 162-1, Col. Granjas Esmeralda,
C.P. 09810 México, D.F.